U0009497

樹之書
THE BOOK OF TREES

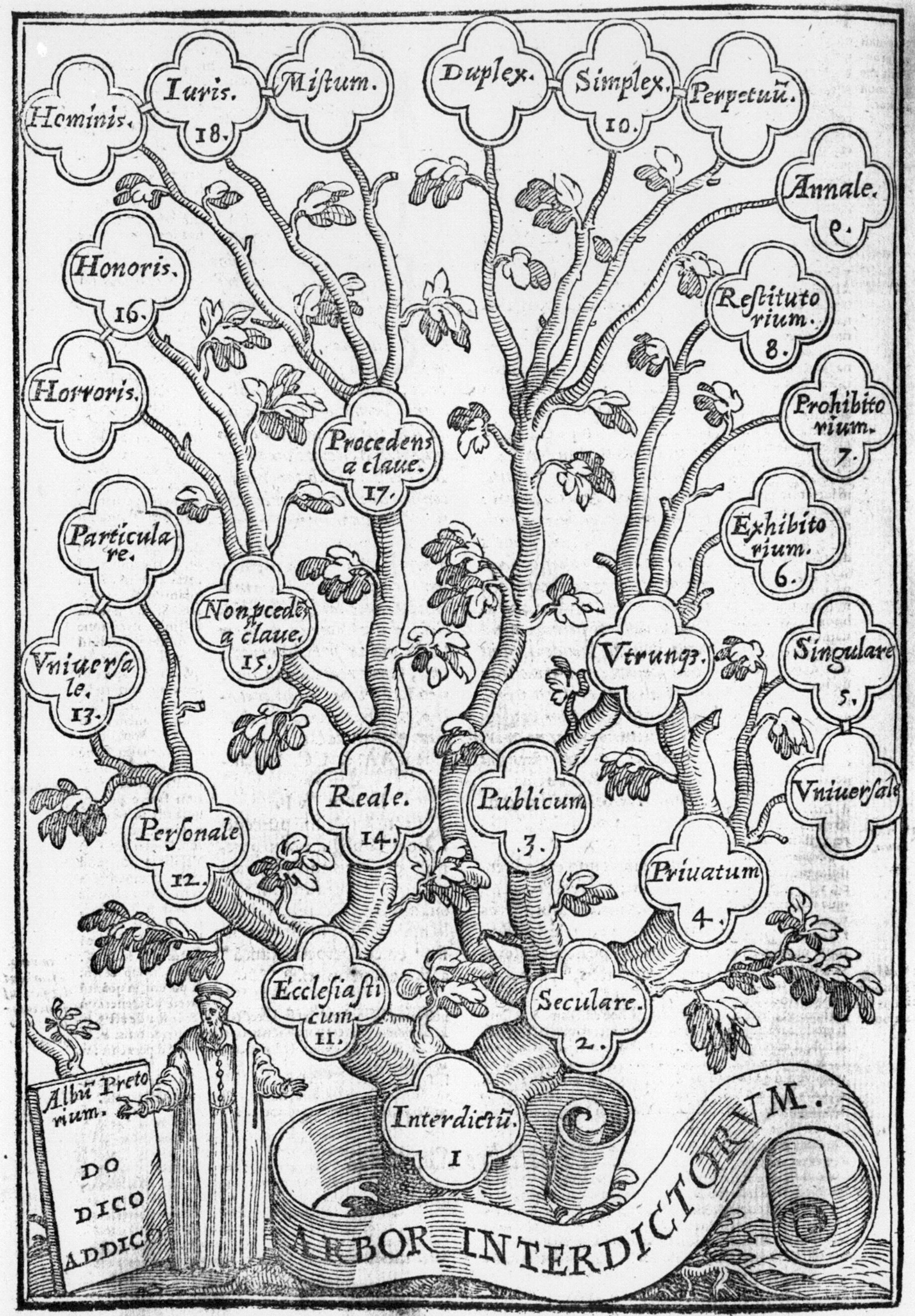

Hominis.
Iuris. 18.
Mistum.
Duplex.
Simplex. 10.
Perpetuũ.
Annale. 9.
Honoris. 16.
Restitutorium. 8.
Horroris.
Prohibitorium. 7.
Procedens a claue. 17.
Exhibitorium. 6.
Particulare.
Nonpcedẽs a claue. 15.
Vtrunq3.
Singulare 5.
Vniuersale. 13.
Vniuersale
Reale. 14.
Publicum .3.
Personale 12.
Priuatum 4.
Ecclesiasticum. 11.
Seculare. 2.
Interdictũ. 1
Albũ Pretorium.
DO
DICO
ADDICO
ARBOR INTERDICTORVM.

樹之書
THE BOOK OF TREES

知識發展的樹狀視覺史
Visualizing Branches of Knowledge

曼努埃爾・利馬
Manuel Lima

目次

卷首插圖
無名氏
〈禁制之樹〉
Tree of interdictions
公元 1592 年

取自《查士丁尼法典》後期版本第九卷的插圖。《查士丁尼法典》為拜占庭帝國（東羅馬帝國）皇帝查士丁尼一世（約公元 482-565 年）下令編纂的法典，集羅馬法之大成。這幅樹狀圖描繪了各種法律和教會的制裁。這株「禁制」之樹的主幹分成兩分支，分別是「教會制裁」與「非宗教制裁」，這兩分支分別分出兩分支，左側為「身體制裁」與「財產制裁」，右側為「公共制裁」和「私人制裁」。

序

班・施奈德曼

橡樹高聳入雲，吸引人臨樹而坐，或爬樹登高望遠。枝葉茂盛的楓樹或樹蔭寬廣的楊柳能讓人冷靜思考，樹輪引人注目的同心圓則讓人聯想到時光流逝與季節變換。樹木也啟發了物理學家牛頓的靈感，讓他注意到掉落的蘋果，進而發現萬有引力，博物學家達爾文則從而聯想到所有生命形式的演化體系。

樹木的分支結構具有遞迴性，與人類組織知識的方式非常類似。當我發展矩形樹狀圖來呈現電腦硬碟資料夾的巢狀結構時，腦海中確實不停出現這種遞迴性結構。我的創新不只是將三維的樹狀結構化為巢狀的平面圖，更是亟於將每個分支上茂盛生長的葉子都表現出來，運用各分支相對面積的大小來顯示枝葉茂盛的程度。此外，我也想確定所有區域都能被放在矩形之內，不會越過矩形的範圍。上述這些限制條件和樹狀結構的深度變化，讓我反覆思考了好幾個月，直到某天我在馬里蘭大學資訊工程系的教職員茶水間，突然恍然大悟。我花了幾天弄清細節，編寫代碼，並且說服自己這個解決方案確實可行。這是件非常有挑戰性且需要腦力的工作，但回想起來，解決方案似乎也顯而易見。

然而，讓我不斷感到驚訝且欣慰的是，許多研究人員接下來也提出了許多改進、變化和延伸，他們發明了「正方化」的配置，讓我不得不精益求精，進一步精煉我的想法，此外還有圓形設計、螺旋狀配置、適合文本水平比例的圖形、外觀如有機體的沃羅諾伊樹狀圖、會隨著數值變化而改變的動態樹狀圖和其他各種替代方案。樹狀圖被運用在許多程式語言與平台上，甚至可以在小型手機螢幕上展示。試問，聲波樹狀圖聽起來會是什麼樣子？

我和幾位夥伴研究了互動式樹狀圖的二十年歷史，試圖了解樹狀圖蓬勃發展的原因[1]。這一點並不容易證明，不過樹狀圖作為一種簡單的視覺表現形式，能夠透過持續不斷的精煉雕琢，以及與特定任務相關的多重評估而不斷改進。簡言之，樹狀圖以一種易於理解且具有視覺吸引力的方法解決了人們關心的問題——如何以視覺方法來表現電腦儲存、股票交易、生產與營銷模式等。人們通常只要瞥一眼，就足以理解到底發生了什麼事，以及需要採取什麼行動。樹狀圖具有簡潔、實用、可共享與可操作等特質，而且有時候看起來非常吸引人。然而，它們同樣也不完美，只能解決部分問題，也有局限性，目前仍有許多創新的空間。

在曼努埃爾・利馬筆下，精彩的樹狀圖歷史展現出這種以樹為喻的做法在過去八百年來是多麼具有吸引力與靈活性。他孜孜不倦地追溯歷史演化與文化交融，展現出人類一直以來用樹狀結構支撐與闡述的眾多人文素養領域。樹木的自然與圖形表現形式形形色色，各自都有其魅力、屬性與用途。有些樹狀圖又寬又淺，有些則又窄又深；有些是深度固定的平衡樹狀圖，有些則有不同的分支因子與不規則的深度；有些樹狀圖的表現需要跨節點或跨分支的比較，其他複雜的運用方式（例如繪製美國歷年國家預算變化的圖表）則需要比較兩幅以上的樹狀圖。其他的挑戰包括如何表現出被創造或刪除的節點、顯示分支的變化，以及突顯出絕對值或相對值的大幅改變。我期望本書的舉隅能帶來一些刺激，幫助讀者創作出更多的樹狀圖表現形式。

長久以來，樹木一直是詩人創作的靈感來源，例如喬伊斯・基爾默（Joyce Kilmer）令人難忘的對句：「想來不會有一首詩，能可愛得像棵樹一樣。」人類對樹木的解讀，有時幾乎和他們受到樹木啟發而得的自然靈感一樣美麗，不過這樣的解讀其實也同樣粗糙、破碎、扭曲，有時甚至是令人費解的。儘管如此，作者筆下完整且迷人的評論，能讓讀者打開心房，思考樹狀結構的新用途，解決新出現的問題，並且發現運用自然之美的新方法。

自序

我在撰寫前一本作品《視覺繁美：資訊視覺化方法與案例解析》[1]時，就希望有這麼一本關於樹木的書可以參考。那段期間，我深入研究了各種樹形圖、圖表和插圖，尤其是來自中世紀歐洲與三千年前亞述石雕的古老圖像，因而對各種樹形圖像深深著迷。我費了好一番工夫，卻找不到任何一本書能完整介紹這種最受歡迎、最迷人也最廣泛流傳的視覺原型，這也讓我下定決心完成一本關於樹狀圖的書籍，從視覺形象的角度，深入探討人類文化的歷史。

資訊視覺化是個值得注意且日新月異的研究領域，它根植於製圖學，可以回溯到泥金裝飾手抄本與中世紀時期的圖像式解經。近年來，資訊視覺化的實踐更融入了十九世紀的統計思維與二十世紀的電腦與網際網路技術。隨著人們對此領域的興趣激增，也為了迎合二十一世紀的需求，資訊視覺化逐漸發展成一門全新的學科。然而，正如任何知識領域，視覺化也是經過長期不斷的努力與許多連續事件的發展才能逐漸成形，在這個過程中，許多相關證據早已佚失，或是散落塵封在不為人知的陰暗角落。我們必須要了解這個漫長的演化，不能因為過去十年的成就而過度自我膨脹。正如心理學教授麥可・弗蘭德里（Michael Friendly）所言，「視覺化的領域確實出現了許多嶄新的發現；不過唯有了解它的歷史，才有能力辨識新舊。」[2]

此領域的出版品大部分只回溯到十八世紀中期，提及哲學家約瑟夫・普利斯特里（Joseph Priestley，1733 年 – 1804 年）和工程師威廉・普萊菲（William Playfair，1759 年 – 1823 年）的作品，並指出對現代資訊視覺化做出重大貢獻的歷史人物，如土木工程師查爾斯・約瑟夫・米納德（Charles Joseph Minard，1781 年 – 1870 年）、內科醫生約翰・斯諾（John

Snow，1813 年－ 1858 年）與護士暨統計學家佛蘿倫絲．南丁格爾（Florence Nightingale，1820 年－ 1910 年），將他們視為此領域的先驅。這些人的作品對於現代資訊視覺化的實踐發展至關重要，不過若是就此認為資訊視覺化在這些人之前的時代只是一片空白，著實也荒謬了些。我們必須捫心自問，如聖依西多祿（Isidore of Seville，約 560 年－ 636 年）、聖奧梅的蘭伯特（Lambert of Saint-Omer，約 1061 年－ 1125 年）、菲奧雷的約阿基姆（Joachim of Fiore，約 1135 年－ 1202 年）、拉蒙．柳利（Ramon Llull，約 1232 年－ 1315 年）、哈特曼．舍德爾（Hartmann Schedel，1440 年－ 1514 年）或阿塔納斯．珂雪（Athanasius Kircher，1601 年－ 1680 年）等人的作品，我們難道就得視若無睹？畢竟，早在約瑟夫．普利斯特里構想出著名的傳記時間軸之前的好幾個世紀，上面這些人物就已經開始積極透過新穎的視覺方式來描述複雜的問題了。就如本書舉出的許多例子所示，這些視覺化先驅的作品，在運用樹木來隱喻的時候，也體現了同樣引導著大多數當代作品的好奇心、動力與雄心抱負。古人面臨的挑戰與我們並沒有什麼不同，他們的目標就是我們現在的目標：也就是詮釋教育、促進認知與深入理解，最終也要化無形為有形。因此，本書的另一個重要目標，就是要闡明資訊視覺化長達千年的發展歷史。

這本書也可以視為《視覺繁美》一書的延伸。我在《視覺繁美》的第一章曾經將樹木喻為現代網絡視覺化的原型。在這本書中，樹木則成了中心主題，完整探討歷史上對於樹木與層級結構的描述，以及它們在現代的表現形式，藉此替《視覺繁美》一書提供有理有據的脈絡，也列舉出近年來網絡視覺化的許多示例。

雖然有些平常就與樹木有關的概念如層級性、集中性與不變性等，在我們處理現代網絡社會所面臨的許多挑戰時，有時可能會成為問題，不過這些無所不在的樹形符號仍然持續體現了人類觀看世界的基本組織原則。就此而言，它們的受歡迎程度絲毫沒有衰減的跡象。光是在本書第一章，我們就可以看到在過去將近一千年的歷史中，世人如何以樹為喻，傳達出知識的不同面向。更重要的是，這些具有象徵意義且栩栩如生的樹形圖，更發展出後續章節所述一系列新穎多樣的模式——其中許多是過去幾十年間才出現的，未來發展更是不可限量。

本書共十一個章節，以許多表現層次結構的視覺方法與技巧為題。第一章（也是最長的一章）以原始樹形圖為題，這些樹形圖與真實的樹木非常相似，有時候甚至會被大幅度潤飾。接下來的十章可以分成兩個部分。第一部分包括第二章到第六章，涵蓋了早期的圖表形式與抽象的樹狀圖，其中涵蓋不同類型的節點鏈接圖表。在這些節點鏈接圖表中，特定的節點、實體或「樹葉」可以藉由不同的節點、邊界或「枝條」進行跨層次的連接。第二部分包括第七章至第十一章，以探討當代與近期常用的樹狀結構表現方法為主，展現出各種類型的空間填充技術，以及運用多邊區域和巢狀結構來表現不同層級的鄰接圖。

每章的內容都按照時間順序來介紹，概述主題類別的歷史演變。儘管筆者已經盡力鑑別並舉出最重要的例子，我們無法否認，本書未曾發掘到的事例必然不在少數，有些甚至會比每章所追溯到的源頭還要更早。此外，還有一些新舊事例根本就無從考究，不過這絕對不是因為未盡全力之故。我希望，這個領域能夠成為愈形發展增長的分類學，除了能隨著許多缺失的環節慢慢確定下來而擴大，也許更重要的是發展出全新的分類。最重要的是，我希望你在閱讀這本書的時候，能夠從中獲得樂趣，就如我在目睹人類於資訊的視覺表現與層次結構的描述上展現的非凡創造力時，所感受到的欣喜與滿足。

曼努埃爾・利馬

紐約

2013 年 6 月

感謝辭

撰寫本書是非常繁重的工作，幸有多方友人與機構提供協助，才得以完成。我首先要感謝為本書提供圖像的所有作者與機構，其中更有人花了不少時間更新舊的代碼，為本書重新製作新的圖表。沒有你們的協助，這本書根本不可能出版。其次，我要特別感謝一個最有幫助但也最少被認可的資源：一系列新興的網路服務與技術，大幅改變了作者與研究人員調查歷史資料的方式。除了全球資訊網上各種網站與部落格提供的大量資訊以外，許多著名機構如大英博物館、法國國家圖書館、西班牙國家圖書館、美國國會圖書館、大都會藝術博物館等，都已經開始提供可以免費線上存取的服務，以數位格式提供數量龐大且不斷增長的電子資源，對研究工作非常有幫助。此外，許多線上服務——尤其是社交書籤系統與內容分享網站如 Delicious 美味書籤、網路剪貼簿 Pinterest、線上書籤服務 Instapaper 與網路筆記本 Evernote 等——都有助於簡化研究人員的工作，也讓研究變得更有趣。儘管網路服務具有更迭迅速的特質，現在風行一時的服務可能在幾年後便乏人問津，專門線上社交體驗的概念必然會持續下去，成為我們處理愈來愈多數位資訊的重要方法。我在此也要感謝普林斯頓建築出版社的莎拉・巴德爾（Sara Bader）與莎拉・斯特曼（Sara Stemen），熱情支持我寫作本書與耐心審閱書稿；此外，我也要感謝班・施奈德曼（Ben Shneiderman）、桑提亞哥・奧爾蒂茲（Santiago Ortiz）與達爾文・山本（Darwin Yamamoto）等人的意見回饋。最後，我也要感謝我的妻子喬安娜（Joana），以及家人和親友，謝謝他們對我的支持與信任。

知識的散布與劃分並不像是相匯於一角、相交於一點的幾條線，而是像樹木的樹枝，原是具有整體性、連續性與一定分量的樹幹，爾後才形成分支。

——法蘭西斯・培根（Francis Bacon）

世界上唯一的新鮮事，就是你不知道的歷史。

——哈瑞・杜魯門（Harry S. Truman）

引言

一踏入位於英國倫敦的自然史博物館氣勢宏偉的中央大廳，參觀者最先注意到的，除了讓人印象深刻的梁龍骨架複製品，就是矗立於大廳最上方的超大巨杉樹幹橫切面，直徑超過 4.5 公尺，樹齡高達 1335 年。公元 557 年，這棵巨杉還是一株脆弱的小樹苗，慢慢成長茁壯，等到被砍伐時，樹頂到樹底的高度已達 84 公尺，著實驚人。查理大帝於公元 800 年受加冕為神聖羅馬皇帝之際，這棵巨杉只有 243 歲；它在公元 1257 年，也就是馬可波羅出生後的第三年慶祝 700 歲生日；公元 1564 年，在莎士比亞和伽利略出生的幾年前達到 1000 歲。這株龐大的巨杉在公元 1892 年於美國加州內華達山脈被砍了下來，在此之前，它仍穩固地矗立生長著——正朝第 1400 個生日邁進。

巨杉早在恐龍時代就已經普遍存在，並在此後繼續蓬勃生長了數百萬年，出土化石遍及格陵蘭、歐亞大陸與北美洲。由於巨杉在冰河時期幾乎滅絕，十九世紀中葉被人類發現以後又成為全球大範圍補植的目標，不過目前的分布範圍大多局限在美國加州北部沿海地帶。巨杉的高度可以達到 115.5 公尺、樹幹直徑 7.9 公尺，而且可以存活超過 3500 年，是地球上體積最大也最長壽的生物。這些宏偉且讓人著迷的生命，最能表現出長壽與穩定的特質，到頭來也可以說是人類長久以來賦予樹木之強壯特質的極致體現。

我們這個時代，世界上有一半以上的人口生活在城市裡，每天都受到瀝青、水泥、鐵和玻璃所包圍，所以我們著實很難想像，樹木在過去曾經對人類的存在具有如何龐大且有形的意義。數千年以來，樹木不但提供人類遮蔽、保護和食物，對醫藥、火力、能源、武器、工具製造和建築工事而言，似乎也是取之不盡、用之不竭的資源。人類觀察到樹木錯綜複雜的分支和樹葉隨季節變換枯萎與再生的現象，很自然就會將樹木視為代表成長、衰退與復甦的強大形象。事實上，樹木很早就對人類產生了非常深刻的意義，幾乎所有文化都賦予它崇高的象徵，而且在許多情況下，甚至具有神聖與宗教的力量。樹木崇拜與生育、永生和重生的概念拴在一起，通常以世界之軸、世界樹或生命樹的方式來表達。這些經常出現在神話與各地民俗的主題，自有史以來就對社群團體具有文化上與宗教上的意義——而且至今仍然如此。

我們可以在西方世界最重要的宗教文獻《聖經》裡找到提及此一普遍概念之處。《聖經》有幾段曾提到生命樹，特別是在《創世記》與《啟示錄》第22章第2節，曾提到它生長在生命水的河旁：「在河這邊與那邊有生命樹，結十二樣果子，每月都結果子；樹上的葉子乃為醫治萬民。」至於生命樹之目的，則可以進一步從《創世記》第3章第22節了解：「耶和華神說：那人已經與我們相似，能知道善惡；現在恐怕他伸手又摘生命樹的果子吃，就永遠活著。」[1]

這樣的說法並非基督教所獨有。事實上，就如許多基督教的主題和故事，這個概念其實源自於猶太、亞述與蘇美文化的傳統。生命樹的概念可以回溯到早在耶穌基督出生之前的好幾個世紀，一直是人類文化中最普遍也最持久的一種原型。

新月沃土（指西亞和北非地區兩河流域及附近一連串肥沃的土地）被視為人類文明的搖籃，在那裡，蘇美人、阿卡德人、巴比倫人與亞述人信奉著一種類似生命樹的概念。這棵樹以許多節點和縱橫交叉的線條來表現，被認為是在天堂的中心長大，有時我們可以在圖像上看到一條負責護樹的蛇，不過最常見的是對樹表現出崇敬態度的鷹頭神與祭司｜圖 1-3。

古埃及人據說會崇拜各種樹木，如綠色的懸鈴樹、相思樹、檉柳和蓮花，而有些證據似乎也證明，掌管陰間的冥王歐西里斯原本是樹神｜圖 4[2]。 古代迦南人崇拜阿舍拉柱，也就是用來尊崇母神阿舍拉的樹形祭物。猶太祕教也有專屬的知名生命樹版本，一般稱為真理之樹或卡巴拉生命樹｜圖 5。基督教傳

圖 1
作者不詳
聖樹滾筒印章
Sacred tree cylinder seal
約公元前 2250 年

阿卡德文明綠岩滾筒印章的印痕，描繪的是對抗的競賽場景，中央為矗立在錐形山丘上的聖樹。滾筒印章是青銅時代美索不達米亞地區——包括蘇美文明、阿卡德文明、巴比倫文明與亞述帝國——極為流行的通訊工具，利用象徵性場景與書寫符號的雕刻來表現各式各樣的主題。使用滾筒印章時，通常會滾印在質地柔軟溼黏的黏土版上，將描繪的場景壓成平面的印痕。圖中的印章以聖樹為中心，兩側為抓住野牛並持刀刺向野牛的兩名男子。

圖 2
作者不詳
亞述人的聖樹 Assyrian sacred tree
約公元前 865 年

石膏牆板浮雕，出土於尼姆魯德（今伊拉克北部）的阿蘇納西爾帕二世西北皇宮，圖為正在替聖樹施肥的鷹頭神。有翅膀的鷹頭神是亞述文明人物肖像中經常出現的主題，祂是常見於聖樹旁的保護神，在亞述文明中是代表生育的重要象徵，於阿蘇納西爾帕二世統治期間是非常受歡迎的主題。這些神話人物——也會被描繪成祭司、國王或超自然生物——被認為是代表著孕育之風或因樹的人工授精而被賦予能力的神祇。[3] 浮雕上同時也刻有楔形文字，原本位於一間覆滿牆板浮雕的房間，浮雕描繪著阿蘇納西爾帕二世的事蹟，周圍以聖樹為飾。

圖 3
作者不詳
亞述人的聖樹 Assyrian sacred tree
約公元前 865 年

聖樹的局部放大圖。

圖 4
作者不詳
蓮樹 Lotus tree
約公元前 8 或 9 世紀

以古埃及王室裝扮的年輕男子手持蓮樹為題的象牙浮雕。蓮樹與蓮花在古埃及藝術、人物肖像與建築中是經常出現的主題，一般認為對當時的古希臘人具有非凡的意義。蓮樹通常是受人崇拜的對象，為再生與復活的象徵，與不同的埃及神祇有關。

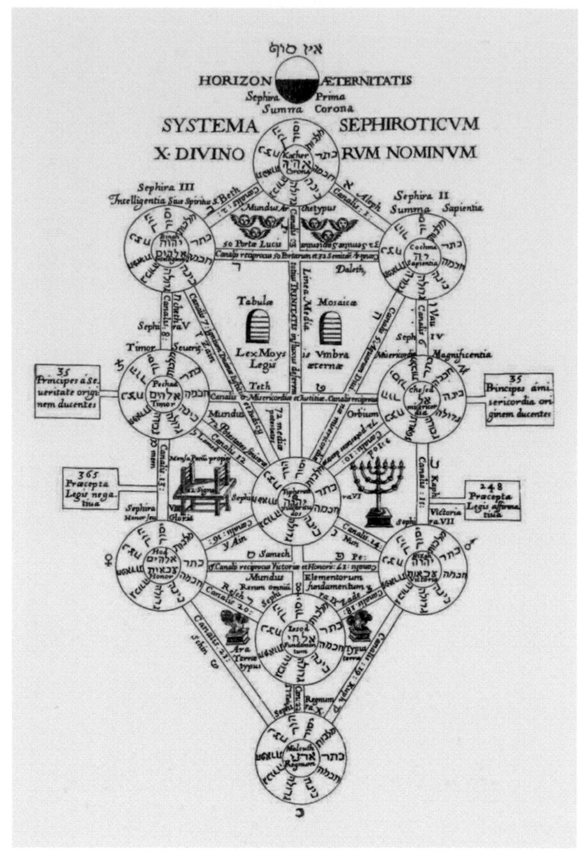

圖 5
卡巴拉生命樹
Kabbalistic tree of life
出自阿塔納斯・珂雪 Athanasius Kircher《埃及的奧狄浦斯》（*Oedipus Ægyptiacus*）
1652 年 – 1655 年

耶穌會學者暨博學家阿塔納斯・珂雪（1601 年 – 1680 年）的插畫。卡巴拉來自猶太祕教傳統，卡巴拉為「Kabbalah」的音譯（希伯來文為「aytz chayim」），這個字有「接受、獲得」之意，指一代代流傳下來或是直接來自上帝的教義。生命樹是卡巴拉智慧的關鍵要素，它是由十個圓圈構成的圖形，十個圓圈分別代表十種神聖力量的脈衝或流溢。卡巴拉可謂猶太祕教的中心思想，珂雪的卡巴拉生命樹在歐洲和北美洲的神祕團體中一直非常流行。

統則有生命樹與知善惡樹，其中後者為人類被逐出伊甸園故事的主軸，曾經出現在許多中世紀插畫與繪畫中｜圖 6-8。伊斯蘭文化的《古蘭經》也提到過類似的聖樹——名為「圖芭」（Tooba）的生命樹，佇立在天堂的正中央。在前基督教時期的斯堪地那維亞與曾被茂密森林覆蓋的北歐地區所流傳的挪威神話，則充斥著與世界之樹相關的故事，這棵世界之樹是一株將地球、地獄與天堂連接在一起的巨大梣樹｜圖 9。異教的凱爾特社會則有與樹木相關的故事和聖林裡的各種祭儀；「druid」為凱爾特人的宗教領袖，音譯為「德魯伊」，這個字的原意與橡樹有關，一般認為它衍生自原始印歐語系，意指「熟悉橡樹的人」或「橡樹先知」。在古希臘時期，雅典娜的每座聖所與神殿都有一株被視為神聖和平與保護之象徵的聖橄欖樹[4]。美洲原住民納瓦荷人據說擁有一株以玉米樹的形式存在的生命之樹，而這也是歐吉布威文化裡一個重複出現的主題。馬雅、阿茲提克、伊薩帕、奧爾梅克與其他中美洲文明，都存在著各式各樣有關世界樹的描繪；對馬雅人來說，世界樹有著爪哇木棉的形狀，而且有許多不同的稱呼，如「wacah chan」、「yax imix che」等，或直接稱為亞克斯樹（Yaxche）｜圖 10。印度教有許多種聖樹，例如無憂樹、木橘、印度苦楝樹、聖羅勒與黃玉蘭等｜圖 11；其中最著名為《吠陀經》裡的生命與存在之樹，以及阿是瓦塔（神聖無花果樹），也就是佛教徒口中的菩提樹，據信釋迦牟尼就是在菩提樹下冥想悟道｜圖 12-13。最後要提的是，在藏傳佛教中，宗喀巴在 15 世紀創立的格魯派常被描繪成一棵庇護之樹，樹上有許多著名的喇嘛和上師肖像｜圖 14。

這些符號無所不在，顯示出人類內在與樹木的連結，以及人類對樹木的迷戀，既超越時空，也遠遠超過宗教奉獻的範疇。這種迷戀讓哲學家、科學家和藝術家佇足，他們同樣受到樹木各種不可思議的特質與其原始、直率且具有恢復力的美所吸引。樹木相當能喚起人類的情感與表現力，這也是它們能夠順應所有描繪形式的原因。樹木是孩子和新手畫家很容易就能畫出的主題，同樣也是各時代著名藝術家描繪的對象。我們很難詳盡討論每一位認真以樹木為題來

圖 6
作者不詳
生命之樹 The Tree of Life
1770 年

蝕刻版畫，描繪耶穌被釘在一棵樹上，這棵樹上結了各種美德之果，例如和平、庇護、安全、善意、永恆救贖、赦免與公義等。這棵樹的根部則表現出七種信仰：光榮、恩典、聖潔、公正、智慧、全能與無所不在。樹的下方是兩位正在向街上群眾講道的牧師約翰・衛斯理（John Wesley）與喬治・懷特腓（George Whitefield），圖的最下方是一段提及生命之樹的《聖經》經文。

圖 7
漢斯・塞巴德・貝哈姆
Hans Sebald Beham
人類的墮落 The Fall of Man
約 1525 年 – 1527 年

木刻版畫，以人類的墮落為題，圖像的背景為森林，描繪亞當從夏娃的左手拿了一顆蘋果，夏娃則從掛在樹上的蛇那裡拿走另一顆蘋果的景象。盤蛇上方樹幹的中央有一個巨大的頭骨，警告著觀畫者違背上帝誡令的後果。德國雕刻家貝哈姆後來也曾以同一主題創作另一張有整副人類骸骨的版畫，畫中的骸骨和知善惡樹交纏在一起。

圖 8
作者不詳
人類的墮落 The Fall of Man
十六世紀

插畫，可能為十六世紀版本的《新約聖經》扉頁，以著名聖經故事「人類的墮落」為題。人類的墮落是基督教神學中最常被描繪的場景，畫中的亞當和夏娃通常在知善惡樹的兩旁，手上拿著蘋果，樹上盤蛇正試圖引誘兩人吃下蘋果。在這個版本中，身處伊甸園的亞當與夏娃周圍有好幾種動物，畫的四邊有精美飾框。

圖 9
作者不詳
世界之樹尤克特拉希爾
Yggdrasil tree
約 1680 年

以世界之樹（Yggdrasil，又稱宇宙樹）為題的插畫，出自 1680 年冰島手抄本《散文埃達》（*Edda oblongata*），該書還有好幾幅以北歐神話為題的插畫。這幅畫描繪的是世界之樹，又稱宇宙樹尤克特拉希爾，樹的周圍是生活在樹裡和樹上的動物。畫中出現的動物以左下方的綠松鼠拉塔托斯克的重要性為最，根據北歐神話，特別是十三世紀詩歌《格里姆尼爾之歌》（*Grímnismál*），拉塔托斯克在世界之樹上下穿梭，替樹頂的老鷹和不斷啃食樹根的尼德霍格龍傳遞訊息。

圖 10
作者不詳
十字架繪板 Tablet of the cross
約 698 年

按十字架神殿的一塊淺浮雕描繪的素描。十字架神殿是帕倫克遺址神廟群內最著名的金字塔建築，位於墨西哥恰帕斯州的叢林裡。帕倫克是馬雅文明的城邦，在公元七世紀期間蓬勃發展，遺跡的歷史可回溯到公元前 226 年。這塊石雕以生命之樹為題，根據馬雅神話，生命之樹是十字或世界之軸，位於東西南北四個方向的中心或世界的中心。十字交叉點連接著地底世界、人間與天堂三個世界。淺浮雕旁的碑文描述的大多是創世之始的故事，並詳盡列出帕倫克統治者的朝代列表。

圖 11
作者不詳
濕婆和帕爾瓦蒂的婚禮
Marriage of Shiva and Parvati
約 1830 年

水彩畫，描繪印度教主神濕婆和妻子帕爾瓦蒂在聖樹下舉行婚禮的情景。有四顆頭的梵天端坐右側，正在進行護摩（火祭儀式）。中央的樹可能是硬皮橘或黃玉蘭——一種被認為是濕婆聖樹的長青樹，黃玉蘭的花也被用在其他印度神祇的崇拜和宗教儀式。

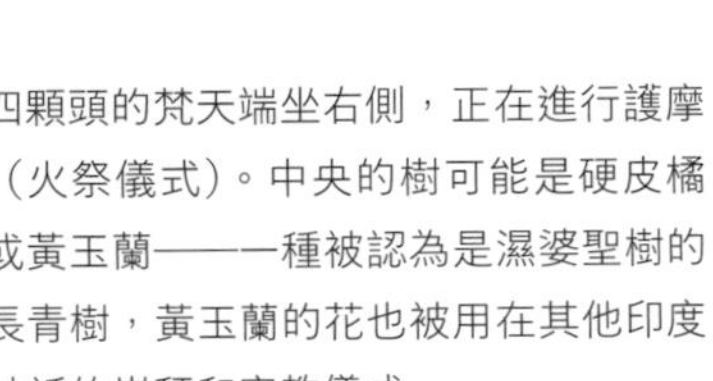

圖 12
作者不詳
菩提樹 Bodhi tree
約公元第三世紀

石灰岩滾筒板的浮雕，描繪佛陀悟道的場景，菩提聖樹下設有空置的寶座。菩提樹為大型無花果樹（或榕樹），位於印度東北部的菩提伽耶，據說佛陀（悉達多・喬達摩）就是在這棵樹下悟道——英文裡的菩提「Bodhi」是由梵文翻譯而來，有「覺醒」之意。寶座底下有佛陀的腳印（也就是所謂的「佛足」），刻有兩個法輪。法輪來自佛陀的教誨，是佛教符號學中經常出現的主題。

圖 13
作者不詳
佛陀畫像 Painting of Buddha
約 701 年 – 750 年

絲畫特寫，描繪佛陀坐在裝飾繁複的菩提樹下，向信徒講道的情景。

圖 14
昆秋嘉稱 Konchog Gyaltsen
宗喀巴皈依境 Tsongkhapa refuge host field tree
約十八世紀

以細金線描繪的西藏棉布畫，又稱唐卡（thangka），皈依境（樹）的中央為宗喀巴。宗喀巴（Je Tsongkhapa，1357 年 – 1419 年）是傑出的哲學家，亦為西藏宗教領袖，是藏傳佛教格魯派創始人。這件作品將宗喀巴畫在樹的中央，周圍有許多本尊、懺悔佛、菩薩、羅漢和護法。這些宗教人物都端坐在從下方藍色池塘長出來的樹上。圖像底部圍繞著池塘的是七寶、護世四天王、梵天與毗濕奴。樹的上方是班禪喇嘛的轉世傳承，班禪喇嘛是藏傳佛教格魯派達賴喇嘛之下等級最高的喇嘛。

圖 15
文生・梵谷 Vincent van Gogh
桑樹 The Mulberry Tree
1889 年

梵谷在 1889 年 10 月以桑樹為題畫下了這幅作品，之後不到一年，梵谷便與世長辭。這幅畫描繪的是從南法聖雷米的聖保羅精神療養院的花園往外看的景觀，一株生長在多岩石地帶的桑樹。梵谷在與高更（Paul Gauguin）起爭執並發生著名的割耳事件後，就一直住在這間療養院裡。梵谷在寫給家人的信中，曾表示自己非常喜愛這個景致。我們可以從樹的顏色感受到季節已經入秋，構圖以黃色與橘色的樹葉為主，和藍色天空形成鮮明的對比。梵谷作畫時尤其著重樹葉的變化，樹葉的外觀不但會受到季節變換所影響，也會因為天空的色調而改變。

圖 16
古斯塔夫・克林姆 Gustav Klimt
生命之樹 The Tree of Life
1905-11 年

圖為克林姆作品《生命之樹》的局部特寫，這件作品可以說是現代最常被臨摹複製的油畫。在克林姆的創作生涯中，生命之樹這個主題反覆出現，這件作品繪於其創作生涯的豐收期，能反映出畫家對此一主題的痴迷。這幅畫採用了一種帶有神祕色彩的螺旋狀結構，結構的分支形成了漩流形狀，將各種符號如幾何形狀的果實與樹葉，以及像是鳥與蝴蝶等動物包圍起來。

創作的藝術家，不過提到梵谷，著實無法不談到他對於樹木那種戲劇化且活力四溢的處理手法｜圖 15，講到克林姆，也免不了會想到他筆下受到高度讚揚的《生命之樹》｜圖 16。

樹的魅力甚至迷住了文藝復興時期最著名的人物，義大利的李奧納多．達文西（Leonardo da Vinci，1452 年－ 1519 年）。達文西的興趣廣泛，在繪畫、雕塑、建築、解剖學、植物學、幾何、工程與天文學等皆有涉略，留下了大約六千張相關的筆記與素描，非常多產。在其中一本替畫家撰寫的植物學筆記中，他提出了一種樹幹粗細和樹枝大小之間特別的數學關係｜圖 17。達文西指出，基本上樹木在任何特定高度的分支總橫截面面積，大約等於同一高度主幹或主支的面積。事實證明，達文西的樹木分支法幾乎適用於所有樹種，也一直是電腦樹木建模軟體的基本準則。

多年來，科學家一直對這個現象很感興趣，卻總是提不出合理的解釋。後來，聖地牙哥加州大學客座物理學家暨法國艾克斯─馬賽大學教授克里斯多夫．艾洛伊（Christophe Eloy），在 2011 年採用了完全不同的方法來解開這個謎團。身為流體動力學專家的艾洛伊馬上意識到，這個模式和從前認為通過樹木分支系統的水流並沒有關聯，而是與抗風性有關。正如艾洛伊的模型所示，大多數遵循達文西法則的碎形結構，主要取決於樹枝需要承受多少由風力帶來的彎曲力。這本身就是一項重大發現，不過這種計算耐風性的公式可以進一步應用於諸多人造科技上，尤其是高效抗風物體和建築物的相關設計。

我們對樹木的認識隨著艾洛伊的發現和其他科學突破而增長，值此同時，我們也意識到，樹木所承擔的責任並不只是為所支持的生態系統提供直接的生計。樹木在調節地表溫度和避免水土流失的層面，都扮演著關鍵角色。更重要的是，森林也是地球之肺，能從大氣中吸收二氧化碳，並釋放氧氣。因此，樹木和人類在我們一起生活的地球上，有著密不可分的關係。

人類與樹木這種原始的共生關係，可以闡明為何樹木的分支模式並不只是藝術和宗教的重要圖像主題，也是知識分類系統的重要比喻對象。在整個人類歷史中，樹木的結構幾乎被用來解釋生命的每一個面向：從血緣關係到基本德性、從法律制度到科學領域、從生物學的關聯性到資料庫系統等。由於能實際表達出整體（連接到共同根源或起源的中心基礎主幹）與多元分化（以一系列的樹枝、枝條、細枝與樹葉來表現）的概念，樹木可以說是一個能夠以圖像來表現關係的成功模型[5]。它的效力強大，隨著時間推移，以樹為喻的概念已經深植語言的表達方式裡，例如知識或科學的「分支」、問題的「根源」等。這個模型也持續在遺傳學、語言學、考古學、知識論、哲學、系譜學、電腦科學、圖書館學和資訊科學等領域中發揮重大的影響力。

要追溯知識論樹狀模型的起源，我們必須從亞里斯多德、他對知識和自然世界的分類，以及後來的希臘哲學家波菲利（參考重要人物時間軸）對於亞氏思想的擴充開始講起。目前已知最古老的樹狀圖被稱為波菲利之樹，是以亞里斯多德的自然秩序為基礎的二分架構，其基礎邏輯原理就是波菲利所構想出來的｜圖 18。

雖然亞里斯多德與波菲利為這種認識論模型奠定了基礎，以樹為喻的概念最關鍵的發展階段，卻是發生在中世紀歐洲經院哲學蓬勃發展的時期。證據顯示，古羅馬時期的律師已經會利用樹狀圖來表達有關親子與婚姻關係的法規，不過樹狀圖一直到社會與政治出現劇烈變化且人口快速成長的中世紀盛期（約 1000 年－ 1300 年），才成為將知識視覺化、製圖與分類的常用架構。在十二世紀，雖然聖經文學與禮儀經文仍然是當時僧侶與高級神職人員的主要教育基礎，由於來自古代世界的知識大量湧入，進而促成一系列欲將這些新資訊加以合理化、組織化、分類並進行表述的嘗試。同時，聖經經文的詮釋也從簡單的寓意解析，慢慢演變成錯綜複雜的難解分析過程。很快地，文本分析開始運用圖表，而圖表也成了解釋這些多層次系統的實用教學工具。對解經的學生來說，這個圖表有許多好處，讓他們可以一目了然地掌握聖經經文的各個層次、關係與經文內出現的一連串事件｜圖 19。耶魯大學的研究人員表示，「在教授新釋經法的書籍中，圖像的角色愈來愈重要。雖然在某些情況下，視覺表現比

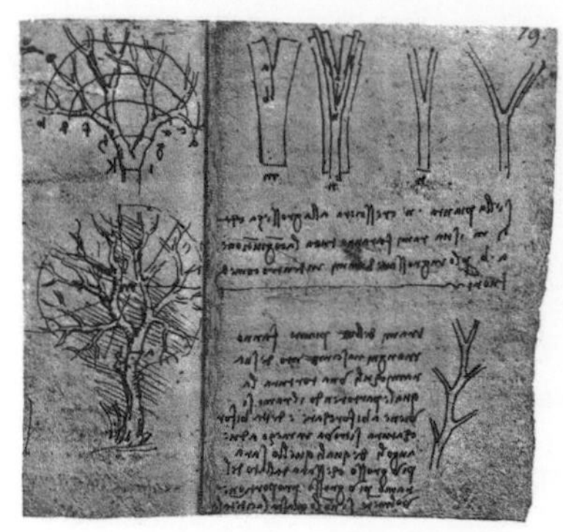

圖 17
李奧納多・達文西
Leonardo da Vinci
樹木的分支 Tree Branching
約 1515 年

樹木分支的研究圖，繪於達文西過世的前幾年，藉此針對樹木分支的方式提出可能的方程式。達文西提出的法則非常簡單，認為「每年一棵樹的樹枝停止生長以後，所有樹枝集結在一起的厚度等於主莖的厚度。」[6] 這個工程原理最近被認定為樹木能抵抗風吹與其他外力的主要原因。

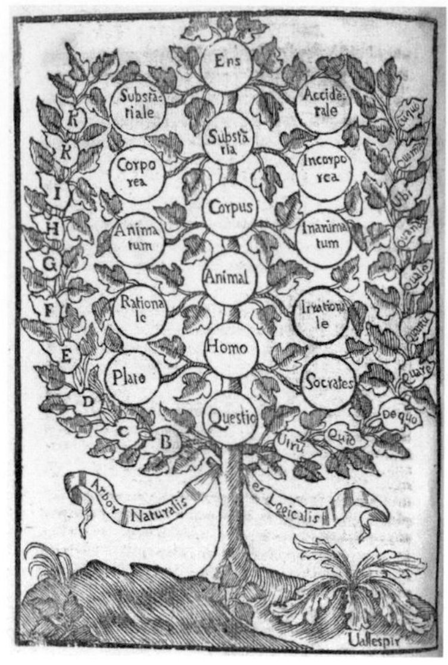

圖 18
拉蒙・柳利 Ramon Llull
波菲利之樹 Porphyrian tree
出自《新邏輯》(*Logica Nova*)
1512 年

已知最古老的樹狀圖之一，這個樹狀圖是從公元三世紀古希臘哲學家暨邏輯學家波菲利的作品衍生而出，根據亞里斯多德在《範疇篇》(*Categories*) 所提出的觀點。波菲利透過圖中的樹狀結構來表現自然種類的分級情況，樹的中央主幹是一系列屬和種的分類，相鄰兩側分支為次級分類。雖然波菲利最初構想出來的本體論結構早已佚失，中世紀時期相關波菲利之樹的幾種詮釋卻流傳至今。這張圖可以說是波菲利之樹的直觀詮釋，由十三世紀的西班牙詩人、神祕主義者暨哲學家拉蒙・柳利繪製。

圖 19
作者不詳
生命之樹 Tree of Life
取自《神學明鏡》(*Speculum theologiae*)
約 1300 年

這幅樹狀圖取自德國坎普熙篤會修道院出版的《神學明鏡》，該書為一作品集，集結了八張以圖像和教學圖為主的對開摺頁。這幅樹狀圖是中世紀圖像解經與記憶術的絕佳範例，主要作為研究聖經文本時冥想輔助記憶的工具。圖上有十二個分支與各自的果實，分別對應到基督生平中的各個事件，旁邊則有相關的《聖經》經文和引文。這張樹狀圖以《啟示錄》的一段經文為據，運用樹形構圖輔助冥想時的視覺化，以幫助改善記憶喚回與記憶提取。

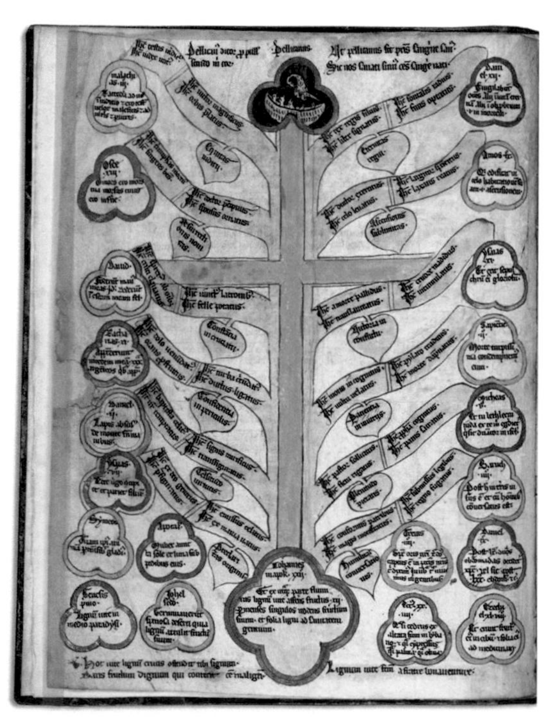

釋經文本更能總結出教學內容，其他時候，視覺表現則會成為主要焦點，文字只是要介紹透過圖像與銘刻所教授的內容。[7]」引導當前資訊設計與資料視覺化的許多理念，可能都可以回溯到中世紀時期的圖像解經方式。

要了解中世紀圖像解經的動機，最好的方法就是仔細研究記憶術（ars memorativa）。所謂記憶術，指的是一組記憶原理和技巧，能改善記憶印象與記憶喚回，同時支持組合式的發明與創意。記憶術始於古希臘時期，並在中世紀時期廣為流傳，相當受到早期基督教僧侶歡迎，他們用這種方式來增進對聖經的閱讀、解經與冥想。聖多瑪斯・阿奎那（Saint Thomas Aquinas）與道明會（Dominican Order）都是記憶術的強力支持者，將許多記憶技巧當成研究聖經文本的手段。記憶術的基本原則，主要強調視覺感受與空間定向的提升、圖像排序與位置的重要性，以及最終結合詞彙與價值觀產生聯想的能力。由於樹木有著以成長和分裂為特徵的自然秩序，樹枝樹葉與果實的結構也讓人容易理解，又具有多重的寓意聯想，所以要以圖像方式來表現記憶術時，樹狀圖自然就成為最佳選項。[8]

英國學者彼得・海沃斯（Peter L. Heyworth）將樹狀圖視為一種能清楚表達出豐富聖經遺產的強大教學工具，「在這個時期，講道藝術本身開始被比作是一棵樹。『Praedicare est arborizare』這句話的意思是，講道就如植樹，成熟的講道必須根植於一個主題，這個主題在聖經教權的主幹中成長茁壯，並由此長出枝條，也就是講道者能加以延伸的各種主題劃分。」[9]

中世紀中期不僅出現了一些最早也最生動的樹狀圖，幾種最受歡迎也最源遠流長的原型也是在這個時期浮現。系譜樹是最早的例子之一，主要用來描繪皇家與貴族的家譜，以及宗教性質的結誼｜圖 20-21。樹木也成為能夠表現廣泛社會概念的比喻方式。所謂的「自然階梯」（scala naturae）又稱「存在鎖鏈」（great chain of being），這是中世紀非常流行的哲學概念，將世界視為一棵不可改變且完美無瑕的樹。存在鎖鏈源於亞里斯多德絕對的宇宙觀，以及亞氏認為存在具有根本階級的目的論概念，它以線性排列的方式依序描繪許多物種，

圖 20
盧卡斯・沃斯特曼
Lucas Vorsterman
瑪莉・梅迪奇的家譜
Family tree of Marie de Médicis
約 1632 年

瑪莉・梅迪奇（Marie de Médicis，1575 年 – 1642 年）的圓形肖像，周圍為其家族分支。瑪莉是義大利權貴梅迪奇家族的成員，為法王亨利四世的第二任妻子。圖中的樹有五個主要分支，上面有五朵盛開的百合，分別畫有瑪莉的五名兒女：法王路易十三世、英格蘭暨蘇格蘭王后亨利埃塔・瑪麗亞、西班牙王后伊莉莎白、奧爾良公爵加斯東，以及薩沃伊公爵夫人克莉絲汀。

圖 21
哈特曼・舍德爾 Hartmann Schedel
家譜 Genealogy
出自《紐倫堡編年史》（*Nuremberg Chronicle*）
1493 年

取自《紐倫堡編年史》的插圖——《紐倫堡編年史》是本集結豐富插圖與先進技術的古版書（公元 1501 年前印刷的），以 645 塊雕版印刷而成，包含 1809 幅木刻版畫。這本世界史由德國醫生、人文主義者暨歷史學家哈特曼・舍德爾（1440 年 – 1514 年）從早期與當時的資料整理而來。書中有些地圖是部分城市與國家有史以來最早的插畫。這幅插畫描繪的是聖經人物諾亞之子雅弗的後裔，出自該書以部落與國家起源為題並收錄許多家譜的部分。整本書裡有許多類似的插圖，用以說明文中描述的複雜家族關係。插畫師在這裡捨棄了較常見的家譜畫法，採用獨特的藤蔓植物圖案來連接不同的家庭成員。

圖 22
作者不詳
美德之樹 Tree of virtues
取自希爾紹的康拉德（*Conrad of Hirsau*）《貞女之鏡》（*Speculum virginum*）
約十三世紀

出自《貞女之鏡》的插圖，該書於十三世紀前期由德國希姆羅德熙篤會修道院出版。這張圖像是最早由修道院製作的生活神學作品之一，作為修女的精神指引。該書有十二幅插圖，這幅樹狀圖為其中之一。美德之樹是中世紀圖像解經常見的主題，描繪的是與天德（基本德性）有關的人類素質，這樣的樹狀圖讓虔誠的信徒很容易就能理解並遵循神學教誨，對於投身並追求宗教生活的女性尤其如此。

通常從無生命的礦物開始，再到化石、植物、動物、人類、天體，以及最後的上帝。有些存在鎖鏈的版本則較強調王權與君權神授，將國王置於樹狀圖的頂端，下面是勛爵與貴族、幾個較低下的社會階級、一直到最下面出現在動物、植物和礦物上方的農奴。存在鎖鏈顯然反映出中世紀歐洲封建社會的分層，而且進一步藉此加強鞏固這種人為次序。雖然存在鎖鏈的影響一直延續至今，反映在各種階級系統之中，到了十八世紀，人們最終還是捨棄了將它當成正式社會階層系統的做法。

在十二世紀興起的還有其他相關概念，特別是包含美德之樹和罪惡之樹這兩種互補類型的道德之樹｜圖 22。美德之樹條列出與天德（基本德性）有關的人類素質，罪惡之樹則恰好相反，描繪的是與地上的惡習（七宗罪）相關的素質。這種善與惡並置的架構在中世紀時期反覆出現，讓修道士能藉此詮釋並思考基本德性與罪惡之間的關聯性。

在這個時期，樹狀圖也用於各種與法律相關的表述，例如教宗詔書、法律專著與君主的裁決和判決｜圖 23-24，不過其中最常見的是描繪一家族幾代人之間親屬關係的血緣關係樹狀圖。由於在 1215 年以前，七等親以內不許通婚，待該年第四次拉特朗公會議召開，將規定降到四等親之後，這類樹狀圖就成了確認親戚之間血緣關係遠近的重要工具。血緣關係樹可以橫跨數百年，至多可以回溯到公元七世紀與其始祖聖依西多祿（參考重要人物時間軸）與他的重要代表作《詞源》（*Etymologies*）｜圖 25。

同樣出現在公元十二世紀的，還有所謂「耶西之樹」，它是基督教藝術與中世紀肖像畫中非常受歡迎的主題，也更加鞏固了以樹為喻來表現家譜圖的做法。耶西之樹也被稱為耶西之根，它是耶穌的族譜，最早可以回溯到大衛王的父親，也就是伯利恆的耶西（Jesse of Bethlehem）。這個族譜是以聖經中有關基督為大衛王後裔的章節為根據，主要可見於《以賽亞書》、《馬太福音》和《路加福音》。這種樹狀圖通常具有固定的風格與繁複的裝飾。耶西通常在樹或藤蔓的底部，或躺或睡，從他身上長出許多分支，將耶穌的許多祖先連接在一

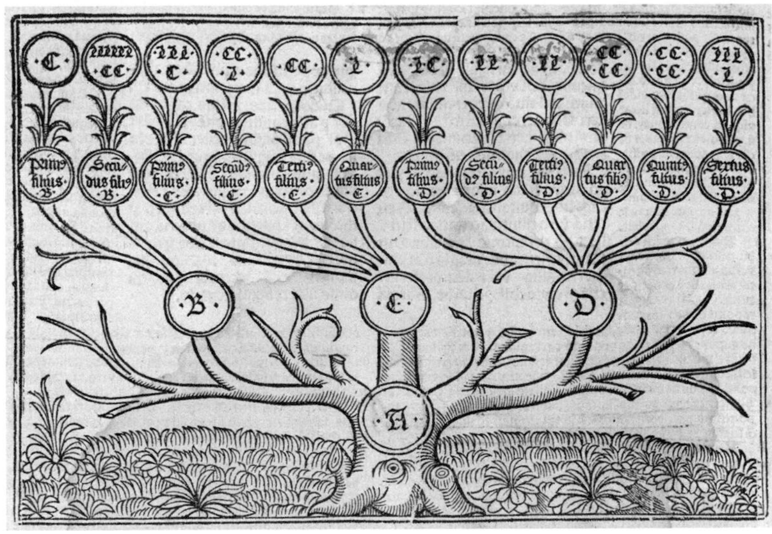

圖 23

任免權法令樹狀圖

Arbor seu figura declarativa titul. De iure patro.

出自教宗克雷芒五世（Pope Clement V）與艾吉迪奧・佩里諾（Egidio Perrino）《克雷芒五世憲法》（*Clementinae: Clamentis Quinti Constitutiones*）

1559 年

這張圖出自教宗克雷芒五世（1305 年 – 1314 年在位）的文告法令輯要（正式公告與法令匯輯），呈現一系列關於任免權的法規法令。原始文件還有半頁說明文字，解釋圖中各字母所代表的含義。樹狀圖上方有一行拉丁文，意思是「由於這個主題所涉複雜、困難卻又關乎日常，因此利用樹狀圖來表現可能比較容易理解。」

圖 24

代位權之樹 Tree of substitutions

出自波爾塔的阿普德・胡戈內姆（Apud Hugonem à Porta）出版《學說匯纂補編卷二》（*Infortiatum: Pandectarum Iuris Civilis Tomus Secundus*）

1552 年

取自《國法大全》（*Corpus Juris Civilis*，又稱《查士丁尼法典》的插圖——《國法大全》可以說是法理與法律史上最重要的著作。《國法大全》是拜占庭皇帝查士丁尼一世下令組成法學家委員會，於 529 年 – 534 年間編纂而成的重要法典，共有五十卷，彙整了過往的法規與意見書，以及法律的詮釋概要和查士丁尼一世自己的新政令。《國法大全》的第二部分也是最重要的部分為《學說匯纂》（*Digestum* 或 *Pandectarum*），匯集了將近一千年的羅馬法律思想，其中包括從基層政權權利至離婚法規等各種主題的意見書與法學著作摘要。這幅樹狀圖出現在《學說匯纂》的第二部分（第二十四至三十八卷），這部分一般稱為《學術匯纂補編》（*Infortiatum*）。這張圖之所以被稱為代位權之樹，據說是因為它廣泛涵蓋了一個專門處理繼承權、代位權與其他相關事宜的章節。

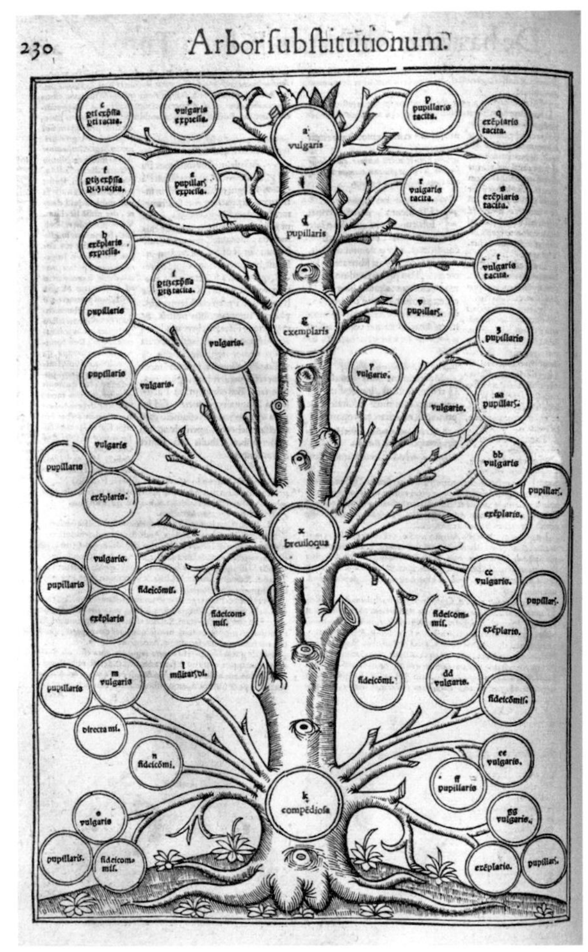

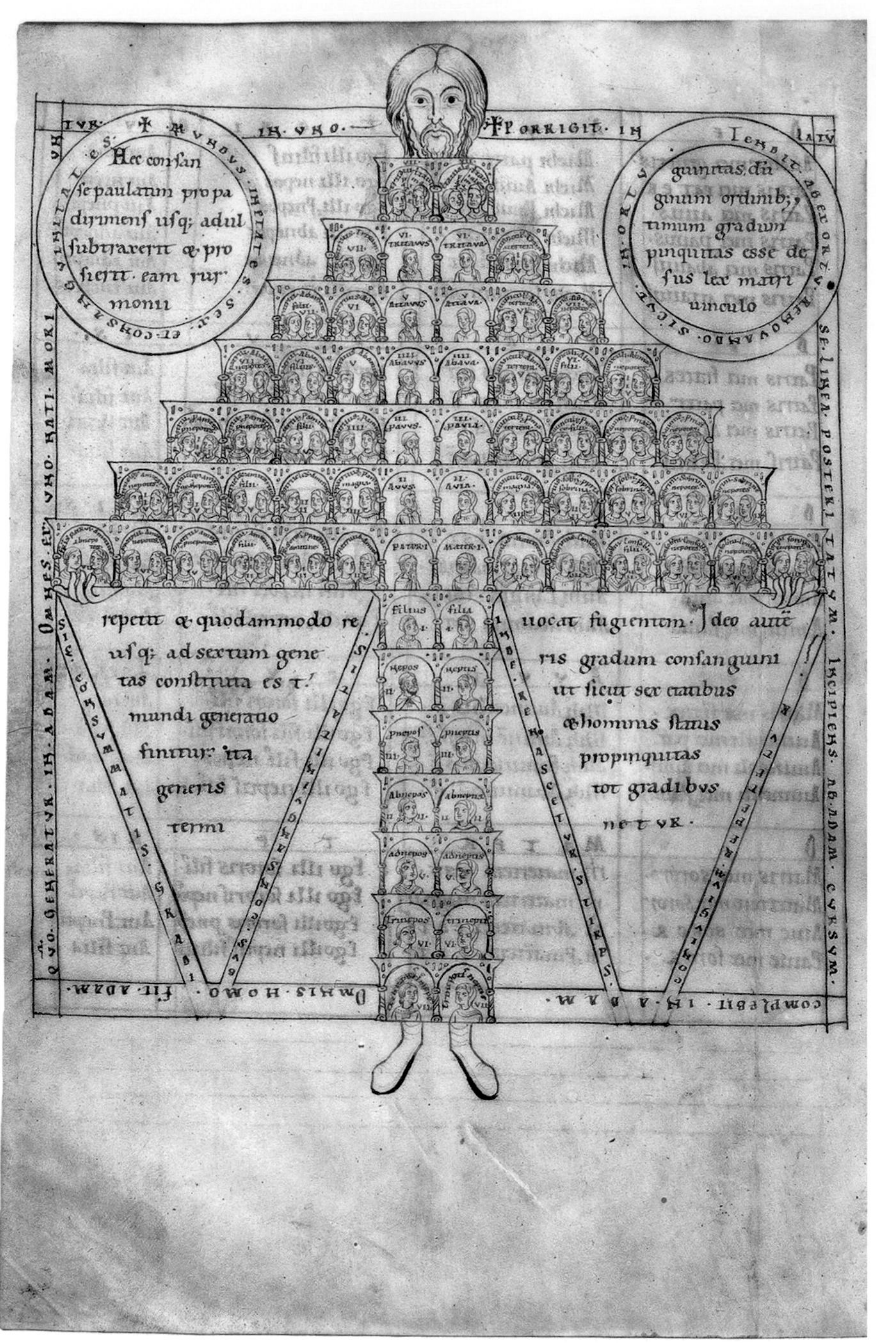

圖 25

血緣關係圖 Consanguinity chart

出自聖依西多祿《詞源》

（*Etymologies*）

約 1160 年 – 1165 年

這張圖出自《詞源》（由聖依西多祿在約 615 年 – 630 年間彙編而成）。《詞源》為一套中世紀的百科全書，共有二十卷 449 章，這套書可以說是古代晚期與中世紀早期的重要橋梁，闡述的主題繁多，如醫藥、文法、農業、戰爭、工具、法律、天文、數學和宗教等。這張圖出自德國普呂芬寧修道院於十二世紀出版的版本，圖中典型的血緣樹表現的是一個人的家族血緣關係。血緣關係密切的家庭成員如父親、母親、子女等的位置靠近中心，血緣關係較遠的親戚則在外圍。儘管這張圖表是按照固定格式繪製而成，仍採納了極其複雜的金字塔式分層布局。在後來的幾個世紀中，也出現了許多裝飾程度各有不同的版本，讓它成為一般人最熟悉的家譜圖原型（參考第一章與第二章）。

圖 26
耶西之樹 Tree of Jesse
卡斯蒂利亞的布蘭卡畫室的藝術家
約 1230 年

這幅裝飾精美的耶西之樹，出自《聖路易與卡斯蒂利亞的布蘭卡的聖詠經》（*Psautier de Saint Louis et de Blanche de Castile*）。它是按照升序描繪的系譜，包括耶西、大衛、瑪利亞與耶穌基督。樹的兩側是《舊約聖經》的人物，例如瑪拉基、但以理和以賽亞等。

起。不同的耶西之樹，納入的人數差異很大，在耶西與耶穌之間至多可能會多達四十三代。這個主題曾出現在許多不同的繪畫、素描與泥金裝飾手抄本上，時間橫跨數個世紀，也被用作世界各地大教堂的裝飾，如英國倫敦的西敏寺、法國沙特爾的沙特爾大教堂等｜圖 26。

雖然包括早期學者與百科全書編者如聖奧梅的蘭伯特（Lambert of Saint-Omer）與菲奧雷的約阿基姆（Joachim of Fiore）（參考重要人物時間軸）等在內的許多人，對於中世紀中期的樹狀圖發展都有著舉足輕重的影響，其中還是有一位重要人物脫穎而出，被後世視為始祖：十三世紀的西班牙學者暨哲學家拉蒙．柳利（Ramon Llull）。有些證據顯示，柳利曾在多次旅途中看過聖奧梅的蘭伯特與菲奧雷的約阿基姆兩人的重要作品，不過柳利似乎在此之前就已經展現出對於視覺傳達的興趣。「拉蒙．柳利清楚地表現出對於圖表與圖形結構如何強加或生成文本的學術愛好。」中世紀文化暨文學教授瑪莉．富蘭克林－布朗（Mary Franklin-Brown）解釋：「即使在他的職業生涯早期、開始遊覽各地之前，他就已經嘗試將樹狀圖當成訓練與教學工具。[10]」柳利的大部分作品都有樹狀圖，而且柳利本身也曾經設計出幾種以倫理、美德與罪惡等為題的道德之樹，以及不同版本的波菲利之樹（參考圖 18）。然而，他之所以能在樹狀圖的發展脫穎而出，主要還是因為初版於 1296 年的《科學之樹》（*Abor scientiae*），一本包容廣泛且別樹一幟的百科全書｜圖 27。他在這本彙整了十六棵科學之樹的巨著中替各種知識領域製圖，構想出連結關係盤根錯節的複雜結構，以樹來代表其觀點的中心元素，以及他對於普遍科學或智慧的尋求。《科學之樹》與書中出色的樹狀圖，在接下來的幾個世紀中有著至關重大的影響力，對於歐洲文藝復興時期出現的分類系統尤其關鍵。

以樹為喻的做法在文藝復興時期也繼續蓬勃發展——讓人訝異的是，其發展並不僅限於圖形圖像與樹形插圖的層面。例如，哲學家培根（Francis Bacon）與笛卡兒（René Descartes）都曾在有關知識分類的撰述中，以樹木的形式來描述密集的分類配置（參考重要人物時間軸）。一般認為，柳利的

圖 27

科學之樹 Tree of science

出自拉蒙・柳利《科學與先知柳利之樹》(*Arbol de la ciencia de el iluminado maestro Raymundo Lulio*)

1663 年

這幅插圖出自 1663 年於布魯塞爾出版的西班牙文版本《科學之樹》。這棵具有象徵性的樹體現了柳利對於「普遍科學」的追求，也可當成這部重要百科全書的目錄。主枝上的標籤代表科學的十六個領域，每個領域在後續頁面都有相對應的樹狀圖，十八條根則可分成兩組，分別代表九種神聖屬性（善良、偉大、永恆、權力、智慧、自制力、美德、真理與榮耀）以及九個邏輯原則（差異、和諧、對立、開端、中間、結束、多數、平等與少數）。這種以統一的主幹來形容科學的概念一直延續至今，在我們用到「科學的分支」之類的詞彙時，就有這樣的形象比喻。在柳利死後的幾世紀內，科學之樹發展出好幾個採用不同設計風格的版本。

樹狀圖像表現方式對培根的影響很大，而培根自己的認識論也對後世思維產生相當的影響，既是笛卡兒知識樹概念的重要啟示，也啟發了德尼・狄德羅（Denis Diderot）與讓・勒朗・達朗貝爾（Jean le Rond d'Alembert），在兩人合作於1751年初版的法文作品《百科全書，或科學、藝術和工藝詳解詞典》（*Encyclopédie*）中以樹狀圖來呈現目次（參考第一章）。

儘管如此，樹狀圖最適得其所的運用，卻是在啟蒙時代的生物學。以觀察科學的興起為特徵的啟蒙時代，是一個亟於替來自新世界的新奇動植物進行描述與分類的時期。在十八世紀出現的各種生物分類系統中，瑞典動物學家卡爾・林奈（Carl Linnaeus，參考重要人物時間軸）在其重要著作《自然系統》（*Systema Naturae*）中提出的分類法，真正徹底改變了我們替地球上動植物分類命名的方式。雖然林奈的生物分類系統與命名體系被沿用了好幾百年，到了維多利亞時期終究還是被捨棄了，這主要是因為英國博物學家查爾斯・達爾文（Charles Darwin，參考重要人物時間軸）以及他認為所有物種都是從共同祖先逐步演化而來的著名理論所致。

達爾文對生物學與全人類的貢獻是無法計量的。他提出的演化與天擇概念，至今仍對遺傳學、分子生物學與其他不同領域具有重要意義。然而，達爾文對於資訊構圖的貢獻，卻鮮少被提及。在1859年出版《物種起源》的前二十年間，達爾文不停地思考如何以樹狀圖來表現具有共同始祖的物種之間的演化關係，並以樹狀圖來發想，畫了許多素描，其中最有名的是他在1837年隨手畫在筆記裡的一幅草圖。多年後，他的想法終於化諸形象，以他所謂「生命之樹」的關鍵圖像表現出來，而這幅樹狀圖也成了《物種起源》一書中最重要的特色｜圖28。

達爾文意識到，樹狀圖至關重要，能夠表現其理論的核心元素。這幅樹狀圖出現在《物種起源》中〈天擇〉一章，他用八頁的篇幅相當詳細地解釋了樹狀圖在這裡的作用，以及樹狀圖對於了解共同始祖的概念有何價值。更者，達爾文也曾經在1859年5月31日這本科學史上重要著作首次亮相的幾個月前，

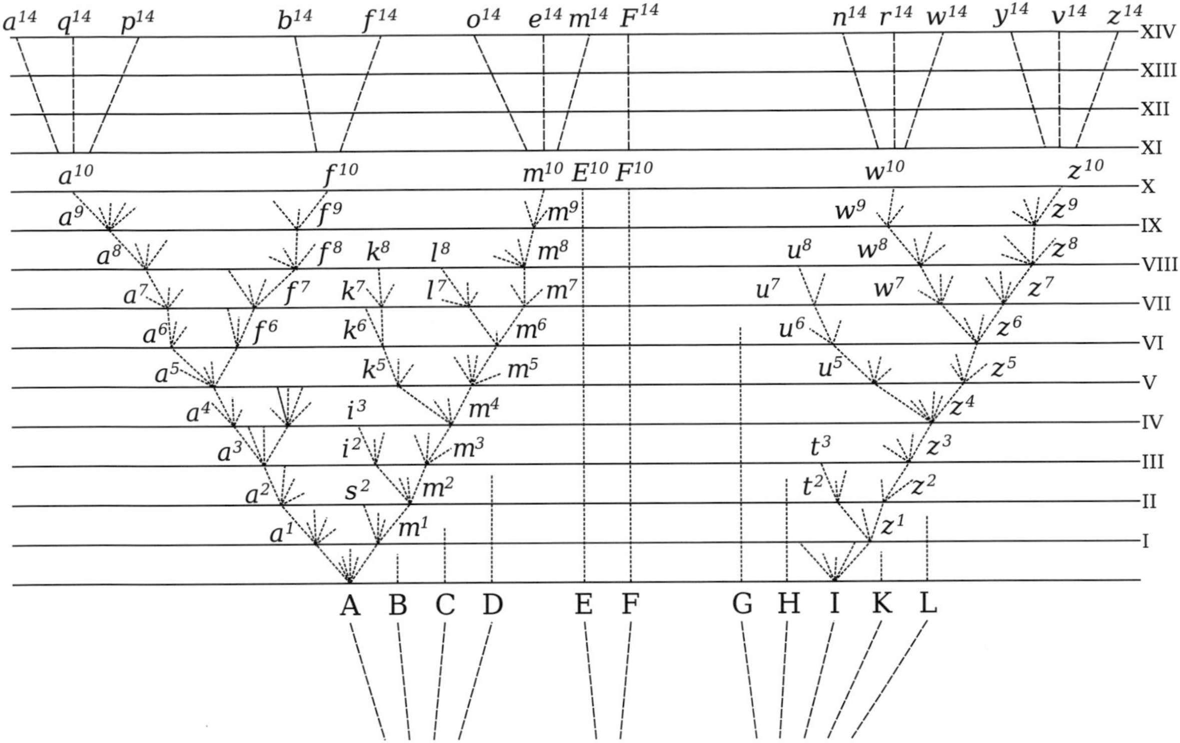

圖 28
查爾斯・達爾文
生命之樹 Tree of Life
出自《物種起源》(*On the Origin of Species by Means of Natural Selection*)
1859 年

這張樹狀圖是《物種起源》初版中唯一的插圖，它說明的是達爾文的演化思想與共同始祖理論。在這張樹狀圖的最下方，達爾文列出了從 A 到 L 的各種假設性共同始祖，兩兩之間的間隔不定，這是為了強調出之間的差異，圖的上方則是表現後續變種與亞種的各種分支。樹狀圖縱軸從 I 到 XIV 的每一條分界線，分別代表一千個世代。雖然在達爾文之前，讓 - 巴蒂斯特・拉馬克（Jean-Baptiste Lamarck）、愛德華・希區柯克（Edward Hitchcock）與海因里希・格奧爾格・波隆（Heinrich Georg Bronn）等人都曾提出能表現物種親緣關係的生命樹，達爾文是第一個將隨著時問更迭的機制引入樹狀圖的人，也讓這張圖成了第一棵演化生命樹。

寫信給他的出版商約翰・穆雷(John Murray)表示,「隨信附上我希望能刻在銅版上的圖表,以便做成摺頁附在書的下半部。(這圖看來奇怪,不過具有不可或缺的重要性,能夠顯示出過去與現在的動物之間非常複雜的親緣關係。)我已經向銅版雕刻師提供了詳盡的指示,但我一定要看到校樣。」[11] 我們由此可見這張插圖的重要性,它在達爾文的講述中並非次要元素,而是達爾文思維的重要表現形式。事實證明,這張伴有達爾文詳盡解釋的樹狀圖,確實說服了一群相當頑固且多疑的觀眾,讓他們接受了達爾文極具開創性的想法。[12]

在達爾文以後,德國博物學家、動物學家、哲學家暨藝術家恩斯特・海克爾(Ernst Haeckel)是最多產的樹狀圖製作者,也是以樹狀圖來表現演化過程的主要推廣者(參考重要人物時間軸)。雖然海克爾以《自然界的藝術形態》(*Kunstformen der Natur*)一書中各種精彩的動物與海洋生物的彩色插畫聞名,在他漫長的職業生涯中,他也創作了數百張以各種生命形式為題的精美系譜樹(參考第一章)。海克爾也創造了許多至今可以說是無所不在的術語,例如「門(分類學)」(phylum)、「生態學」(ecology)、「系統發生學」(phylogenetics,研究不同生物群體之間演化關係的學門)等。系統發生學是一個至今仍在成長的研究領域,對於當代物種分類方式至關重要。系統發生樹是系統發生學的核心,它以層級的表現方式來展現具有共同始祖之物種間的演化關係,系統發生樹會隨著科學新知的出現而持續更新。

樹狀圖雖然在生物學領域再次廣為流行,不過在製圖學與統計圖的領域卻沒有受到太大的影響。統計圖領域以蘇格蘭工程師威廉・普萊菲(William Playfair)的重要著作《商業與政治圖集》(*The Commercial and Political Atlas*,1786 年出版)為先驅,並在十九世紀中葉出現突破性的發展。儘管如此,在接下來的數十年中,囊括各種主題的樹狀圖紛紛大量問世,也慢慢形成了一種通用性的抽象設計。

樹狀圖從一開始在宗教領域的應用,慢慢變成能夠按前因後果進行系統論述的實用圖像,現已成為電腦科學與數學圖論領域的工具。目前尚不清楚的,是樹狀圖到底從何時開始捨棄原本寫實的樹狀形態，轉而採用更具固定格式的抽象構成。不過事實上，有些樹狀圖從來不曾改變。我們可以在第一章看到，原始的寫實具象手法（時間上幾乎橫跨一千年）並沒有消逝的跡象。儘管如此，有人必然是在某個時間點上意識到，即使沒有樹形裝飾，樹木的層次邏輯仍然可以清楚無誤地傳達資訊。這樣的認知必然接著打開了更抽象與圖解思考方式的大門，引起迴盪至今的重大改變。

縱向與橫向的樹狀圖，很有可能是最先出現的抽象樹狀圖，因為看起來仍和真實的樹木有著非常高的相似性。這些替代性的視覺模型從單一起源點開始分支（縱向樹狀圖以最上方或最下方為起點，橫向樹狀圖則從最左側或最右側開始），可以說是所有現代節點鏈接圖的早期始祖。這些原始節點鏈接圖的後代用簡單的線條來代替樹枝，常見的圓形或方形代替從前的葉片或灌木叢，目前仍然被廣泛用來描繪各種分類資料，是許多電腦作業系統的部分構成，用於檔案與資料夾的組織、顯示與瀏覽。即使在最早的樹狀模型中，偶爾也會出現不按照單一方向生長的情形，而是比較類似目前廣泛使用且運用先進電腦演算手法所創造出來的多方向有機布局。

圓形是另一個同樣出現在許多不同文化的符號，通常和統一、完整和無限的概念連結在一起，幾個世紀以來，一直都被用來描繪各種不同的概念與資訊。因此，將圓形運用在分層結構的表現，從而利用圓形能節省空間的特質和誘人的形象優勢來形成放射狀的樹狀圖，其實只是時間早晚的問題。

雙曲樹狀圖是近期才出現的放射樹狀圖替代方案，隨著電腦生成的互動視覺化發展而逐漸普及。雙曲樹並不存在於歐幾里得空間，而是利用雙曲空間，能夠有放大（或「焦點和脈絡」）的功能，能有效展現與允許大型層級結構的互動。

電腦、網際網路與演算法生成的新模型，催生出許多新方法與新設計。光是在過去二十年間，層級結構的表現方式就出現了爆發性的創新發展——尤其是替代性空間填充技術與鄰接式設計的引入，這也讓舊式節點鏈接圖的優勢和實用性都能有所提升。許多新模型結合了多種定量數據屬性，例如尺寸、長度、價格、時間與溫度等，並別有深意地運用色彩來指示像是類型、階級、性別與範疇等特質。

1990年代早期，電腦科學家班・施奈德曼提出將特定區域分解成更小元素的概念，藉此整合不同的層級。這個突破導致矩形樹狀圖的出現——所謂矩形樹狀圖，是一種運用多邊形區域和巢狀結構來表示不同層級的空間填充視覺化模型。在矩形式的樹狀結構圖中，樹的每個分支或部分都以一個矩形圖塊表示，每個矩形圖塊的旁邊會有更小的矩形圖塊，代表細分的更小單元。

這個重大里程碑又導致其他新形式樹狀圖的出現。許多新的替代方案，例如圓形樹狀圖或沃羅諾伊樹狀圖，原則上都和施奈德曼提出的矩形樹狀圖類似，不過使用了不同的多邊形構造。然而直到今天，原始的矩形樹狀圖（雖然經過一些演算法的調整和提升）在同類樹狀圖中仍然是最受歡迎的一種，也是最廣為流傳的層級結構視覺化方法。

旭日形樹狀圖和放射樹狀圖一樣，都是利用區單元來展現層級劃分，它可能衍生自餅圖，這解釋了為什麼它們也被稱為多級餅圖或巢狀餅圖。可以想像，旭日圖的發展，單純只是為了要容納餅圖主要部分的子分支——已知最早的餅圖出自威廉・普萊菲於1801年出版的《統計學摘要》(*Statistical Breviary*)。

最後一個（可能也是最不為人所知的）模型為冰柱形樹狀圖或冰柱圖，它出現於1980年代早期，是統計學家畢特・克萊納（Beat Kleiner）、約翰・哈提根（John Hartigan）、約瑟夫・克魯斯克爾（Joseph Kruskal）與詹姆斯・蘭德威爾（James Landwehr）等人的手筆。冰柱圖被視為是與縱向和橫向樹狀圖相對應的鄰接樹狀圖，運用了一系列連續並列的矩形來代表特定等級。然而，儘管冰柱圖有著非常能因應需求來調整的設計布局，卻沒有受到廣泛應用。當然，除了冰柱圖，還有其他具有互補性的模型，例如泡泡樹狀圖、圓錐樹狀圖、環狀樹狀圖等，有些甚至發展成三維形式；然而，這些模型或多或少都是非主流且具有實驗性質的，至今也沒有哪些例子能特別證明其實用性。

樹狀圖是最普遍也最具悠久歷史的視覺隱喻，同時是一面非常特別的稜鏡，讓我們能透過它來觀察人類意識、思想體系、文化與社會的演變和發展。從宗教解經中根深蒂固的根源到當代世俗的數位表達，描繪主題的多元性涵蓋了幾世紀以來人類生活的每一個重要層面。然而，這個主要的象徵標誌並不只是表現出人類在資訊構圖的獨創性，同時也是人類對於秩序、平衡、層級、結構和統一等展現出強烈欲望的結果。看著二十一世紀早期的旭日圖，我們可能會覺得它和十五世紀的樹狀圖是完全不一樣的東西。然而，如果我們透過為數眾多的調整、轉變、實驗、失敗和成功來追溯其系譜，我們很快就會意識到，它們確實是一脈相承的，而且我們也可以在這個系譜上看到各種能展現人類技能與創造力的例子。

這種長期的連續性發展，造就了當代各式各樣描繪與分析層級結構的技巧。這種多樣性也讓我們知道，做法沒有對錯，倒不如說是為了手上的任務選擇最有效益的模式。就如大部分我們選來製圖的系統一樣，層級結構可以從不同的角度來描繪，也可以採用各種不同的視覺手法。視覺化就像任何地圖一樣，是一種詮釋，一種用來了解系統的單一觀點。然而，就如我們從波菲利之樹、耶西之樹、家譜樹、柳利的科學之樹和達爾文的生命之樹等所看到的，視覺化呈現只要有獨特論點或主張的支持，就能成為非常有力的工具，化為持久且具感染力的文化基因。這本書最終要透過數百幅樹狀圖來傳達的，是視覺輔助能促進理解的力量。簡單來說，樹狀圖讓我們看到視覺傳達的強大力量。

重要人物時間軸

亞里斯多德 Aristotle

公元前 384 年－322 年

中世紀穆斯林學者將亞里斯多德尊為「啟蒙導師」，亞氏非常著重有形世界與本質主義的概念，他認為所有事物都存在著一個不變的本質。這樣的思想讓他試著替自然世界進行絕對的分類，在他的自然分類學中，所有物種都可以從低等到高等按照自然階系排列。《工具論》（*Organon*，公元前 40 年）為亞里斯多德有關邏輯的一系列論述，在其中的《範疇篇》（*Categories*）裡，亞里斯多德將人類理解的每一個存在都彙整在實體、數量、性質、關係、地方、時間、位置、狀態、行動與被動等十個範疇之中。就亞里斯多德本體論的基礎而言，實體在上述十範疇中最為重要，因為實體是闡述其餘範疇的主要特徵。亞里斯多德在《論題篇》（*Topics*）進一步擴展了他對於分類學的基本觀點，提出謂詞與主體之間可能關係的五個分類器（賓詞或謂項）：定義（horos）、類（genos）、屬差（diaphora）、屬性（idion）、偶性（sumbebekos）。亞里斯多德的三段論架構不只是單一層次的分類模式，對所有後繼的分類工作有著極其重大的影響；它意味著一個具體的層級機制，在這個機制中，一系列前提都是建立在一個原始的首要原則之上——所有後繼真理的根源。

波菲利 Porphyry

公元 234 年－約 305 年

在亞里斯多德提出基本分類學的幾個世紀以後，希臘哲學家暨邏輯學家波菲利在他針對亞里斯多德《範疇篇》撰寫的《導論》（*Isagoge*）更進一步地發展了分類學。《導論》作於公元 268 年至 270 年間，在羅馬哲學家亞尼修瑪．理烏斯．塞味利諾．波愛修斯（Anicius Manlius Severinus Boethius，約公元 480 年至 524 或 525 年）將之翻譯為拉丁文以後，在中世紀歐洲廣為流傳，而成為非常有影響力的邏輯學教科書，啟發了後來的學者如穆斯林哲學家暨博學家阿威羅伊（Averroes）與英國方濟會修士暨哲學家奧卡姆的威廉（William of Ockham）等人。

除了重新架構亞里斯多德原本的五個謂項，用物種（eidos）來代替定義以外，波菲利也引入了一種分類層級系統——也就是後來所謂的波菲利之樹。這個外觀狀似樹木的模型，表現的是最高的屬或實體依序二分至最低物種的情形，是一種邏輯劃分的圖示，基本上以一種讓人容易記憶且易於掌握的樹狀圖來描述亞里斯多德主張的基礎。儘管波菲利最初提出的系統已不復存在，這個模型在整個中世紀時期與文藝復興時期仍然不停被改編，出現在許多作品之中。就我們所知，波菲利之樹是現存最早以樹為喻的樹狀圖。

聖依西多祿 Isidore of Seville

約公元 560 年－636 年

聖依西多祿出生於西班牙卡塔赫納，一般將他視為古代世界的最後一位學者。他在塞維亞大教堂所設的教會學校接受初等教育，之後的三十七年一直在塞維亞擔任主教。聖依西多祿以開明和愛好學習著稱，他在西班牙境內的神學院致力推動所有知識領域的教學，包括藝術與醫學在內。

聖依西多祿精通拉丁文、希臘文與希伯來文，是位多產且多才多藝的作家，留下了數本專著與其他作品。不過他最重要的貢獻，在於試圖將普遍知識編纂成知識大全，而這件作品後來也成了中世紀時期最具影響力也最受尊崇的百科全書。編纂於約莫公元 615 年至 630 年間的《詞源》（*Etymologies*）共有二十卷，集結了一百五十四位古代基督教與異教作者的思想，被視為是醫學、法律、自然現象、建築與農業等經典學門的寶庫。書內充滿各種精美插圖與地圖，其中包括世界上最早的 TO 地圖（一種中世紀的地圖風格，將世界描繪成被圓形包圍起來的英文字母 T 字形）。插圖中有幾幅層級系統圖，其中比較重要者如聖依西多祿首次提出的系譜圖，這張圖在接下來的幾個世紀中也受到多次引用（參考第一章）。

聖奧梅的蘭伯特 Lambert of Saint-Omer

約公元 1061 年 – 1125 年

我們對於中世紀時期的法國學者、本篤會修士暨編年史家聖奧梅的蘭伯特所知不多，只知道他經常出入法國北部歷史悠久且影響力深遠的聖伯廷修道院與另外幾所著名的法國學校，並且精通語法、神學和音樂。蘭伯特年輕的時候就已經成為聖伯廷修道院的副院長，並於 1095 年被修道院僧侶和聖奧梅的諸位法政選為修道院院長。他最著名的作品是在 1090 年至 1120 年間編纂的《花之書》（*Liber floridus*），當時的蘭伯特為聖奧梅聖母教堂的法政。《花之書》為中世紀中期的第一本百科全書，出版以後慢慢取代了聖依西多祿的巨作《詞源》。由於蘭伯特擔心前幾世紀的所有知識在將來會慢慢佚失，所以他蒐集了大量文本和手稿，構建出一部涵蓋天文學、哲學和自然史等主題，一共一百六十一個部分的世界通史。這件驚人的作品裡有著各種精美圖表、圖形與地圖，其中包括兩幅讓人印象深刻的樹狀圖：一幅是神祕的美德棕櫚樹（參考第一章），另一幅是從單一根部分裂成橫向的兩株美德之樹與罪惡之樹（參考第三章）。

菲奧雷的約阿基姆 Joachim of Fiore

約公元 1135 年 – 1202 年

菲奧雷的約阿基姆為熙篤會修士、神祕主義者暨神學家，他提出了相當有趣的歷史哲學，將世界歷史分成包括聖父時代、聖子時代和聖靈時代在內的三個階段 。獲選為義大利南部熙篤會卡羅佐修道院院長以後，約阿基姆在接連好幾位教宗的直接支持下，花了許多年的時間，編纂數卷聖經釋義之作，之後才引退到皮耶特拉菲塔，建立菲奧雷聖喬凡尼的修行制度。除了對聖經經文的深入研究以外，約阿基姆也是詩人與才華洋溢的藝術家，要了解他情感豐富的視覺想像，《形象之書》（*Liber figurarum*）可以說是最適合的作品。《形象之書》於公元 1202 年約阿基姆身故後出版，不過一直到 1937 年才重見天日，書內匯集了中世紀時期最令人驚嘆的象徵神學作品。約阿基姆透過一系列豐富繁茂的樹狀圖來表達他對歷史發展階段的觀點，藉樹狀圖描繪以《舊約聖經》和《新約聖經》的人物與制度為基礎的許多主題，例如基督在基督教信仰中的核心地位、聖經主角的階級，以及與過去的關聯（參考第一章）。

拉蒙・柳利 Ramon Llull

約公元 1232 年 – 1315 年

拉蒙・柳利是多產且多才多藝的作家、詩人、邏輯家暨哲學家，他留下來數百件以加泰隆尼亞語、拉丁文和阿拉伯文撰寫的作品，而且是中世紀歐洲的新柏拉圖主義主要支持者。他有時被認為是計算理論的先驅，這是因為他最著名的作品《鴻篇》（*Ars magna*）的緣故。《鴻篇》初版於 1271 年，替柳利的組合藝術理論奠定了基礎——所謂組合藝術理論指一種普遍的知識體系，後來被哥特佛萊德・萊布尼茲（Gottfried Leibniz）加以擴大，並被認為是現代電腦科學的古老先驅。

柳利的巨作《科學之樹》（*Abor scientiae*）初版於 1296 年，這可以說是他對資訊製圖最重大的貢獻。除了為百科全書（參考引言第 37 頁）提供全書架構的科學領域基本樹狀圖以外，這本書還有十四幅主要樹狀圖與兩幅補充樹狀圖，並將世俗（自然）與宗教知識都涵蓋在內，其中包括元素之樹（物理、形而上學與宇宙論）、植物之樹（植物學與醫學）、人文之樹（人類學與人類研究）、教會之樹（教會研究與教堂組織），以及天體之樹（天文學與占星術）。

法蘭西斯・培根 Francis Bacon

1561 年 – 1626 年

英國哲學家、科學家、政治家暨作家法蘭西斯・培根於 1605 年出版的《學術的進展》（*The Advancement of Learning*），是世界上最重要的英文哲學作品，也是科學經驗論的核心文本。培根特別重視觀察、測量與實驗（遠離了傳統的神聖哲學），為全人類提供了無可比擬且極其詳盡的知識體系。他首先將人類理解分成三個主要領域，而這也是培根系統的根源：「理解是知識的本源。人類的知識涉及人類理解的三個部分：歷史源於記憶，詩詞源於想像，而哲學源於理性。」[1] 培根在詳述並全面思考這些歷史、詩詞與哲學等基本領域的次範疇時，提出了知識之樹的概念，「知識的散布與劃分並不像是相匯於一角、相交於一點的幾條線，而是像樹木的樹枝，原是具有整體性、連續性與一定分量的樹幹，爾後才形成分支。」[2]

勒內・笛卡兒 René Descartes

1596 年 – 1650 年

笛卡兒被尊為現代哲學之父，他持續探討著培根提出的科學樹狀結構概念，其中最著名的著作為《哲學原理》（*Principia Philosophiae*）一書。《哲學原理》於 1644 年出版，共分為六個部分：（一）人類知識的原理、（二）物質事物的原理、（三）可視宇宙、（四）地球、（五）生物，以及（六）人類。笛卡兒在一封寫給該書法文譯者的書信中，闡述了其原理的基本邏輯，提到知識之樹：「所有的哲學就像是一棵樹，形而上學為根，物理學為主幹，其他科學是從主幹長出來的樹枝，總共分為三個主要部分，即醫學、力學和倫理學。」他接著解釋，這樣的結構也能表達出特定的學習順序：「我們不是從樹根或樹幹，而是從樹梢採集果實的，因此，哲學的主要功用取決於各部分的個別用途，而這也是我們最後才能習得的。」[3]

卡爾・林奈 Carl Linnaeus

1707 年 – 1778 年

瑞典植物學家、醫生暨動物學家卡爾・林奈奠定了現代生物學命名法二名法的基礎，他的生物分類學巨作則讓他被尊為現代分類學之父。後來所謂的林奈分類法，是他在 1735 年出版的《自然系統》（*Systema Naturae*）一書中提出，將自然界分成一個由三界構成的巢狀層級系統，三界分別是動物界、植物界與礦物界。接著，他又將每個界分成（由高到低）包括綱、目、科、屬和種在內的序列層級，為分類學提供了統一的層級分組機制。生物的分組是以共同的外觀特徵為依據，儘管這個系統多年來逐漸改變（最近期的改變來自去氧核糖核酸定序所揭露的科學新知），目前學界使用的生物分類體系仍與林奈最初的分類方式相當類似。《自然系統》出版到第十版時，已經列入 4400 種動物與 7700 種植物。該分類系統最大的創新，在於替物種命名的方法，捨棄了傳統冗長的拉丁文名，而在替每種動物或植物命名時，採用目前已為人熟悉的二名法（物種名稱包含兩個部分——屬名和種小名）。

查爾斯・達爾文 Charles Darwin

1809 年 – 1882 年

查爾斯・達爾文是樹喻的主要支持者。他在《物種起源》(*On the Origin of Species by Means of Natural Selection*）這本開創性著作的唯一一幅插圖就是樹狀圖，這幅樹狀圖是達爾文理論的中心，他將之稱為「生命樹」。達爾文為了闡明他的演化概念，深入了樹形的象徵主義：

> 「同綱內所有生物的親緣關係遠近可以用一棵樹來表示。我相信這個比喻方式大體上能表現出真實的情況……在每個生長階段，所有正在成長的枝條都試著往所有方向擴展，就和物種和種群在生存競爭中隨時要戰勝其他物種取得優勢的方式是一樣的。」[4]

當然，以樹作為物種的基礎系統，並不是什麼新鮮事。植物學家奧古斯丁・奧吉爾（Augustin Augier）和尼古拉斯・查爾斯・塞林吉（Nicolas Charles Seringe)、古生物學家海因里希・格奧爾格・波隆（Heinrich Georg Bronn）和生物學家讓 - 巴蒂斯特・拉馬克（Jean-Baptiste Lamarck）等人，都曾經在描述物種時運用了層級圖表的概念。然而，達爾文引入了一個關鍵且不穩定的因素：時間。達爾文的演化樹並不是靜態且不可改變的當代生物分類，而是一種變化的動態模型，將一代代的改變和適應都包含進去。

恩斯特・海克爾 Ernst Haeckel

1834 年 – 1919 年

德國博物學家、動物學家、哲學家、醫師暨插畫家恩斯特・海克爾是達爾文的追隨者與達爾文學說的主要倡議者，同時也是利用樹狀圖來表現物種演化關係的主要支持者。海克爾於 1857 年取得醫學博士學位，之後便將心力專注在動物學領域，並在 1862 年成為德國耶拿大學比較解剖學教授。在接下來的幾年中，海克爾所發現、命名並描述的新物種有數千種之多。

海克爾在 1866 年出版的作品《普通生物形態學》(*Generelle Morphologie der Organismen*）中，運用幾張筆法細膩的生命之樹來闡述他的許多演化概念，他後來也繼續發展生命樹的概念，畫下了許多不同的版本。達爾文的生命樹在本質上是假設性的，海克爾的生命樹則是更完整的樹狀圖，其中也運用了細緻的生物分類手法。身為樹狀圖最積極的支持者，海克爾可以說是融合了連續幾位重量級人物（從林奈到拉馬克再到達爾文）的思想，他的作品提高了人們對於認識論樹狀模型的興趣，也加強了這種模型解釋和傳達複雜生物過程的能力。

班・施奈德曼 Ben Shneiderman

1947 年出生

美國電腦科學家班・施奈德曼曾經出版幾本著作，為馬里蘭大學學院分校資訊工程系教授暨高級資訊工程研究所成員。他是人機互動領域的研究先驅，尤其擅長資訊視覺化領域。

除了在直接操作介面的作品，施奈德曼尤其因為發明了用來表現分層數據的樹圖方法而著稱。1990 年，施奈德曼在試圖解決硬碟滿載的問題時，決定捨棄傳統的節點鏈接法，改而利用一系列巢狀矩形來探討空間填充技巧。這個新發明的樹圖演算法能透過連續的矩形（分支）來建立樹狀結構，每個矩形的後面都緊接著更小的矩形（次分支），以遞迴機制來容納龐大的層級系統。施奈德曼的重大突破成了最著名也最受歡迎的視覺化模型，不過最重要的是，就此打開了空間填充樹圖類型的大門，將現代資訊視覺化推進了創意爆發期。

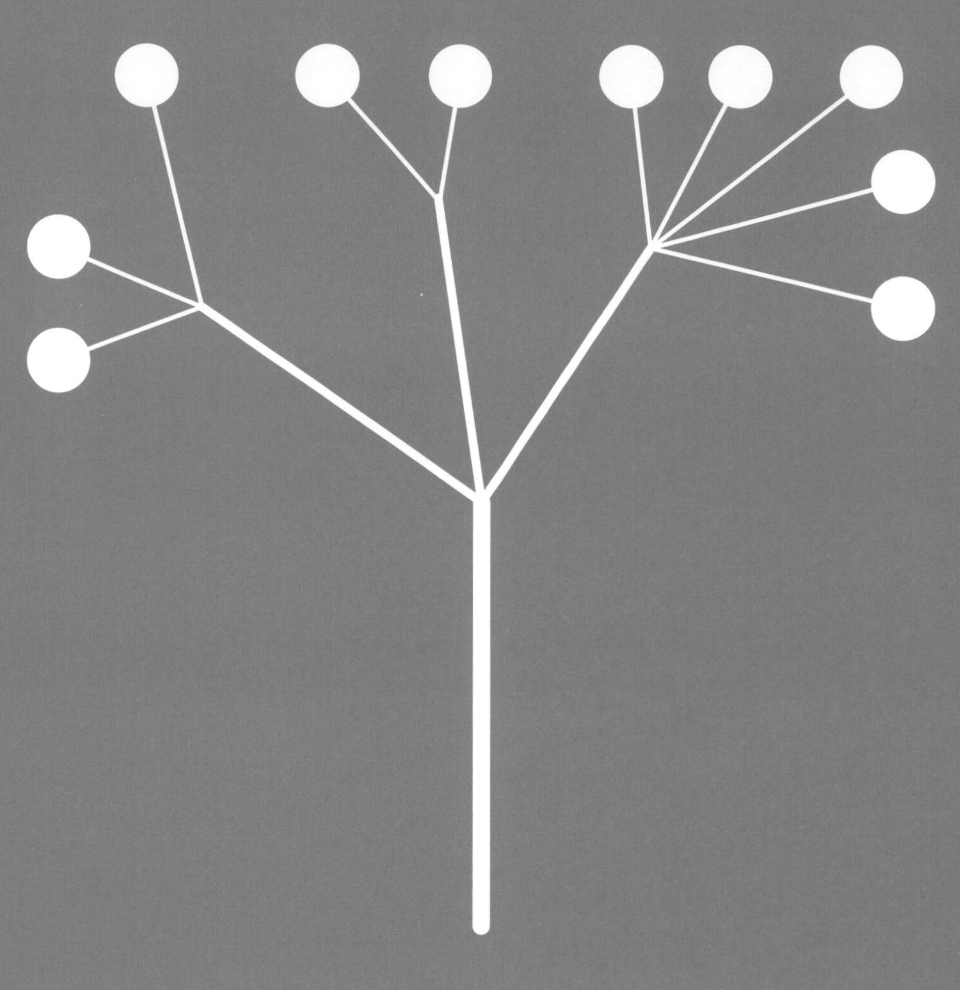

1

2

3

Chapter 01

具象樹狀圖
FIGURATIVE TREES

多年來，樹木不但是諸多文化的重要宗教象徵，也是描述和組織人類知識的重要隱喻。樹狀圖是最普遍的視覺分類系統，隨著時間演進，融入了真實樹木最實際也最基本的特徵，運用樹幹、樹枝與分支等來代表不同實體之間的關係，而實體通常以樹葉、果實或灌木叢來表現。

雖然樹狀圖經過多年來的演變，早已失去了部分狀似實物的特徵，形式上變得更固定也更抽象，許多與樹木相關的標記，例如根、枝、葉等，仍然被廣泛使用。從家庭關係到法律系統、生物物種到線上討論，樹狀圖所涉及的主題範圍就如其時間跨度一樣廣泛。本章的第一張圖與最後一張圖的時間相隔八百年——第一張圖描繪的是《聖經》裡的主要人物與故事，最後一張描繪的則是 2012 年最受歡迎的部落格——這麼長的時間跨度清楚顯示出，儘管樹狀圖不停演變，具象樹仍然沒有消失的跡象。這些早期的圖畫示意圖同時也是許多當代視覺化模型的前身，我們會在接下來的章節中深入討論。

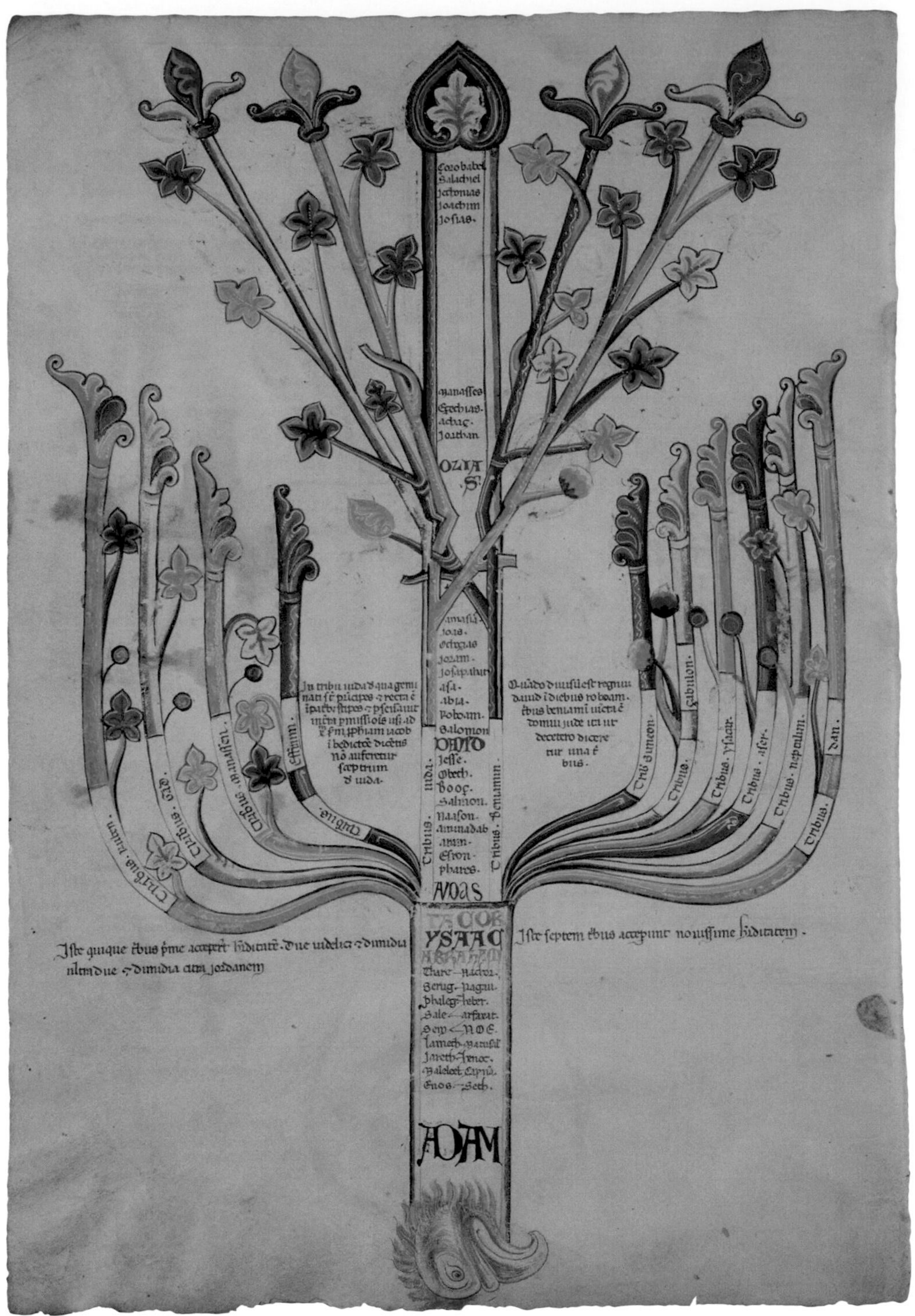

樹形老鷹 Tree-eagle
出自菲奧雷的約阿基姆《形象之書》（*Book of figures*）
1202 年

這張圖由義大利南部菲奧雷聖喬凡尼會修道院院長暨創始人菲奧雷的約阿基姆（Joachim of Fiore，約 1135 年 – 1202 年）繪製，要表現的是聖靈時代的到來。主幹為幾個聖經世代代表人物的階級表，從亞當（最下方）一直到所羅巴伯（最上方）。下面的分支象徵以色列的十二個支派，分成最先進入應許之地的支派（左側），以及較晚抵達的支派（右側）。樹狀圖底部的老鷹非常突出，是精神啟迪與沉思冥想的有力象徵。[1]

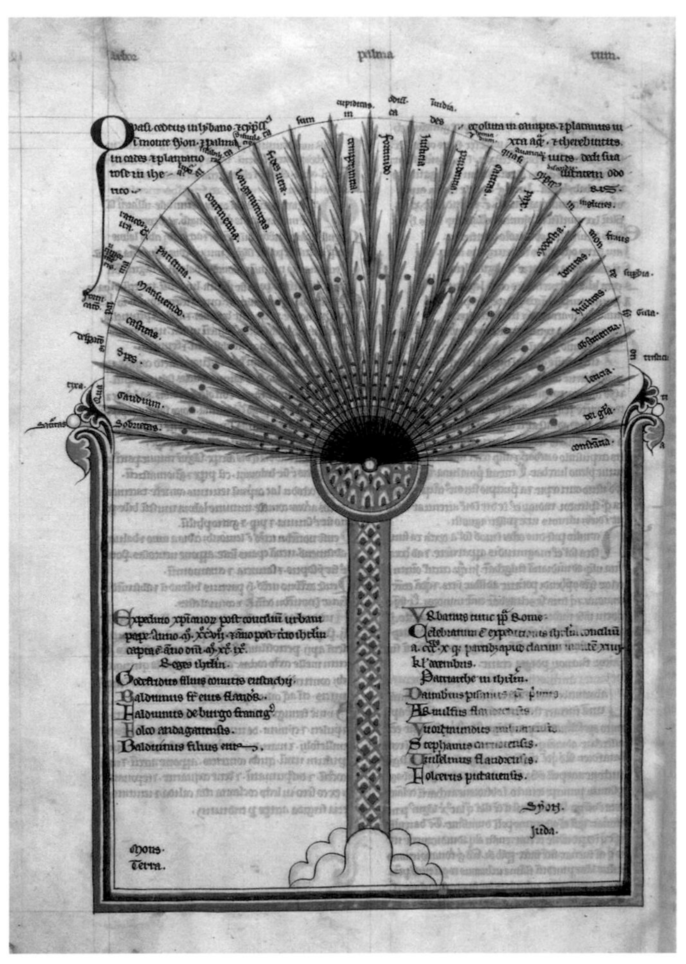

作者不詳
美德之樹 Tree of virtues
出自《神學明鏡》
（*Speculum theologiae*）
約 1300 年

美德之樹的插圖。美德之樹這個主題在中世紀時期經常出現，它代表與樞德（基本德性）相關的人類素質。它的構成讓僧侶能夠了解並深入思考節操與基本美德之間的關聯性。七個分支與各自的果實都指著天上，以《加拉太書》第五章第二十二節的經文為依據，暗指聖靈的七種恩賜。[2]

美德之樹 Tree of virtues
出自聖奧梅的蘭伯特《花之書》
（*Liber floridus*）
約 1250 年

這幅棕櫚樹插畫出自《花之書》——為中世紀時期最古老、最美麗也最著名的百科全書。這本由聖奧梅聖母教堂法政蘭伯特（Lambert of Saint-Omer）於 1090 年至 1120 年間編纂的百科全書，摘錄了 192 份不同的文本與手稿，記載 1119 年以前的通史或重大事件時序紀錄。這本書按宇宙誌、聖經與歷史等主題，分成 161 個部分。圖中這株棕櫚樹又稱為「教會之掌」，描繪的是從中央鱗莖長出的美德（棕櫚葉）。棕櫚樹常見於早期基督教圖形，有著豐富的道德與象徵意義，通常用來代表「天堂」或「樂園」。

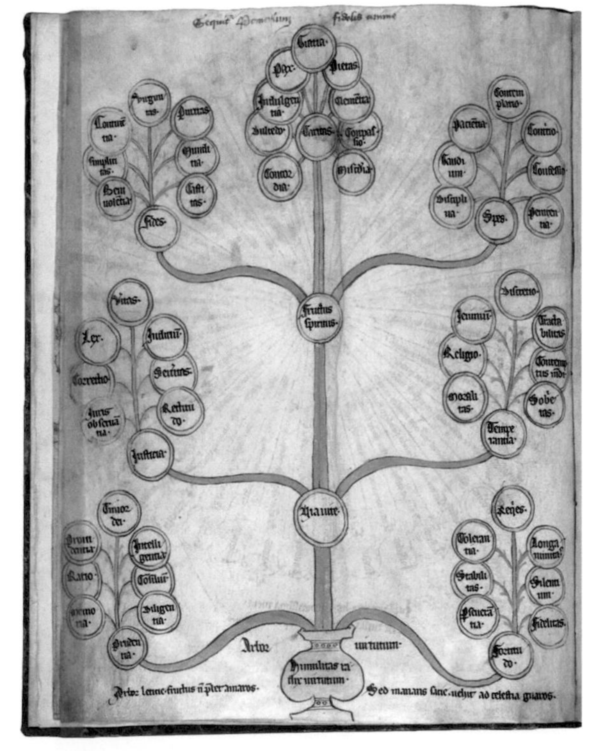

作者不詳

血緣關係樹 Tree of consanguinity

出自《教令集論》(*Decretalium copiosum argumentum*)

約 1450 年 – 1510 年

這幅木刻畫以當時常見的血緣關係樹原型描繪家庭成員之間的親緣關係。這張圖出自一篇同時收錄教宗額我略九世(Pope Gregory IX，約 1170 年 – 1241 年)在位期間之教規與教令文本的手稿，表現出一特定人物(可能是某國王)與其後代的血緣關係層級分析，該人物站在樹的後方，雙手抓著樹枝。疊加在傳統樹狀圖上的，是將四十一位成員關係聯繫在一起的直角點陣圖形。整個中世紀時期的許多手稿，都曾經研究過這幅血緣關係樹。

洛伊塞・列德 Loyset Liédet
血緣關係樹 Tree of consanguinity
1471 年

洛伊塞・列德（1420 年 － 1479 年）的插圖。列德是荷蘭細密畫畫家暨書稿彩飾師，其贊助人包括菲利普三世（Philip the Good，1419 年 － 1467 年為勃艮第公爵）與勇士查理（Charles the Bold，1467 年－ 1477 年為勃艮第公爵）。這張插圖出自一份法理學手稿，描繪家庭成員之間的親屬關係。圖片的說明文字述及婚姻關係的明確條件，以避免亂倫與近親婚姻。

親緣關係之樹 Tree of offinity
出自約翰尼斯・安德烈埃《血緣之樹：親屬關係、精神關係與法律》
（*Super Arboribus Consanguinitatis, Affinitatis et Cognationis Spiritualis et Legalis*）
1478 年

此圖為義大利教會法專家約翰尼斯・安德烈埃（Johannes Andreae，1270 年－1348 年）製作的精美樹狀圖，收錄此圖的書籍於安德烈埃死後在 1478 年出版。這張樹狀圖描繪的是天主教教會當局訂定的親屬與婚姻關係法規，是一篇於歐洲地區評價極高的同主題文章之部分內容；在 1500 年以前，該著作約已再版四十五次，不過書中的這幅樹狀圖偶有變動。

耶西之樹 Tree of Jesse
出自雅各・德・佛拉金《黃金傳說》
（*Legenda Aurea*）
約 1480 年

這幅插圖出自義大利編年史家暨熱那亞主教雅各・德・佛拉金（Jacobus de Varagine，約 1230 年 – 1298 年）的著作《黃金傳說》。《黃金傳說》在中世紀時期是一本非常暢銷的手稿，流傳至今的書冊有數百本之多。這本書收錄許多聖徒與教會領袖的生平傳記，並有豐富的插圖裝飾。這張精美的木刻畫裡有一根纏繞的藤蔓代表主家譜，每位先人被置於兩片葉子之間。在聖母瑪利亞之前的最後一個位置有一對擁吻的夫婦，暗指聖母瑪利亞的父母親；圖中的聖母瑪利亞身著白色長衣（這身打扮讓人聯想到皇室之花），站在枝頭上，雙手抱著耶穌基督。

作者不詳

耶西之樹 Tree of Jesse

出自《法蘭德斯聖詠經》

（*Psautier Flamand*）

約 1500 年（前頁）

這幅以耶西之樹為題的全頁插圖，出自一部裝飾豐富細膩的法蘭德斯聖詠經。這部聖詠經於 1500 年左右在法蘭德斯的布魯日製作，目前為巴黎愛爾蘭學院圖書館的收藏。

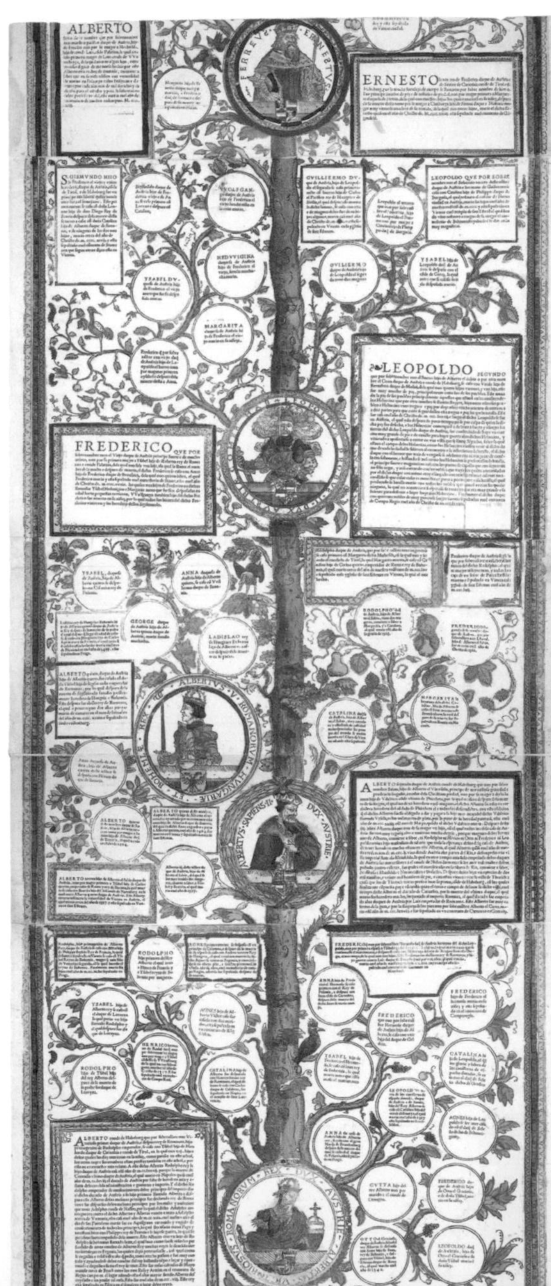

羅伯・佩利爾 Robert Peril

哈布斯堡家族系譜樹

1540 年

這幅文藝復興時期的精美木刻畫，以哈布斯堡家族（House of Habsburg）系譜樹為題。哈布斯堡家族是統治奧地利帝國的歐洲王室。完整的系譜樹共有二十二頁，這裡為其中的六頁。這個長捲軸本應掛在牆上或攤平在平坦表面上，才能完全理解其構圖。這張長長的樹狀圖從最下方坐在樹幹上的法拉蒙德國王（King Pharamond，約 370 年 – 427 年）開始，一直到最上方神聖羅馬帝國皇帝查理五世（Charles V，1500 年 – 1558 年）。

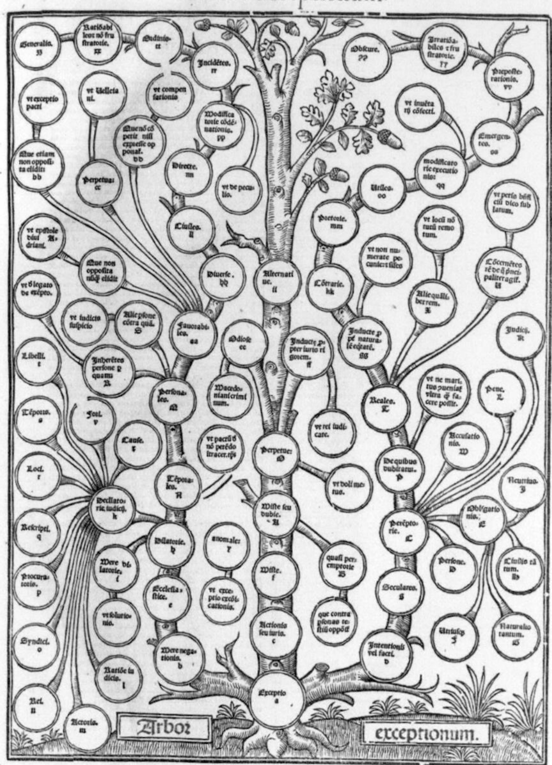

免責條款之樹 Tree of exceptions
出自波爾塔的阿普德・胡戈內姆（Apud Hugonem）《學說匯纂新編：學說匯纂卷三》（*Digestum Novum: Pandectarum Iuris Civilis Tomus Tertius*）
1551 年（左）

這張樹狀圖出自流傳下來由波爾塔的阿普德・胡戈內姆出版的十六世紀版本《國法大全》（參考〈引言〉第 33 頁），描繪的是特定專著相關的一些免責條款。

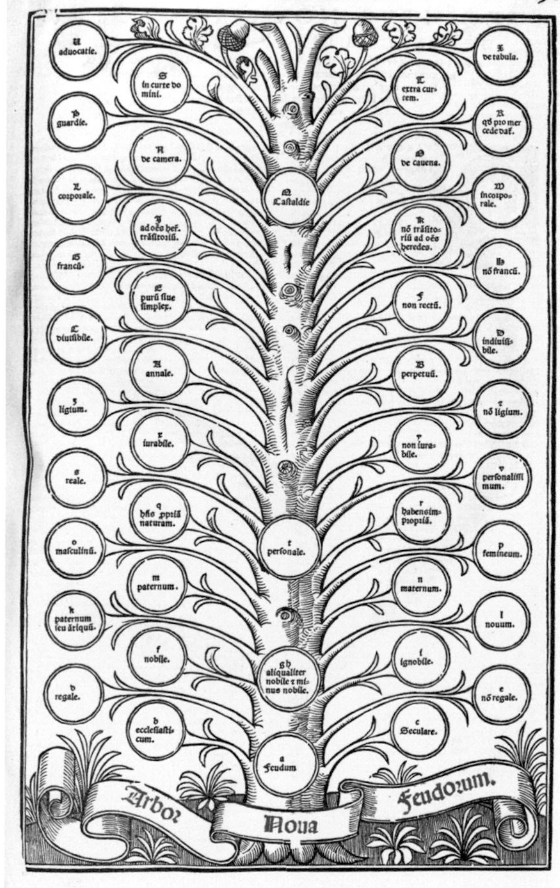

封地之樹 Tree of fiefs
出自波爾塔的阿普德・胡戈內姆《*Volumen: hoc complectitur*》
1553 年（右）

這張圖出自《國法大全》第一部分《查士丁尼法典》。《查士丁尼法典》收錄了當時各主題的完整帝國法規（正式公告和政令），尤其是有關禁止異端和異教的宗教法律與命令。這幅樹狀圖為封地之樹（封地指領地或采邑），其後有七頁相關的詳細封建制度法規。

查爾斯・馬濟斯的系譜圖
出自保羅・委羅內塞（Paul Veronese）《馬濟斯抄本》（*Codex Magius*）
1568 年－ 1573 年（下頁）

這張圖是十八頁手稿的一部分，為一系列筆法極其細膩的細密畫，以牛皮紙為材質，描繪的是威尼斯貴族查爾斯・馬濟斯（Charles Magius，亦稱卡羅・馬濟）旅途中的歷險與不幸。這幅樹狀圖展現的是馬濟斯的家譜。

2.
GENVIT.
ALVIT.
FOVET

喬凡尼・保羅・畢昂奇
Giovanni Paolo Bianchi
格里馬爾迪家族系譜樹
1627 年

這張圖是米蘭版畫家、雕刻家暨製圖師喬凡尼・保羅・畢昂奇繪製的系譜樹。格里馬爾迪家族（House of Grimaldi）的第一代是出生於十二世紀的熱那亞政治家格里馬爾多（Grimaldo），該家族與義大利熱那亞共和國關係密切，也是目前摩納哥的統治者。這張插圖表現了格里馬爾迪家族幾位祖先的關係，從位於系譜樹最下方的卡涅公爵雷尼爾一世（Rainier I of Monaco, Lord of Cagnes，1267 年 – 1314 年）開始，一直到摩納哥親王奧諾雷二世（Honoré II, Prince of Monaco，1597 年 – 1662 年）。

約翰・戈達德 John Goddard

人類生平之樹

The Tree of Man's Life

約 1639 年－1650 年

這張圖出自雕刻家約翰・戈爾德之手，讓人印象深刻，一棵拔地而起的大樹，概要地表現出一個人生命中的各種事件。樹幹分叉並扭轉交叉，將兩個場景框了起來：上方為在墓地裡手持鐮刀的死神，下方是富人與拉撒路的聖經寓言。地底下樹根的兩側，有另外兩個互補的場景：左側是一個正在給嬰孩餵奶的貧苦婦人，右側是一名正在哺乳的有錢婦女。上方的天堂，可以看到耶穌的名字被光輝圍繞。樹木的根、樹枝與樹葉都寫滿了聖經段落與銘文。

利維烏斯・塔勾丘斯
Livius Tagocius
葡萄牙王室的系譜樹
1641 年

這張圖是葡萄牙國王的家譜，從一般被稱為阿方索・恩里克斯的阿方索一世（King Afonso I，1109 年 – 1185 年）一直到約翰四世（King João IV）。

西蒙・費奧多羅維奇・烏沙科夫
Simon Fyodorovich Ushakov
讚美弗拉迪米爾的聖母瑪利亞
約 1668 年

這張圖是俄羅斯畫家西蒙・烏沙科夫（1625 年 – 1686 年）繪製的樹狀圖，描繪弗拉迪米爾的聖母瑪利亞（Virgin of Vladimir），這是東正教最受尊崇的聖像之一，也是拜占庭式聖母聖子圖的一個很好的例子。聖母位於樹的中心，周圍是俄羅斯的重要人物。

作者不詳

格魯派法脈皈依境

約十八世紀

這張圖是描繪格魯派法脈（Gelug）皈依境的西藏唐卡。在藏傳佛教中，皈依境（refuge tree）、福田境（refuge field）或資糧田（merit field）通常是宗師法脈的圖像，以及他們各自的教派、宗派與傳承。以這種視覺心智圖來勾勒法脈與教義傳承的唐卡，被用作輔助記憶的工具，來改善視覺冥想。這張唐卡描繪的是由宗喀巴創立的藏傳佛教格魯派法脈。

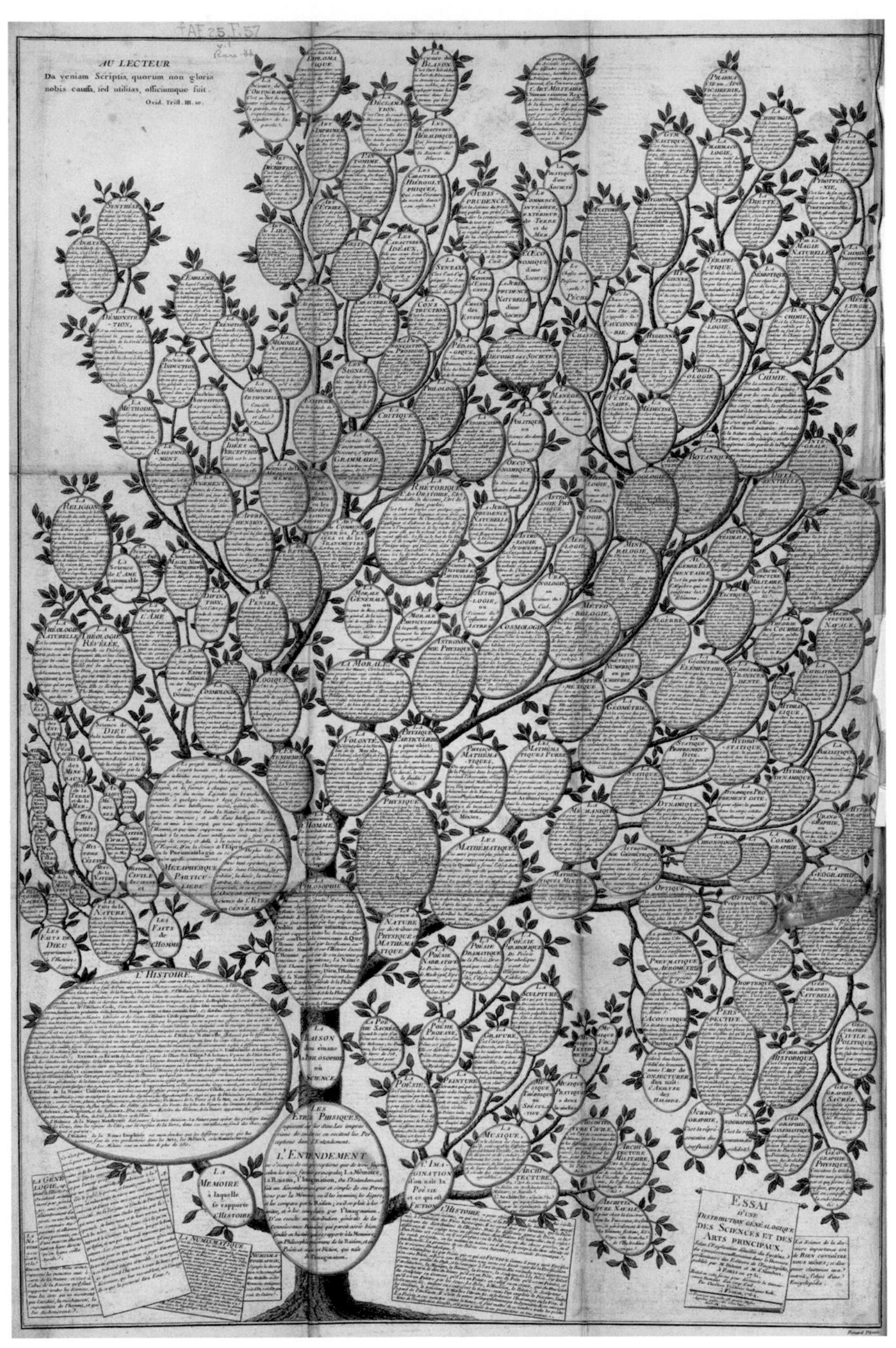

克雷蒂安・弗雷德里克・紀堯姆・羅斯
Chrétien Frederic Guillaume Roth
藝術與科學的系譜分布
出自德尼・狄德羅（Denis Diderot）與讓・勒朗・達朗貝爾（Jean le Rond d'Alembert）《百科全書，或科學、藝術和工藝詳解詞典》（*Encyclopédie*）
1780 年

這張精美的樹狀圖為 1780 年法語版本《百科全書，或科學、藝術和工藝詳解詞典》的摺頁卷頭插畫。這本百科全書由德尼・狄德羅與讓・勒朗・達朗貝爾合力編纂，初版於 1751 年，是法國啟蒙運動的堡壘，在當時也是製作最完整的百科全書。書內有 3129 幅插畫，全書共 35 卷，有 71818 篇文章共 2000 萬字。這幅樹狀圖描繪的是知識的系統結構，三個分支是按照法蘭西斯・培根在《學術的進展》（1605 年）提出的分類：記憶與歷史（左）、理性與哲學（中），以及想像與詩詞（右）。這棵樹有大小各異的圓盤狀果實，代表人類已知並在《百科全書》中出現的科學領域。

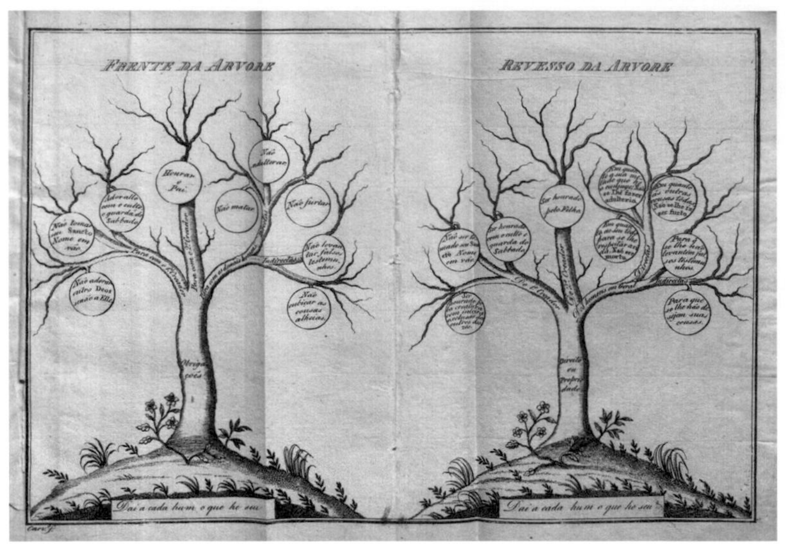

維森特・荷塞・費雷拉・卡多索・達科斯塔 Vicente José Ferreira Cardoso da Costa
葡萄牙法典
1822 年

這幅樹狀圖在 1820 年葡萄牙自由黨人革命以後，被當成禮物送給第一屆葡萄牙國會。該圖製作者維森特・荷塞・費雷拉・卡多索・達科斯塔（1765 年－1834 年）是葡萄牙法學家、法官、政治家暨知識分子，也曾撰寫許多以法律和政治為題的著作。他在左邊這棵樹（亦即樹的正面）放上一系列義務（法律義務），如「尊敬你的父親」、「不要殺人」、「不犯姦淫」；右邊（亦即樹的背面）則列了一系列權利（財產法），例如「不受竊盜」或「不受殺害」。

吉拉德・霍特 W. Jillard Hort
神話之樹 The Mythological Tree
出自《新萬神殿：古代神話入門》（*The New Pantheon; or an Introduction to the Mythology of the Ancients*）
1825 年

本圖為《古代神話入門》的卷首插畫，描述希臘與羅馬神話中著名人物之間的關係，包括朱庇特、朱諾、普路托、邱比特、涅墨西斯與阿波羅等。

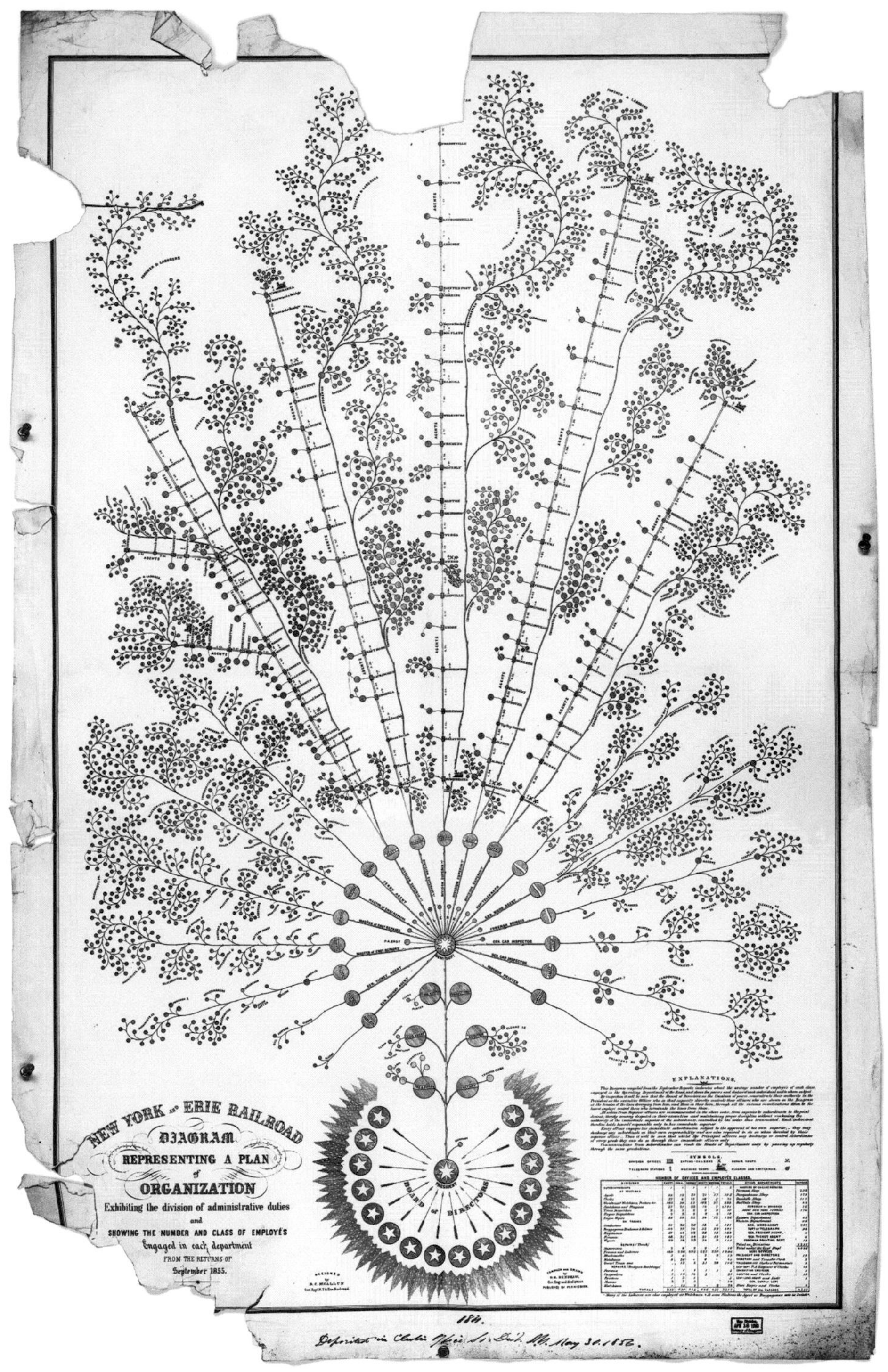

丹尼爾・克雷格・穆凱倫姆
Daniel Craig McCallum
紐約暨伊利鐵路公司組織計畫圖
1855 年

本圖是經濟學家眼中最早的組織結構圖之一，它表現出紐約暨伊利鐵路公司（New York and Erie Railroad）的行政職責劃分與各部門的從業人數與層級。這個組織結構為紐約暨伊利鐵路公司經理丹尼爾・克雷格・穆凱倫姆與同事一同研擬而成，整個計畫包含分屬五個主要分支機構（營運部門）與其餘次級分支（客運與貨運部門）的 4715 位員工。在樹根位置排列成圓圈的，是總裁與董事會成員的位置。

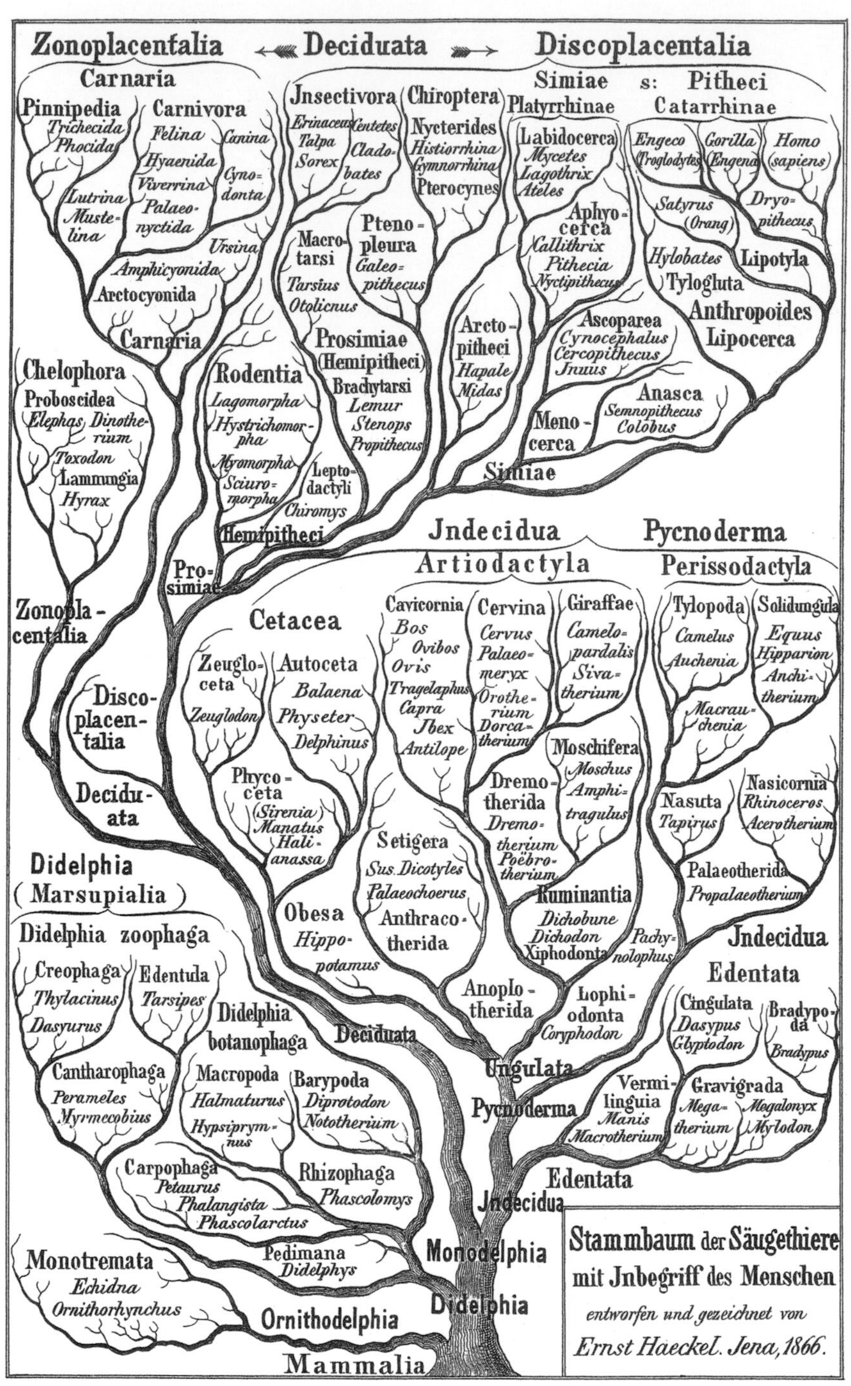

恩斯特・海克爾 Ernst Haeckel

哺乳動物的系統樹

Family tree of mammals

出自《普通生物形態學》(*Generelle Morphologie der Organismen*)

1866 年

這張插圖出自恩斯特・海克爾的《普通生物形態學》，海克爾試圖以《普通生物形態學》來闡述達爾文在《物種起源》(1859 年出版）提出的生物學改革與演化思想。這本書的目的在於利用拉馬克與達爾文的遺傳與自然選擇原則來提供一個自然的生物分類系統，書內點綴著許多描繪細膩的樹狀圖，用以說明蠕蟲、軟體動物、水母等動物的演化。這張樹狀圖是最早將以漸進骨架化為基礎，把包括人類在內的所有哺乳動物都涵蓋進去，分成不同的科、屬和種的哺乳動物系統樹。

羅亞爾・比爾斯 Royal C. Bierce
普通法——與樹的相似關係
1878 年

這是以普通法為題的樹狀圖。作者比爾斯於 1808 年出生於美國康乃狄克州，與家人遷居到俄亥俄州的波蒂奇縣，隨著約翰・克羅威爾（John Crowell）修習法律，後來也成為律師。內容描繪的是英國法學家威廉・布萊克斯通（Sir William Blackstone）的著作《英格蘭法律評論》（*Commentaries on the Law of England*，1765 年 – 1769 年），這本專著影響深遠，普遍被視為英國法律發展的代表作，後來也對美國法律制度的發展產生影響。這棵樹有兩個主要分支，分別為法律的「權利」與「過失」，再按照《英格蘭法律評論》的大綱分成不同主題。這幅樹狀圖可能是作為研習布萊克斯通這本標誌性著作的視覺輔助。

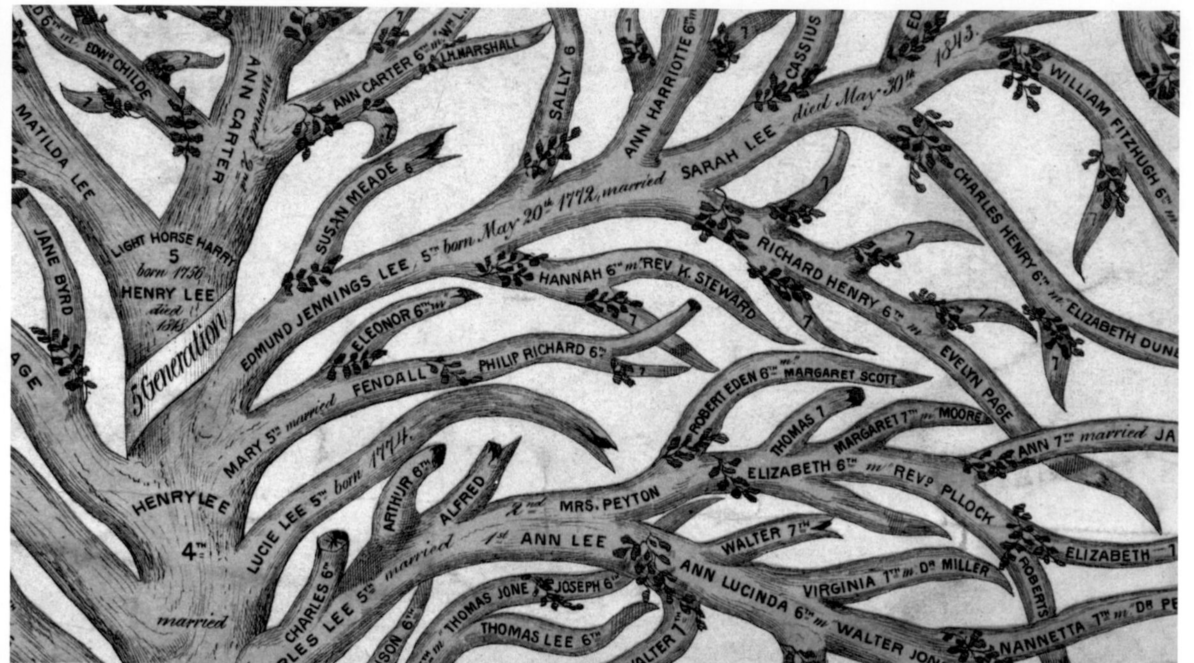

哈蒂・曼・馬歇爾
Hattie Mann Marshall
維吉尼亞州與馬里蘭州的
李氏家族家譜
1886 年

這是一幅精美的家譜，樹的底座上寫道：「這棵樹有 460 個分支，為李氏家譜，是維吉尼亞州理查・李上校（Col. Richard Lee）的後裔。每一代都以一個獨立分支來表現，較小的分支則代表該世代的後裔。若遇到後繼無人，仍會留下斷枝當成紀念。樹根代表古老的祖先，由於世代久遠，已不復記憶；纏繞在樹幹上的藤蔓，代表每個世代交替的時間。」

作者不詳

石油之樹 The Petroleum Tree

1957 年

這是紐約標準－真空石油公司（Socony-Vacuum Oil Company）於 1957 年製作的樹狀圖，該公司為後來的美孚石油（Mobil），於 1999 年與埃克森石油（Exxon）合併。這幅樹狀圖表現的是原油的各種副產品和用途，其中大部分的副產品都是在二十世紀前半出現的。

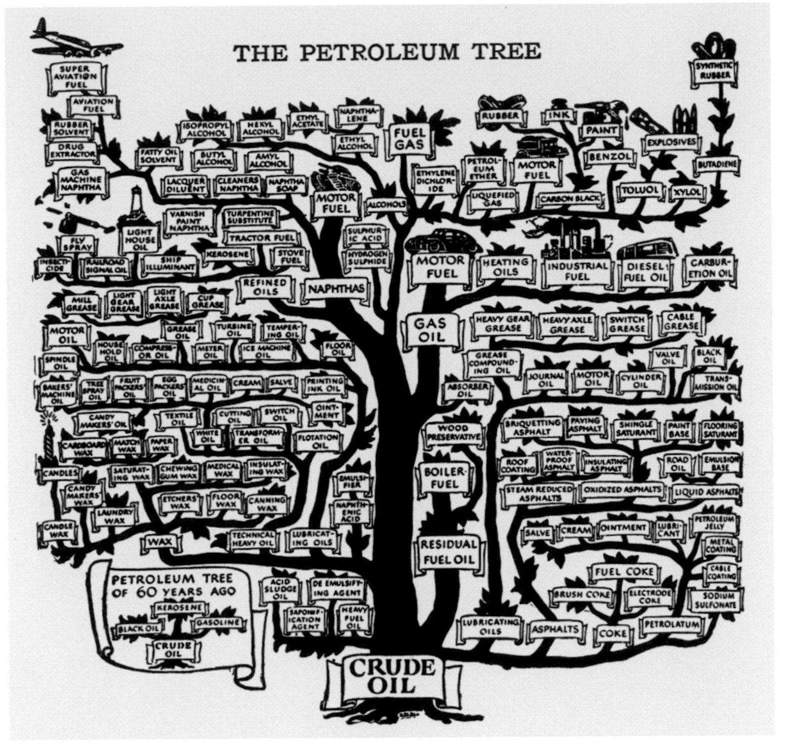

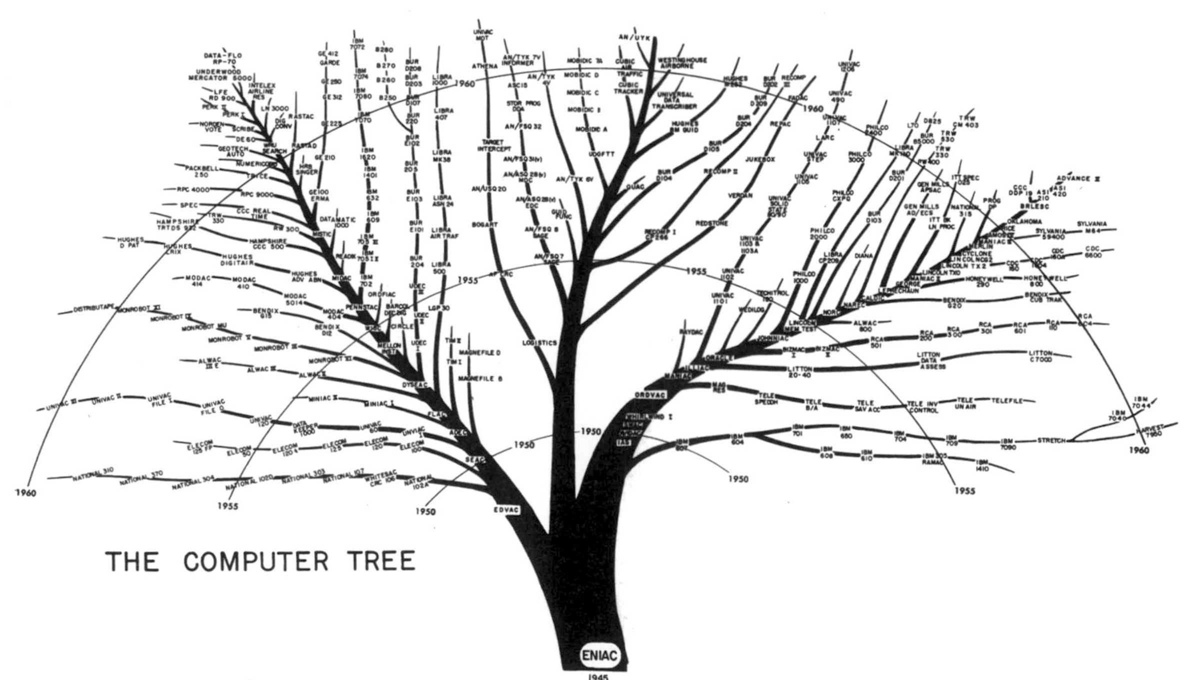

卡爾・肯普夫 Karl Kempf

電腦演化樹 The Computer Tree

出自《美國陸軍軍械部隊的電子計算機》（*Electronic Computers within the Ordnance Corps*）

1961 年

這是電子計算機自 1945 年至 1960 年代的演化樹。這幅樹狀圖出自一本以美國陸軍軍械部隊於 1942 年至 1961 年間對於自動電子計算機系統領域的創新貢獻為題的專刊。樹幹底部為伊尼亞克（ENIAC，電子數值積分計算機），也就是世界上第一台通用電腦。樹幹共分成三個獨立分支，最突出的兩支分別代表離散變量自動電子計算機（EDVAC）和軍械屬變量自動電子計算機（ORDVAC），而這些電子計算機後來也繼續衍生出新的分支。

克萊伯格、范德維特令、范威克
Ernst Kleiberg, Huub van de Wetering, Jarke J. van Wijk
大型層級結構的植物形式視覺呈現
2001 年

這是電腦產生的三維樹狀圖，目的在於硬碟目錄結構的視覺化。資料夾被標在分支上，而資料夾內的檔案集則以球體（果實）表示，球體上的彩色圓錐體代表個別檔案。這個受到高級電腦生成演算法與大量數據資料支持的計畫，可以說是當代樹形比喻發展的里程碑。

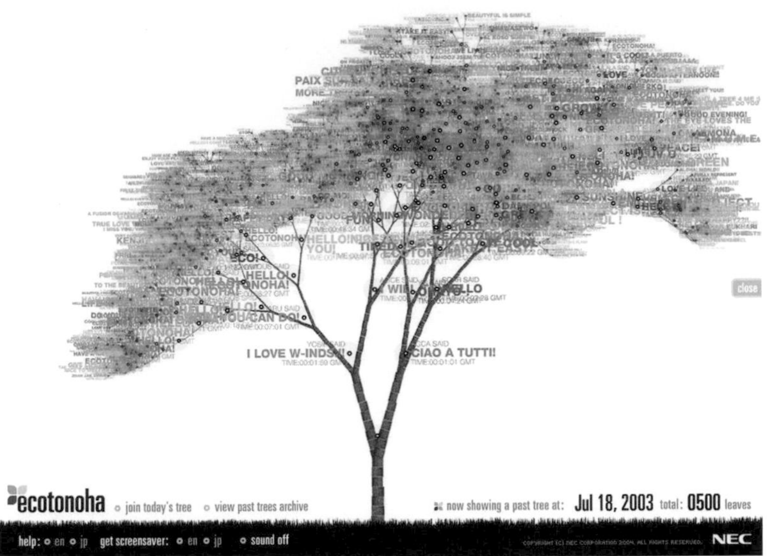

中村勇吾 Yugo Nakamura

Ecotonoha 植樹活動

2003 年

這是中村勇吾於 2003 年為 NEC 公司創作的線上互動式視覺化作品，極具開創性且廣受歡迎。這件作品的核心是一棵虛擬的樹，使用者可以透過留言的方式來合作培育，這些留言會轉化成以排字形成的綠色葉片，顯示在樹上。此外，使用者也可以和過去創作的虛擬樹互動，甚至將它們用於電腦螢幕保護。使用者在這個虛擬環境中種植虛擬樹的時候，NEC 公司也會在澳大利亞坎加魯島種植真正的樹木，藉此達到讓使用者透過參與活動幫助真實環境改善全球暖化的目的。這個植樹活動的上線期間相當長，自創建以來一共種植了超過六百棵樹。

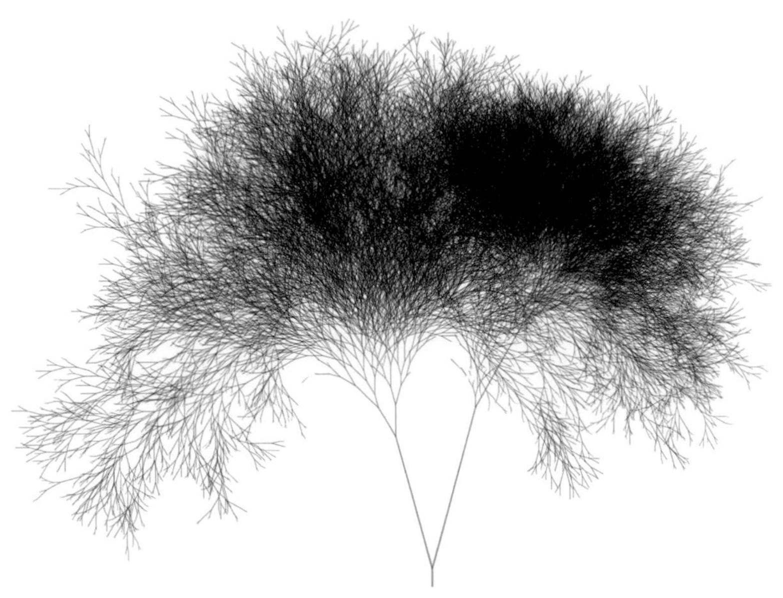

漢斯・范德里特 Hans van der Riet

網路蜘蛛分析圖 On Bots

2006 年

這是利用雅虎公司網路爬蟲 Slurp 在一年期間追蹤共 105,971 個網頁所繪製出的樹狀圖。雅虎公司的 Slurp 是一種網路機器人，可以持續不斷地瀏覽網際網路，尋找可供檢索的新網頁。每個網頁以一條線（分支）來表現，線條長度代表網路機器人訪問該網頁的次數。這個計畫也包括了對當時主要商業網路爬蟲（雅虎 Slurp、Googlebot 與 msnbot）的比較研究，替每種爬蟲製作出獨一無二的樹狀圖。作者發現，Slurp 是其中最活躍的網路機器人，一年內造訪了上萬個網頁。

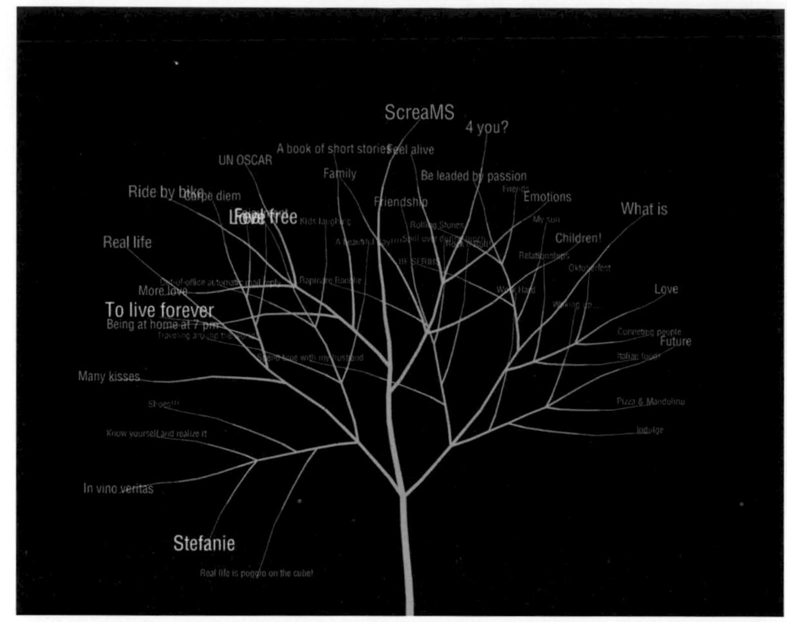

亞歷山德羅・卡波札
Alessandro Capozzo，TODO
OneWord
2006 年

這個互動視覺化呈現能集結文字訊息，讓它們形成動態樹型結構表現出來。這個工具可以用在大型公共活動，以呈現群眾的集體意見。單字構成的文字訊息會被發送到一個預先決定的號碼。在新訊息持續傳入的時候，軟體會利用單字產生新的分支，隨著時間累積，形成文字構成的茂密樹葉。

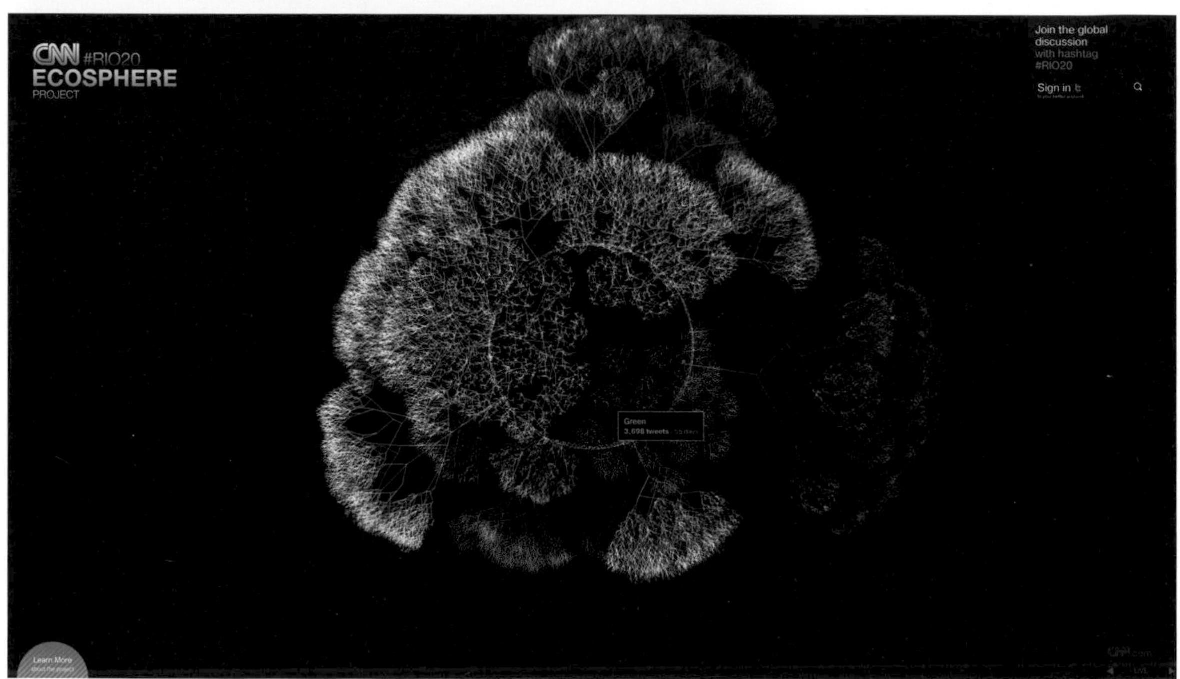

迷你維加斯公司 Minivegas
柏林海瑪特廣告公司 Heimat Berlin
CNN 生態球計畫
2011 年

這是運用有關巴西里約熱內盧聯合國永續發展會議的推特討論來製作的圖形化表現，該次會議又稱 2012 年地球高峰會。為了製作這片抽象的全球森林圖，作者群建構了一個「數位生態圈」（digital ecosphere），讓代表會議議題與對話的樹木在一個動態立體的地球上生長。利用標籤「#cop17」的個別推特訊息形成了不同顏色的樹（表示不同的類別）。在會議召開期間，生態圈網站被當成裝置藝術投射在牆壁上，讓與會代表能夠在全球氣候議題的討論中成為活躍的節點。

胡安・奧斯本 Juan Osborne
歐巴馬演說用詞樹狀圖
2011 年

本圖為美國前總統歐巴馬自 2009 年 1 月至 2011 年 11 月間八百場演說用詞的視覺化。這些是從留存文本（大多包含引用他人言詞或媒體發問）中分離出來的文字。胡安・奧斯本利用客製化工具，將這些分離出來的文本加以分析，找出最常使用的字眼，以及由兩字或三字組成的短語。文字的大小按出現次數而定，出現次數愈多文字就愈大，此外也將這些文字製作成樹狀圖，愈是不常出現的字眼，距離主幹就愈遠，代表的樹枝也愈細。

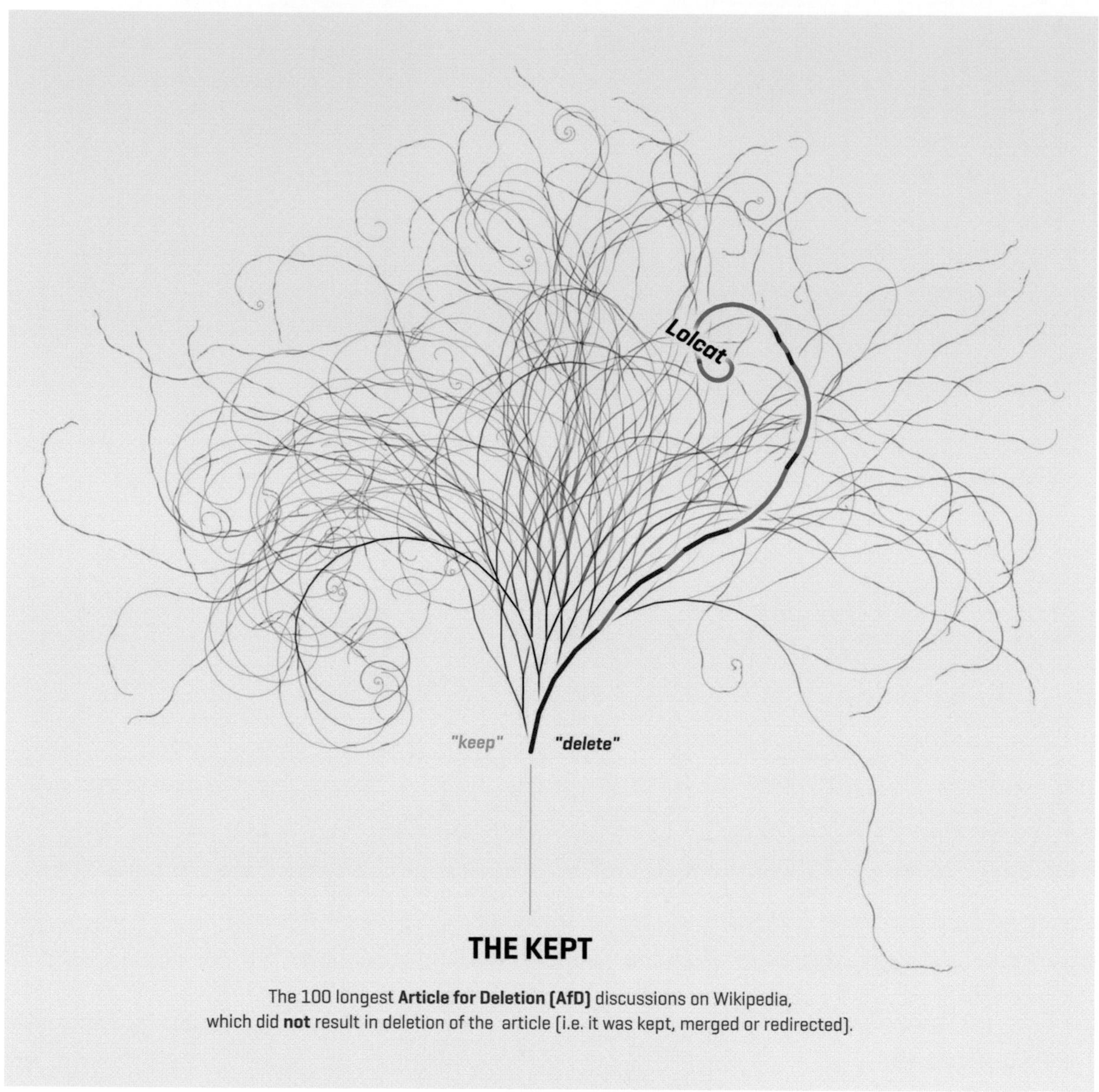

莫里茲・斯特凡納、達里奧・塔拉博瑞里、喬凡尼・路卡・強帕利亞
Moritz Stefaner, Dario Taraborelli, Giovanni Luca Ciampaglia
Notabilia（使用者討論結果樹狀圖）
2011 年

這幅視覺化圖像表現的是以維基百科條目刪除與否為題的一百篇線上討論。維基百科是使用者生成的線上百科，其基礎為協同編輯的過程，偶爾也會針對某一則條目的刪除與否進行討論。這樣的討論至少會持續進行七天，直到所有人對於該條目的處理達到共識（例如保留、合併、重新命名或刪除）。這幅樹狀圖從一個共同的根源開始，每一條線代表一個條目，不同的顏色和形狀由使用者投票的結果而定，綠色代表「保留條目」，紫色代表「刪除條目」。分支末端的弧度代表最後的投票結果，朝左彎代表「保留條目」，朝右彎代表「刪除條目」。

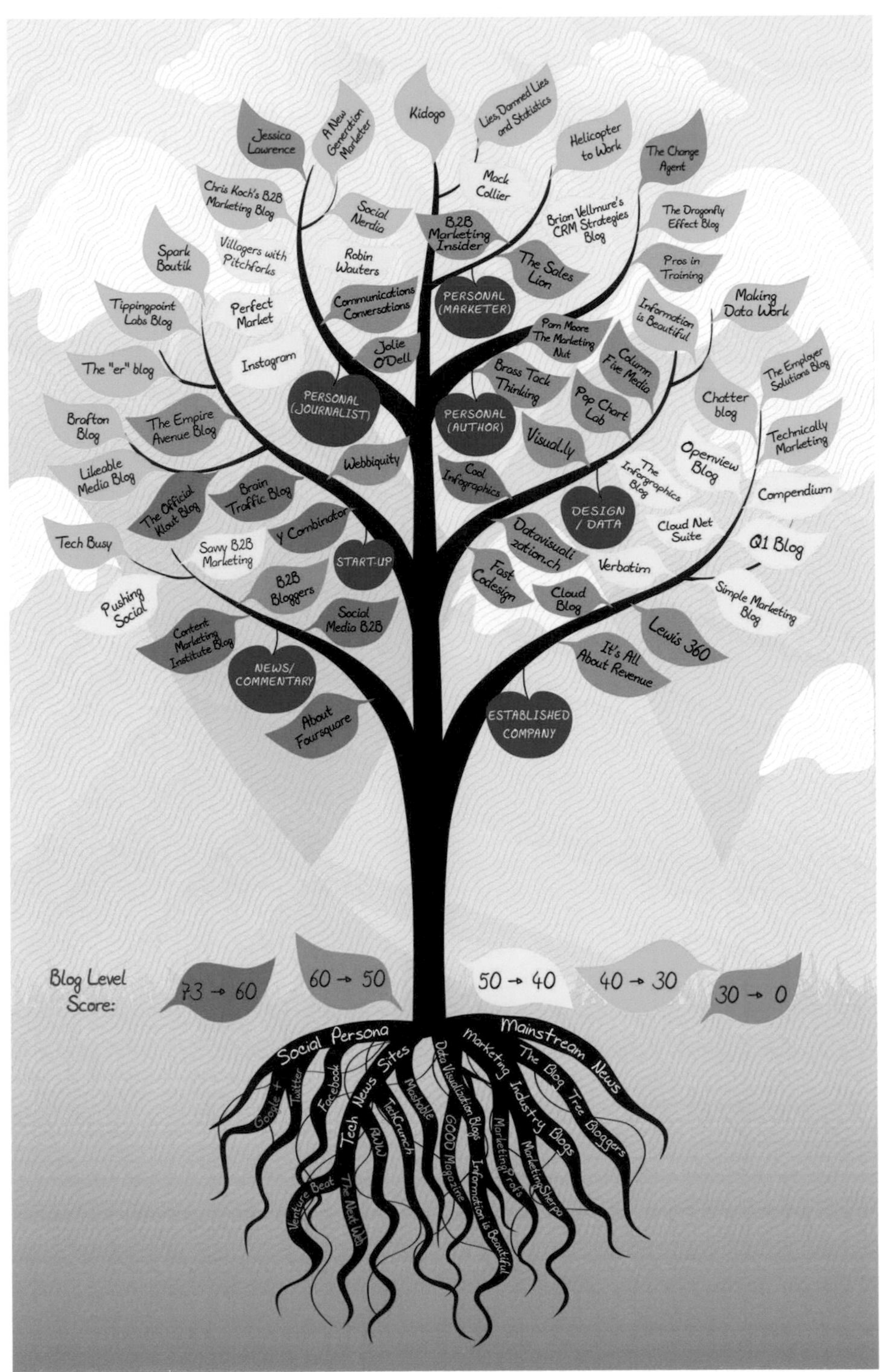

布拉索、湯馬斯、法蘭特－鞏札列茲、切爾諾夫、諾伊斯
Leslie Bradshaw, Jesse Thomas, Tiffany Farrant-Gonzalez, Joe Chernov, Jesse Noyes
部落格之樹：新生
2012 年

這幅樹狀圖描繪的是最新、最熱門的部落格之間的關聯性。行銷機構 Eloqua 和創意廣告代理商 JESS3 合作，利用這幅讓人聯想到中世紀時期樹狀圖的彩色樹狀圖，針對部落客圈的動態行銷進行全面性考量。每一個部落格都以一片葉子來呈現，顏色代表流量排名，流量最高為橘色，最低為深綠色。每個分支代表不同類別的部落格，類別以紅色果實來表現，包括「創業」與「設計／數據」等。

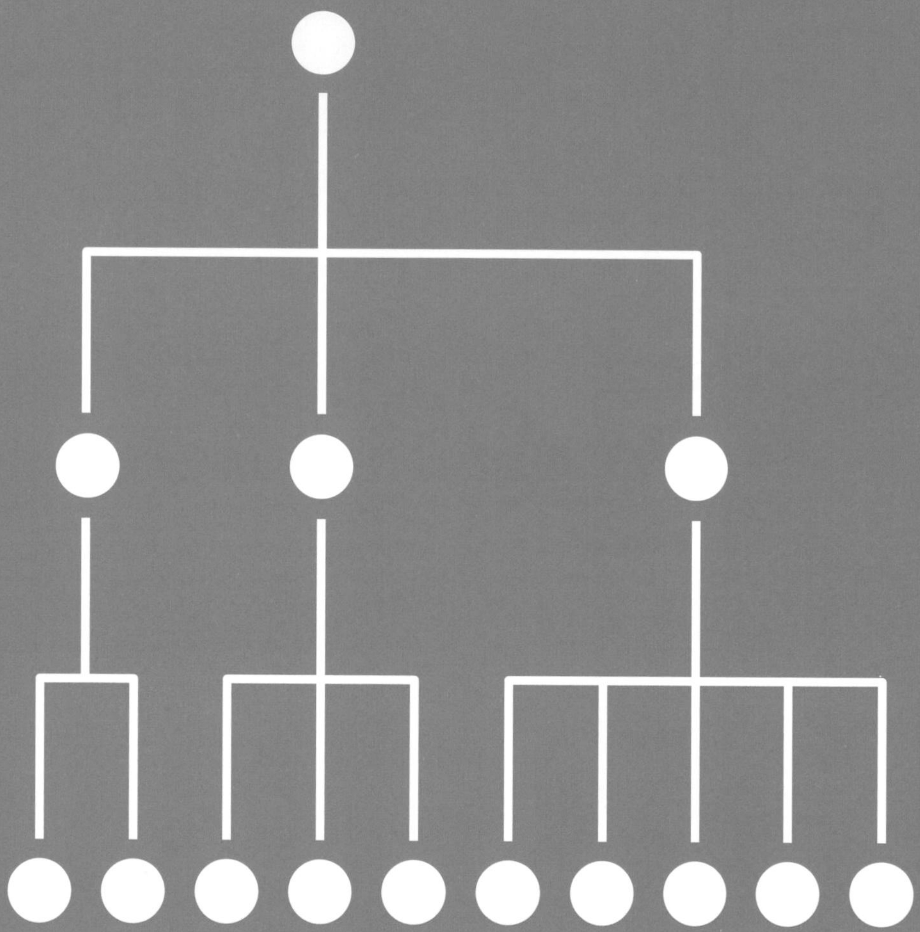

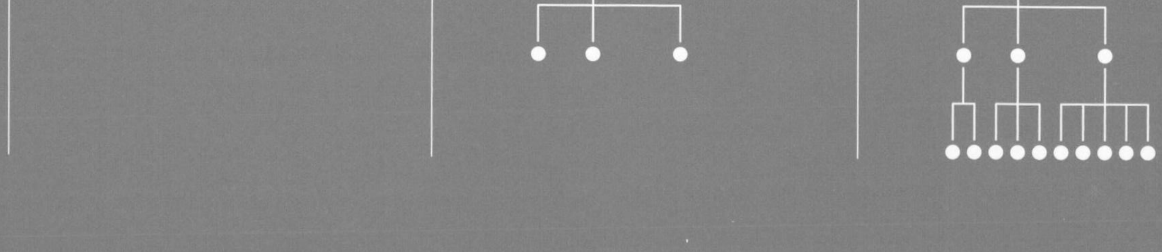

1

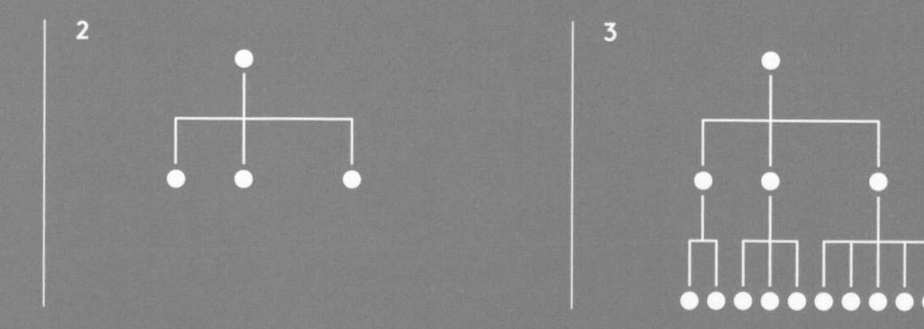

Chapter 02

縱向樹狀圖

VERTICAL TREES

樹狀圖從寫實形式轉變成更具特定風格的抽象形式，是層級式圖像表現發展的自然演進過程，而從頂部或底部開始產生分支的縱向形式，是很顯而易見的結構選擇。雖然許多樹狀圖都已經失去原有的葉片或葉叢，枝條的部分卻保留了下來——也演變出更具示意性的外觀，圓形、正方形或其他簡化的多邊形通常用來表現個別實體，並以枝條連接在一起。

在所有視覺化模型中，縱向樹狀圖和具象樹狀圖的相似性最高，這是因為皆具有縱向配置和從中央主幹分叉的排列。大多數的縱向樹狀圖都是倒置的，根部在上，藉此強調出世系和承續的概念，由上而下表現出更自然的書寫形式。雖然時至今日，縱向樹狀圖大體上受到小型數位螢幕與顯示器的限制，它們在過去通常是以較大的形式來呈現，例如長羊皮紙卷與摺疊圖紙等便於提供大量細節的方式。這些長型的縱向樹狀圖通常被掛在牆上當成海報，以供仔細研究與分析。

縱向樹狀圖是一般人最熟悉的節點鏈接圖，現已廣泛運用在分類學、各種形式的組織圖、家譜、決策樹、演化樹、檔案系統圖與網站地圖上。

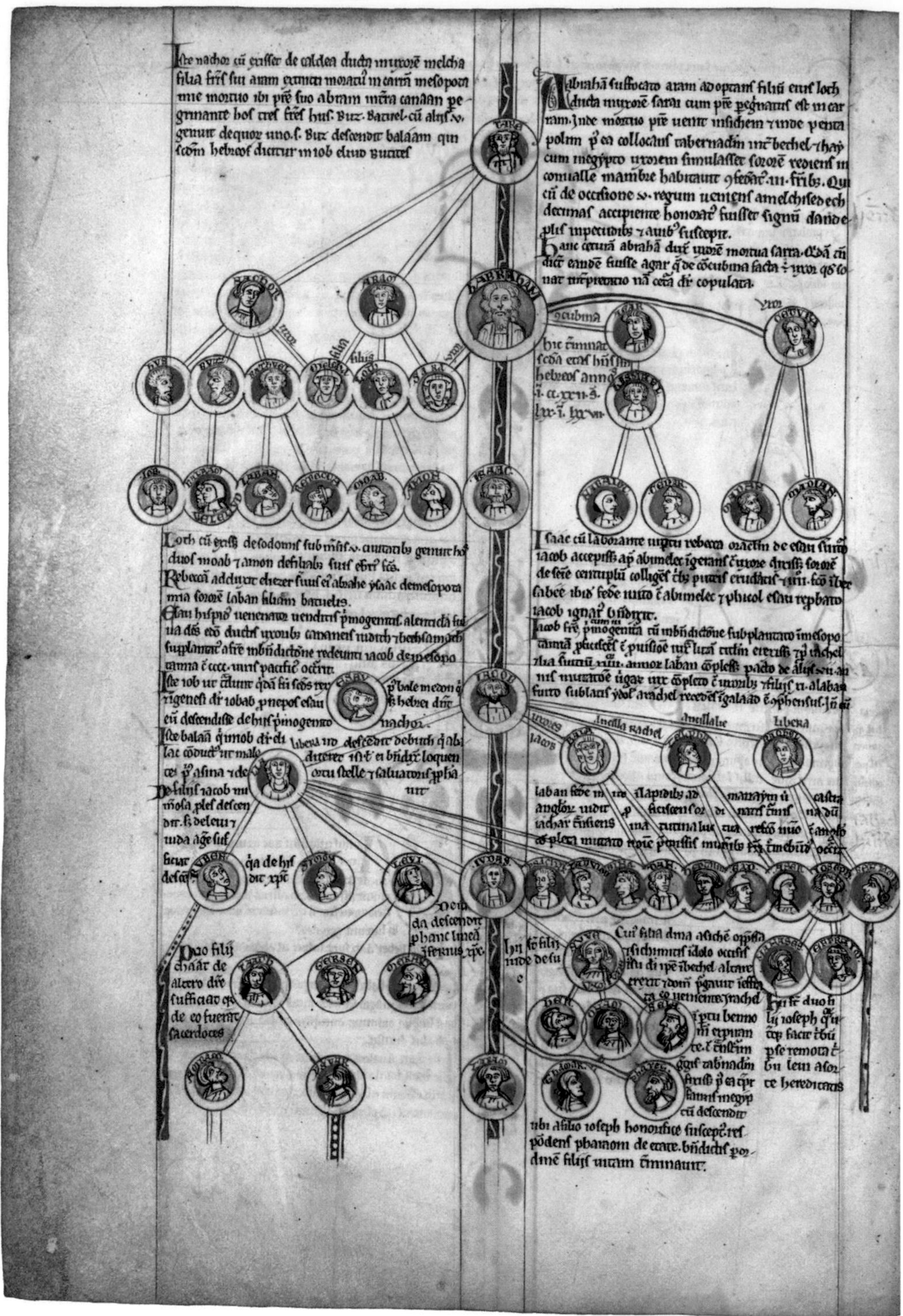

波第耶的彼得 Peter of Poitiers

基督家譜

約 1130 年 – 1205 年

此圖截自十三世紀早期的羊皮紙卷，出自法國經院神學家波第耶的彼得之手，波第耶的彼得亦曾在 1193 年至 1205 年年間擔任巴黎大學校長。這份卷軸為按降序排列的基督家譜，以一系列相連接的圓形肖像來表現，伴有文字解釋基督譜系的歷史背景。上面也有幾段聖經經文，包括亞當與夏娃、諾亞方舟、耶穌被釘十字架與耶穌復活等故事。這個卷軸是課堂使用的視覺教具，也是中世紀視覺解經的絕佳範例。

作者不詳

奧托王朝家譜

約十二世紀

這是以縱向形式表現的奧托王朝（Ottonians）家譜，也稱為魯道夫家族（Liudolfings）——以最早的家族成員為名。奧托王朝為德國王朝（919 年－ 1024 年），被視為法蘭克王國加洛林王朝（750 年－ 887 年）的後繼者。這張樹狀圖出自一份稱為《科隆皇室編年史》（*Chronica regia Coloniensis*）的手稿，作者為德國科隆的一名法政。這份手稿基本上是羅馬（德國）帝國國王與皇帝的拉丁散文編年史，不過也包含了有關科隆選侯國的豐富歷史資訊。

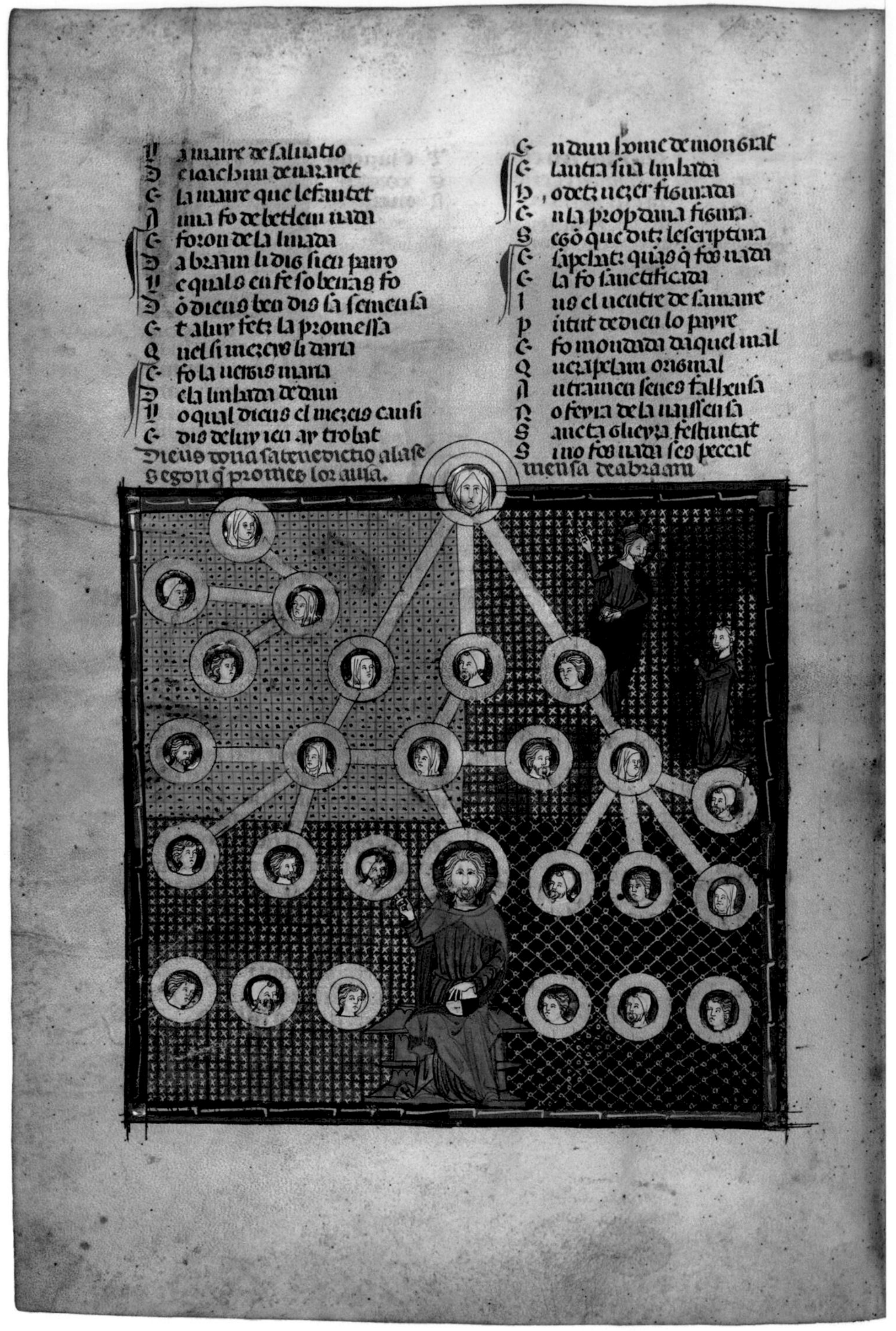

基督家譜

出自曼弗雷・埃爾蒙戈（Matfre Ermengaud）《愛的祈禱書》（*Le Breviari d'amor*）

約十四世紀

這幅樹狀圖出自曼弗雷・埃爾蒙戈最著名的作品《愛的祈禱書》，埃爾蒙戈為法國南部貝濟耶的方濟會修士暨法律學家。始作於 1288 年的《愛的祈禱書》是一本冗長的中世紀奧克語文法書，包含將近三萬五千行詩句，一共十二篇完整手稿，分成好幾個部分，為百科全書式的詩歌。內容涵蓋了通俗基督教神學的各種主題，包括創造、三位一體和自然法則等。這張描繪基督家譜的樹狀圖出自以上帝之愛為題，此部分涵蓋了不同的基督教信條、聖徒和教會領袖的傳記，以及基督生平。

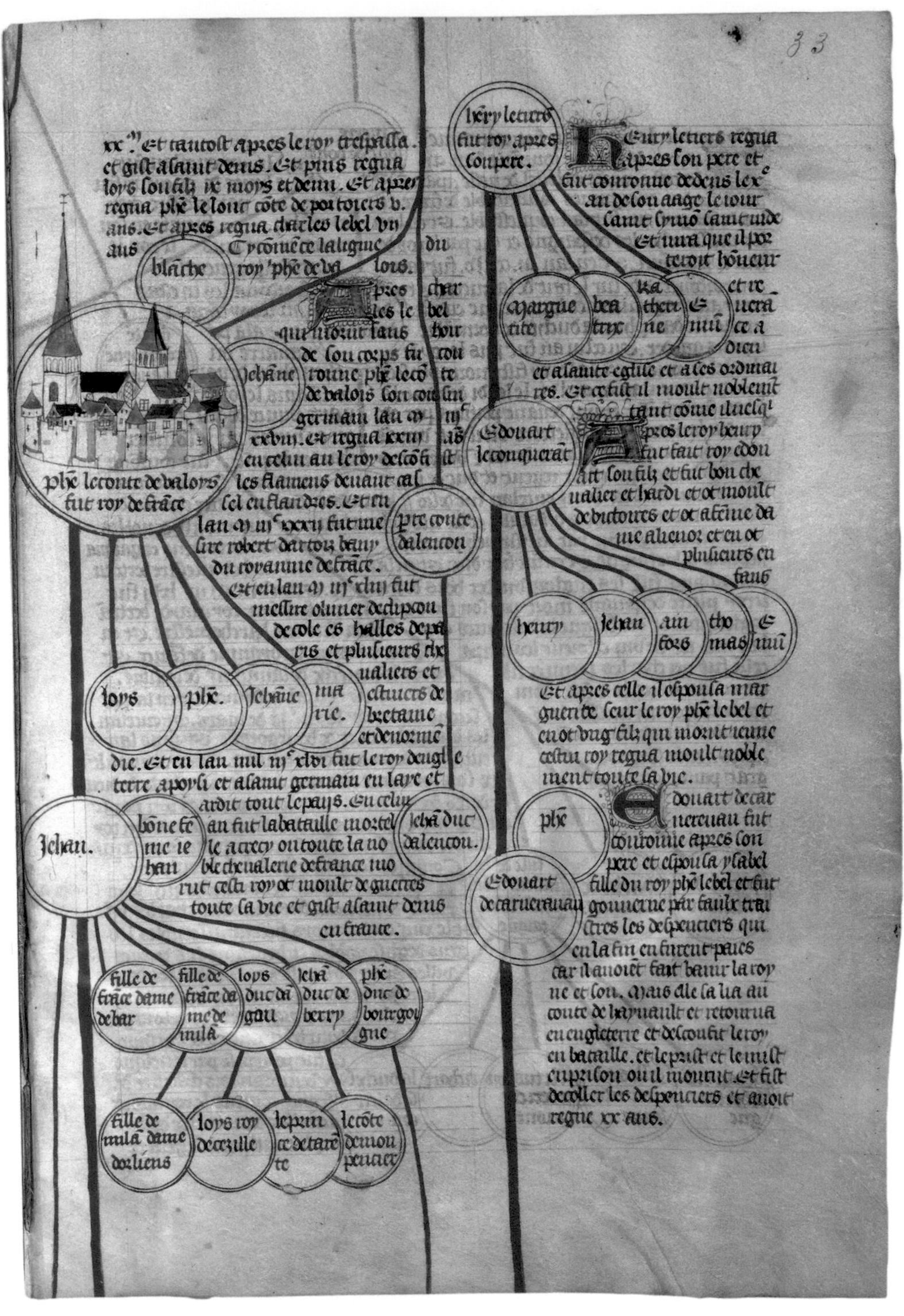

作者不詳

通用編年史

La Chronique Universelle

約 1440 年

這張奇特的樹狀圖取自一幅十公尺長的十五世紀法國手稿卷軸，現代學者將該卷軸稱為《通用編年史》。這卷編年史於 1440 年由法國中部盧瓦爾河谷的一間工坊製作，運用宗教和世俗的資料來源，以一系列用聖經故事、古希臘與古羅馬文明，以及法國與英格蘭王室連結在一起的平行系譜來描繪世界的歷史。這幅精美的插畫在中世紀歐洲相當受歡迎，至少被複製了三十四次。

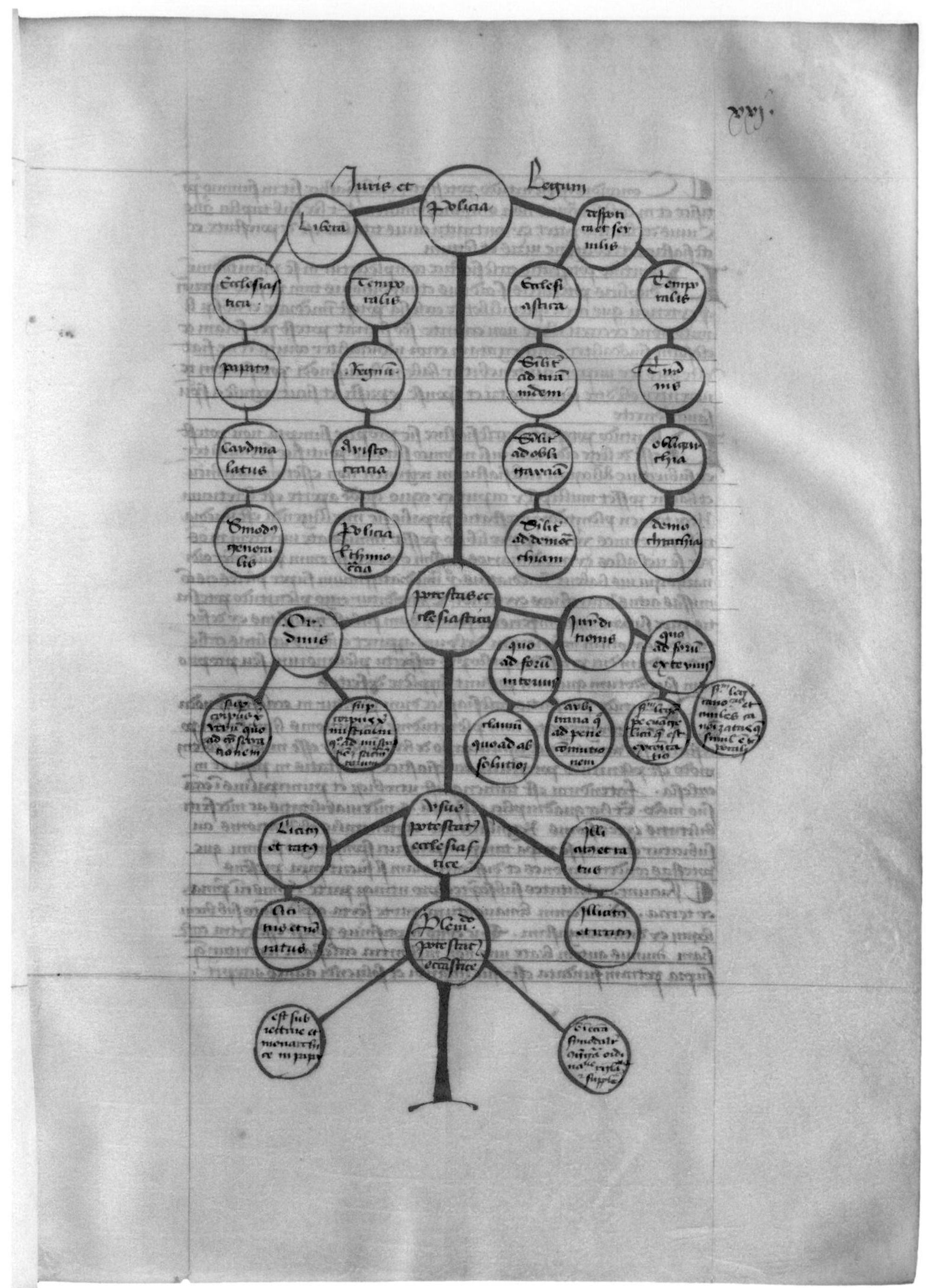

讓・熱爾松

Jean de Charlier de Gerson

法律起源樹狀圖

約 1450 年

這幅樹狀圖出自法國學者、教育家暨詩人讓・熱爾松（1363 年 – 1429 年）之手，熱爾松被同時代人士認為是當時最具影響力的神學家之一。他同時也是傑出的演說家，強烈支持以清晰明確的方式來闡述神學原理。熱爾松想要讓神學變得淺顯易懂，他就像著名經院哲學家奧坎的威廉（William of Ockham），完全擁抱唯名論的哲學原理——所謂的唯名論乃是對於實質個體的信仰，並否認形上學共相或抽象實體的哲學觀點。視覺解經可以用清晰且易於理解的方式來傳達神學主題與生俱來的複雜性，在表達熱爾松的思想信仰時，必然是非常有用的工具。在這幅出自熱爾松《論教會權力》（*On Ecclesiastical Power*）的樹狀圖中，熱爾松以示意性的縱向樹狀圖來展現人類的司法體制。

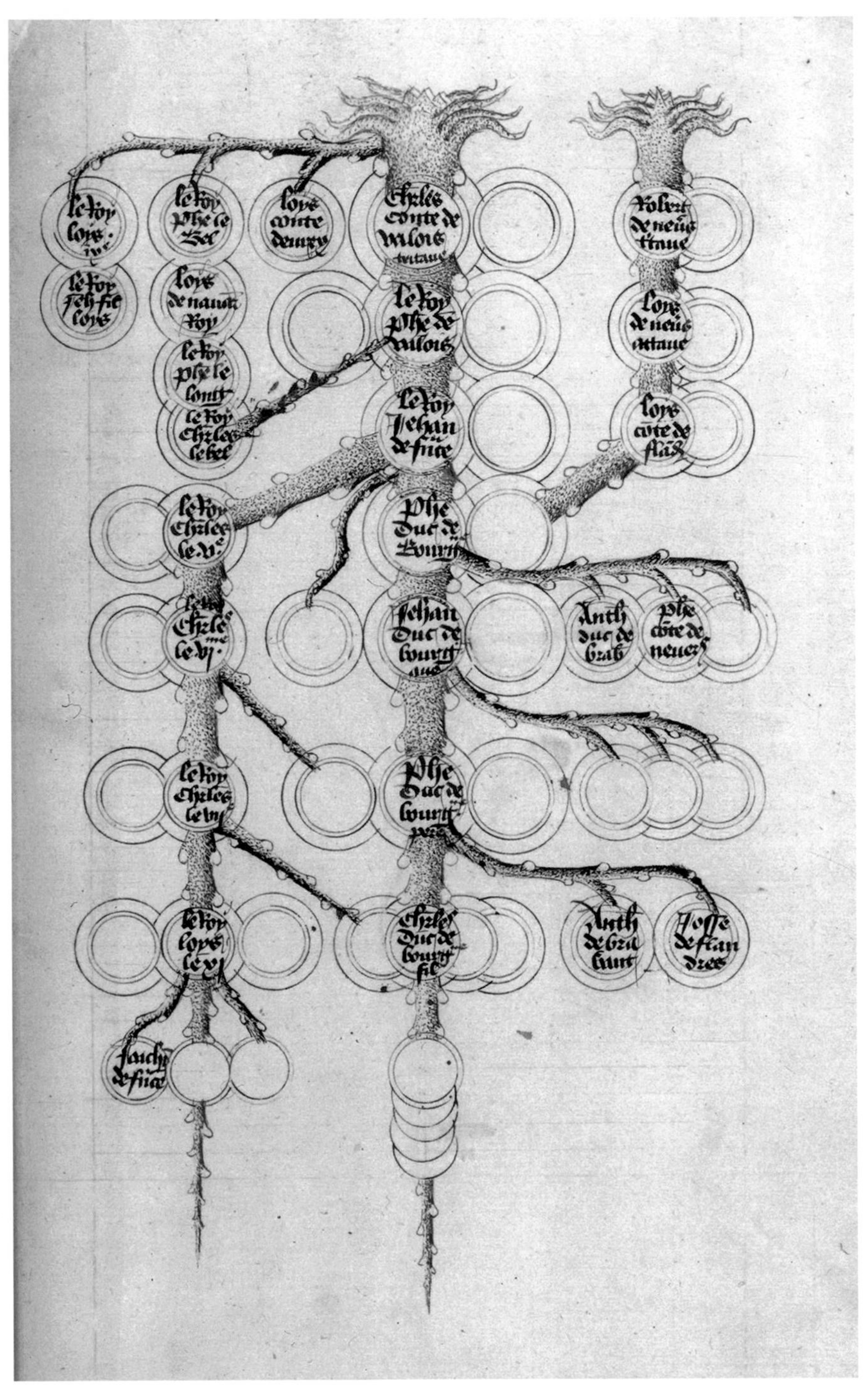

讓・梅洛 Jean Miélot

勇士查理的家譜

約 1468 年

這是讓・梅洛繪製的縱向樹狀圖，梅洛為作家、抄寫員、牧師暨書稿彩飾師，出生於法國北部阿布維勒與埃丹之間的格斯查德。梅洛於 1449 年至 1467 年間曾為勃艮第公爵菲利普三世工作，負責將許多拉丁文或義大利文作品翻譯成法文，自己也進行創作。1468 年，也就是約莫創作這幅樹狀圖的時間，梅洛成為勝波爾伯爵路易・盧森堡的教堂牧師。梅洛的這幅樹狀圖描繪的是瓦盧瓦王朝最後一位勃艮第公爵勇士查理（Charles the Bold）的家譜；這幅圖繪製於查理之父，也就是梅洛的前雇主菲利普三世過世時。儘管這幅樹狀圖仍然表現出明顯的樹木形態，卻已展現出許多後繼縱向樹狀圖的圖像與結構特質。

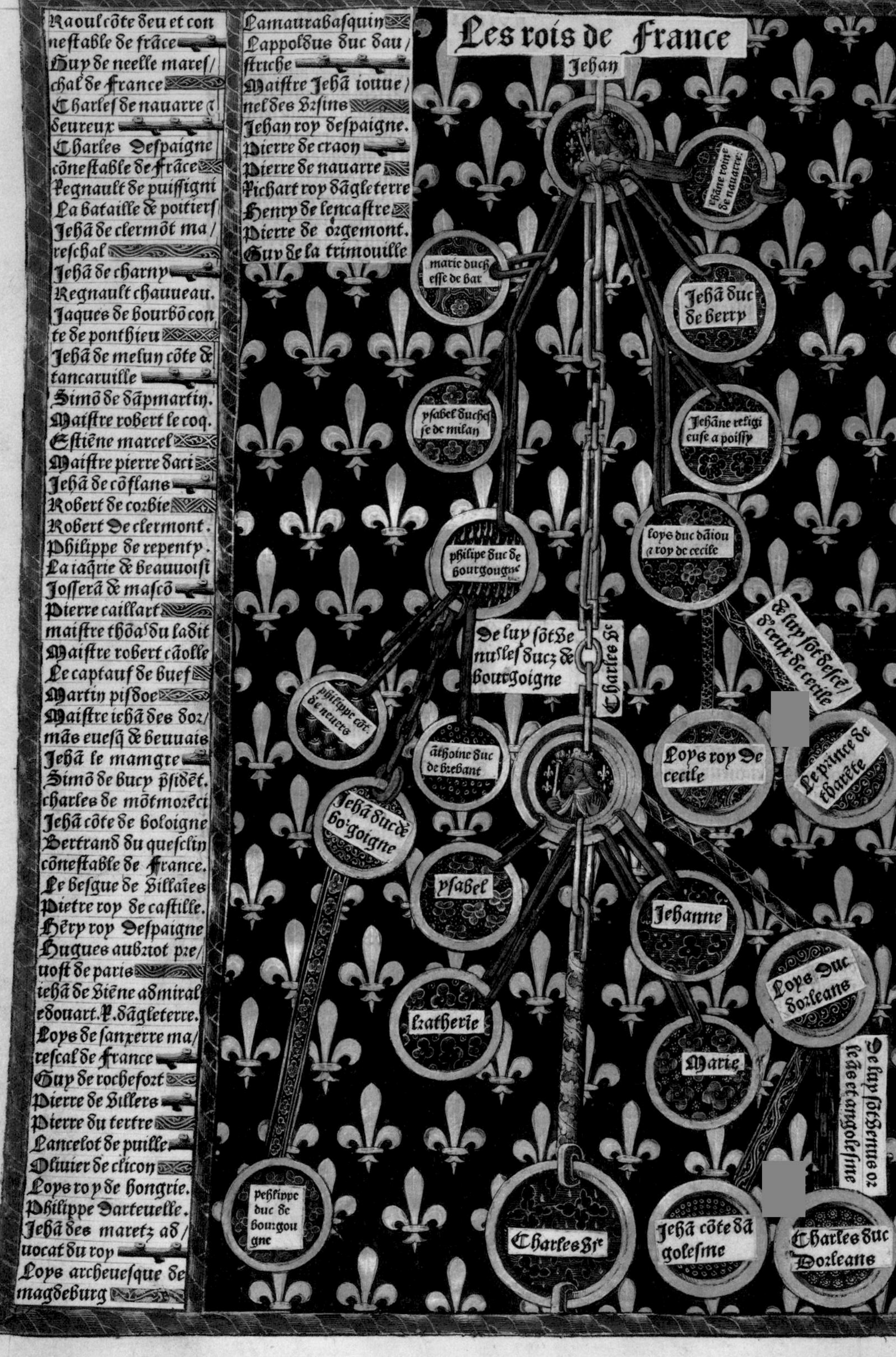
Raoul cõte deu et con
nestable de frãce
Guy de neelle mares/
chal de France
Charles de nauarre ꝛ
eureux
Charles Despaigne
cõnestable de Frãce
Regnault de puissigni
La bataille de poitiers/
Jehã de clermõt ma/
reschal
Jehã de charny
Regnault chauueau.
Jaques de bourbõ con
te de ponthieu
Jehã de melun cõte de
tancaruille
Simõ de dãpmartin.
Maistre robert le coq.
Estiẽne marcel
Maistre pierre daci
Jehã de cõflans
Robert de corbie
Robert de clermont.
Philippe de repenty.
La iaqrie de beauuoisi
Josserã de mascõ
Pierre caillart
maistre thõas du ladit
Maistre robert cãolle
Le captau de buef
Martin pisdoe
Maistre iehã des dor/
mãs euesq̃ de beuuais
Jehã le mamgre
Simõ de bucy psidẽt.
charles de mõtmorẽci
Jehã cõte de boloigne
Bertrand du quesclin
cõnestable de France.
Le besgue de villaies
Pierre roy de castille.
Hẽry roy Despaigne
Hugues aubriot pre/
uost de paris
iehã de viẽne admiral
edouart. R. dãgleterre.
Lops de sancerre ma/
rescal de France
Guy de rochefort
Pierre de villers
Pierre du tertre
Lancelot de puille
Oliuier de clicon
Lops roy de hongrie.
Philippe dartevelle.
Jehã des maretz ad/
uocat du roy
Lops archeuesque de
magdeburg
Lamaurabasquin
Lappoldus duc dau/
striche
Maistre Jehã iouue/
nel des vrsins
Jehan roy despaigne.
Pierre de craon
Pierre de nauarre
Richart roy dãgleterre
Henry de lencastre
Pierre de orgemont.
Guy de la trimouille
Les rois de France
Jehan
Jehãne roine de nauarre
marie duchesse de bar
Jehã duc de berry
ysabel duchesse de milan
Jehãne religieuse a poissy
philipe duc de bourgoigne
Lops duc dãiou roy de cecile
De luy sõt descẽdus ceux de cecile
De luy sõt de nus les ducz de bourgoigne
Charles v
philippe cõte de neuers
ãthoine duc de brebant
Lops roy de cecile
Le prince de tarẽte
Jehã duc de bo[ur]goigne
ysabel
Jehanne
Lops duc dorleans
katherine
Marie
De luy sõt descẽdus ceulx de orleãs et angolesme
Phelippe duc de bourgougne
Charles vi
Jehã cõte dãgolesme
Charles duc dorleans

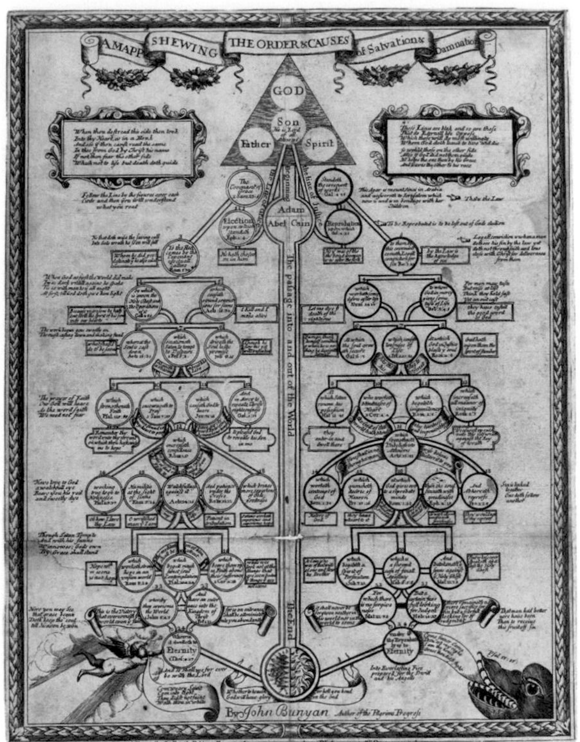

約翰・班揚 John Bunyan

救贖與懲罰之因果圖

A Map Shewing the Order and Causes of Salvation and Damnation

1691 年

這是英國基督教作家暨傳教士約翰・班揚比較並對比不同生活方式的作品（最初發表於 1664 年）。這幅縱向樹狀圖從最上方的三位一體開始，然後分成兩個分支：左側為通往天堂的恩典與救贖之路，右側為通往地獄的審判與懲罰之路。兩側相連的圓形裡為相關於各種行為方式的聖經引文。

血緣關係樹 Tree of consanguinity

出自佩特魯斯・穆里洛（Petrus Murillo）《論西班牙教會法的演進》（*Cursus Juris Canonici, Hispani, et Indici*）

1763 年

這是西班牙傳教士、法學家、製圖師、歷史學家暨詩人佩特魯斯・穆里洛（1696 年 – 1753 年）繪製的血緣關係樹狀圖。這棵樹的最上方是主要對象的高祖母，中央列為所有的直系後代：曾祖母、祖母、母親、「佩特魯斯」（樹狀圖的中心人物）、女兒、孫女、曾孫女與最後的玄孫女。兩側的直列則為其他親戚，例如姊妹、姑姨與姪女甥女。

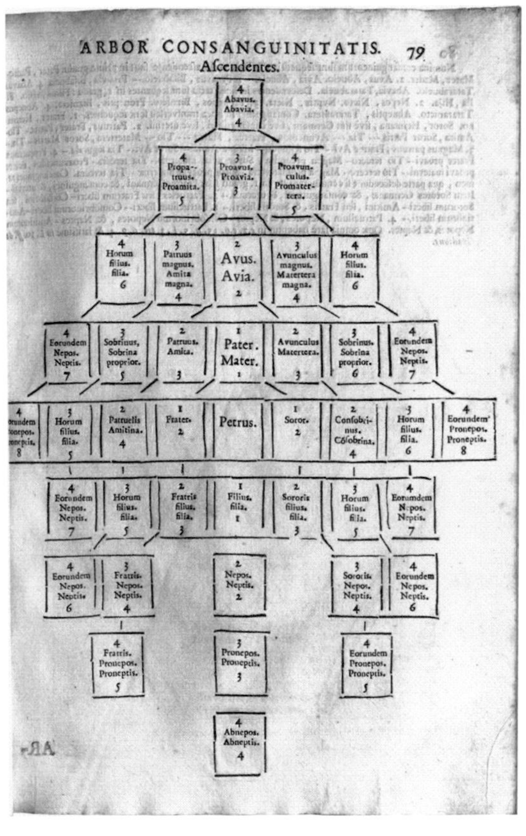

法國國王家譜

出自夏布利的紀堯姆・勒・布雷特（Guillaume le Bret）和皮埃爾・勒・魯治（Pierre Le Rouge of Chablis）《故事海》（*La mer des histoires*）

1488 年（前頁）

這幅作品出自《故事海》的精美木刻畫，《故事海》是法國最珍貴的插畫古版書之一，為 1475 年於德國呂貝克初版之拉丁文作品《初學者手冊》（*Rudimentum Novitiorum*）的改版，可以說是精簡版的世界史，也收錄了幾幅重要的地圖。這幅插畫據信為雕刻家皮埃爾・勒・魯治的作品，描繪的是從最上方約翰二世（John II of France 或 Jean Le Bon，1319 年 – 1364 年）開始的一部分法國國王家譜。

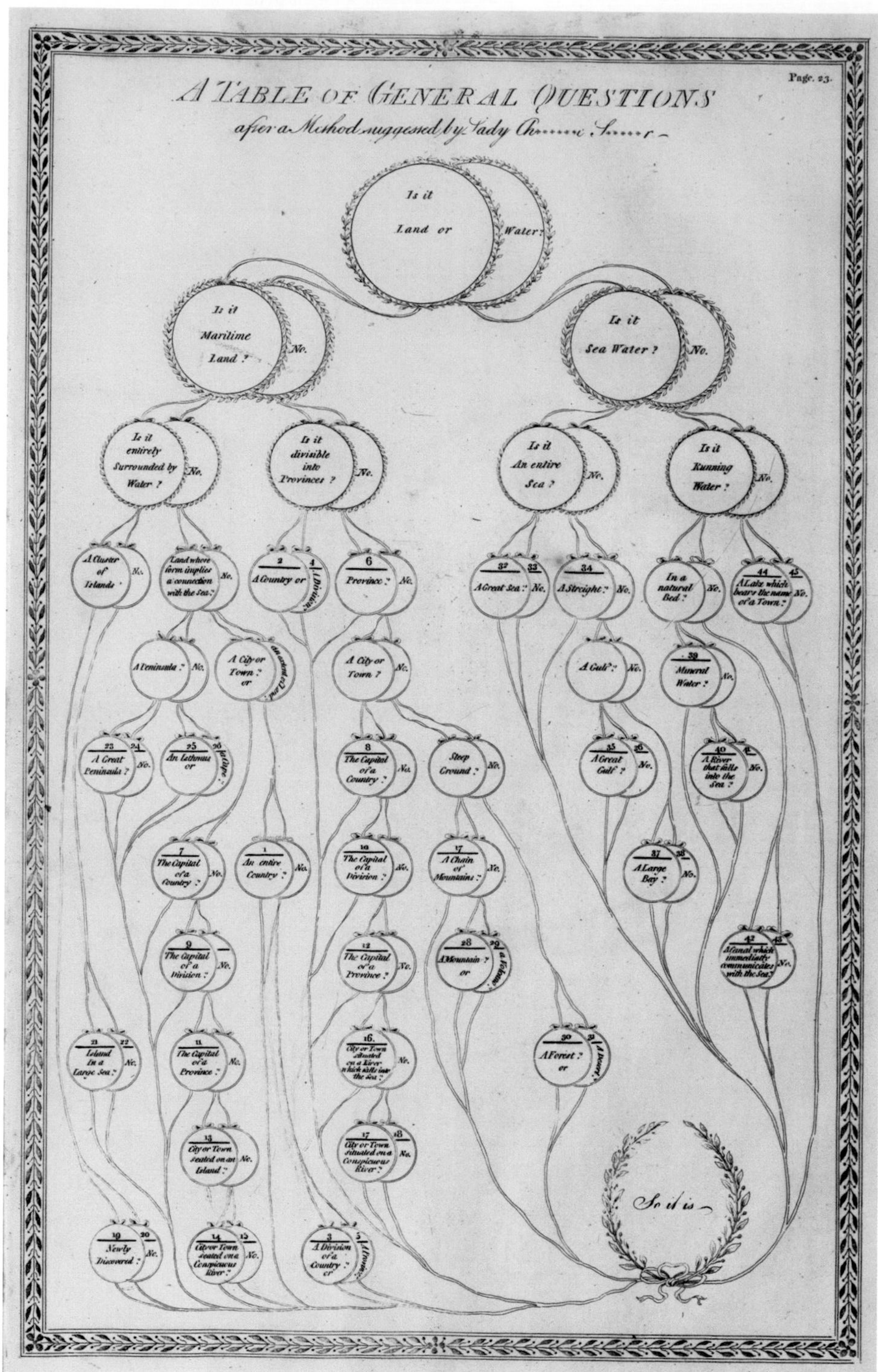

阿洛伊希亞斯・艾杜瓦・卡米耶・高提耶 Aloisius Edouard Camille Gaultier

常見地理知識問題表

1821 年

這幅樹狀圖來自一份《常見地理知識問題表》（*General Questions on Geography*）的附錄，由法國天主教神父暨教育改革家阿洛伊希亞斯・艾杜瓦・卡米耶・高提耶所設計，以具教育意義的遊戲方式來傳授完整的地理課程。就透過遊戲和娛樂來教學而言，高提耶可謂先驅，這裡指的也就是現在所謂的遊戲機制。這幅樹狀圖展現出高提耶在教授各種地理常識的方法上的創新思維，應當作縱向決策樹來解讀。樹狀圖從最上方的問題開始，往下分叉衍生出一系列答案，一直到樹狀圖的最下方。

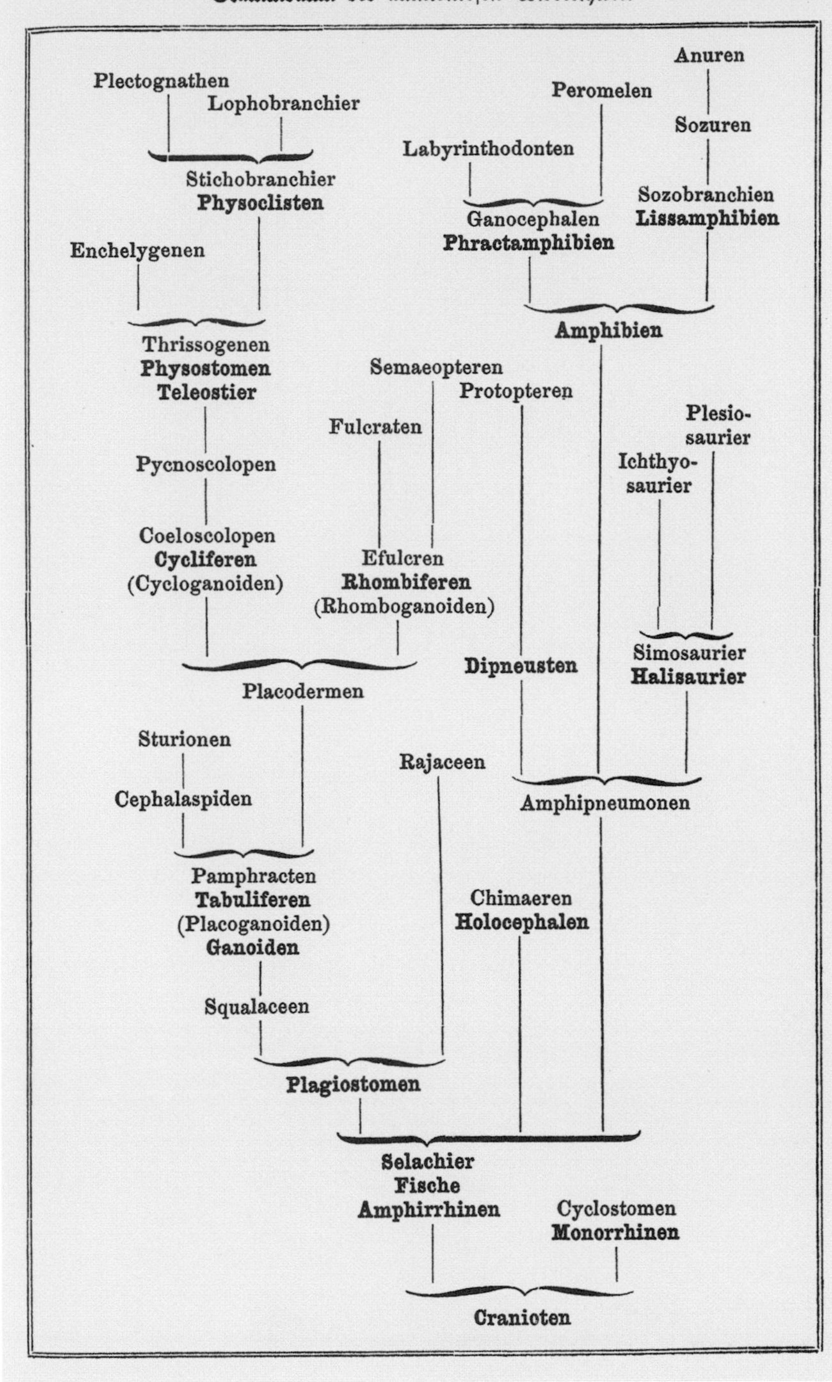

恩斯特・海克爾 Ernst Haeckel
羊膜動物演化樹 Amniote tree
出自《創世自然史》
（*Schöpfungsgeschichte*）
1870 年

本圖為羊膜動物的系統樹——羊膜動物為四足脊椎動物，傳統上分成三類：爬蟲類、鳥類與哺乳類。這幅縱向樹狀圖使用了海克爾書中常見的括號圖形，這種形式很容易讓人聯想到啟蒙時期的生物學家、百科全書作家和哲學家所創作的樹狀圖（多為橫向樹狀圖）（參考第三章）。

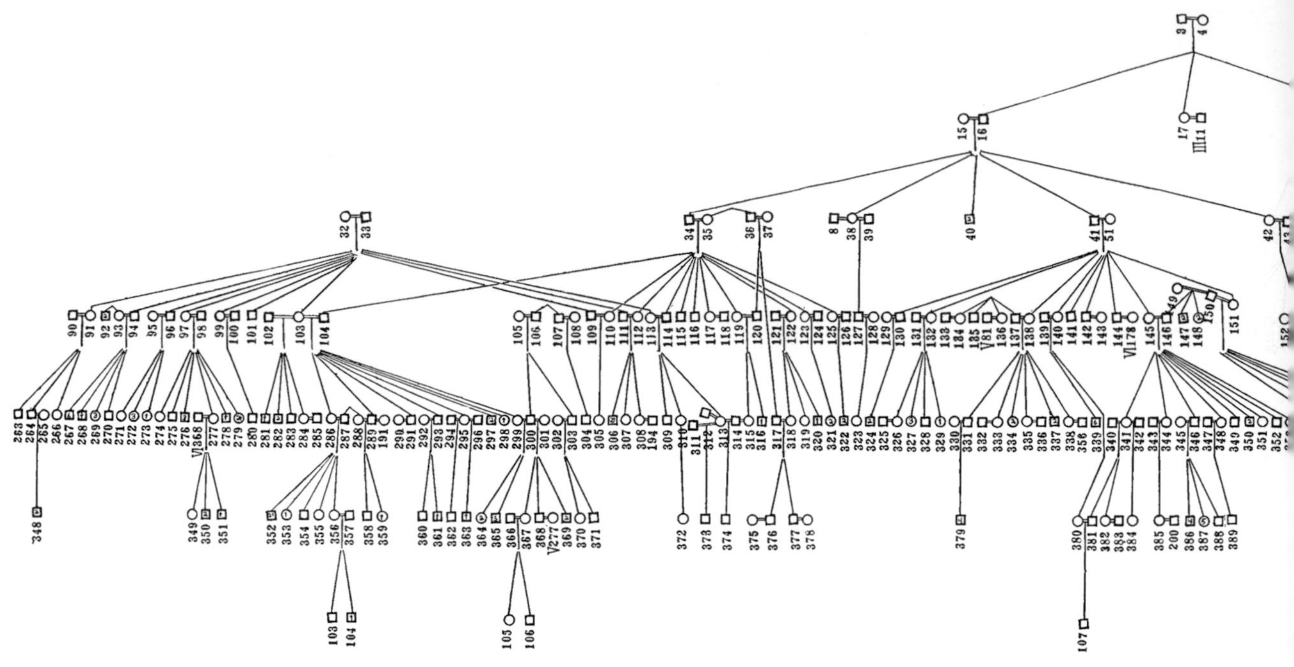

南姆家族系譜樹

出自亞瑟・霍華德・埃斯塔布魯克（Arthur Howard Estabrook）與查爾斯・班尼狄克・達文波特（Charles Benedict Davenport）

《南姆家族：劣生學研究》（*The Nam Family: A Study in Cacogenics*）

1912 年（上圖）

這幅樹狀圖是麻薩諸塞州西部南姆家族（假名）的家譜。南姆家族與朱克家族、澤羅家族與卡利卡克家族等，在二十世紀初都是以人類遺傳為題的一系列社會學研究的對象。這幅樹狀圖描述了南姆家族七代人的親緣關係，正方形代表男性，圓形代表女性。正方形內的數字表示該符號所代表的男性人數，由上到下的羅馬數字則代表世代。

作者不詳

曼哈頓計畫組織圖

1946 年（右）

曼哈頓計畫（Manhattan Project）是第二次世界大戰期間由美國主導的研究發展計畫，製造出世界上第一顆原子彈，這幅樹狀圖為該計畫的人員組織圖。參與人員按大部分企業、政府與軍事機構常用的人員組織結構由上而下排列；這類樹狀圖自十九世紀中期開始流行，用來表現出這些機構日益複雜的人員關係。這幅樹狀圖於 1946 年 5 月繪製，也就是該計畫發展出的兩顆原子彈被投放到日本的九個月後。曼哈頓計畫於 1947 年 8 月終止，後續工作由美國原子能委員會接管。

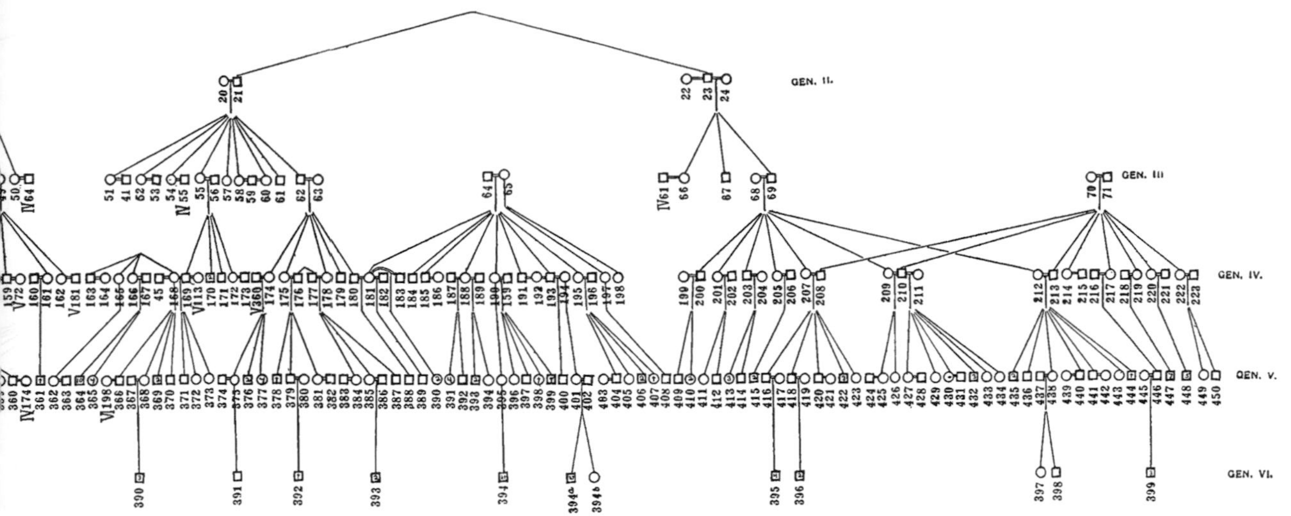

Organization Chart
MANHATTAN PROJECT
(MED)
WASHINGTON, D.C.
Date 1 May 1946

MANHATTAN PROJECT A BOMB

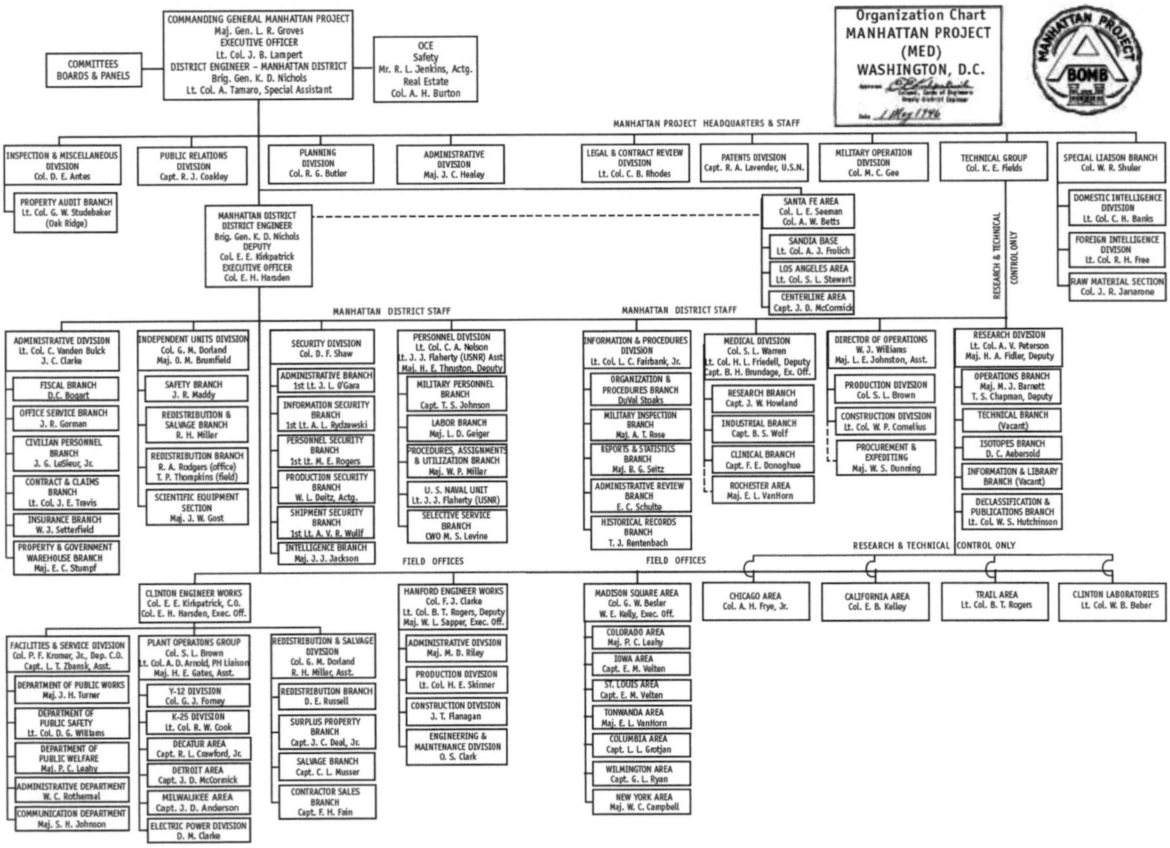

COMMANDING GENERAL MANHATTAN PROJECT
Maj. Gen. L. R. Groves
EXECUTIVE OFFICER
Lt. Col. J. B. Lampert
DISTRICT ENGINEER – MANHATTAN DISTRICT
Brig. Gen. K. D. Nichols
Lt. Col. A. Tamaro, Special Assistant

COMMITTEES
BOARDS & PANELS

OCE
Safety
Mr. R. L. Jenkins, Actg.
Real Estate
Col. A. H. Burton

MANHATTAN PROJECT HEADQUARTERS & STAFF

INSPECTION & MISCELLANEOUS DIVISION
Col. D. E. Antes

PROPERTY AUDIT BRANCH
Lt. Col. G. W. Studebaker
(Oak Ridge)

PUBLIC RELATIONS DIVISION
Capt. R. J. Coakley

PLANNING DIVISION
Col. R. G. Butler

ADMINISTRATIVE DIVISION
Maj. J. C. Healey

LEGAL & CONTRACT REVIEW DIVISION
Lt. Col. C. B. Rhodes

PATENTS DIVISION
Capt. R. A. Lavender, U.S.N.

MILITARY OPERATION DIVISION
Col. M. C. Gee

TECHNICAL GROUP
Col. K. E. Fields

SPECIAL LIAISON BRANCH
Col. W. R. Shuler

DOMESTIC INTELLIGENCE DIVISION
Lt. Col. C. H. Banks

FOREIGN INTELLIGENCE DIVISON
Lt. Col. R. H. Free

RAW MATERIAL SECTION
Col. J. R. Janarone

MANHATTAN DISTRICT
DISTRICT ENGINEER
Brig. Gen. K. D. Nichols
DEPUTY
Col. E. E. Kirkpatrick
EXECUTIVE OFFICER
Col. E. H. Harsden

SANTA FE AREA
Col. L. E. Seeman
Col. A. W. Betts

SANDIA BASE
Lt. Col. A. J. Frolich

LOS ANGELES AREA
Lt. Col. S. L. Stewart

CENTERLINE AREA
Capt. J. D. McCormick

RESEARCH & TECHNICAL CONTROL ONLY

MANHATTAN DISTRICT STAFF

ADMINISTRATIVE DIVISION
Lt. Col. C. Vanden Bulck
J. C. Clarke

FISCAL BRANCH
D.C. Bogart

OFFICE SERVICE BRANCH
J. R. Gorman

CIVILIAN PERSONNEL BRANCH
J. G. LeSieur, Jr.

CONTRACT & CLAIMS BRANCH
Lt. Col. J. E. Travis

INSURANCE BRANCH
W. J. Setterfield

PROPERTY & GOVERNMENT WAREHOUSE BRANCH
Maj. E. C. Stumpf

INDEPENDENT UNITS DIVISION
Col. G. M. Dorland
Maj. O. M. Brumfield

SAFETY BRANCH
J. R. Maddy

REDISTRIBUTION & SALVAGE BRANCH
R. H. Miller

REDISTRIBUTION BRANCH
R. A. Rodgers (office)
T. P. Thompkins (field)

SCIENTIFIC EQUIPMENT SECTION
Maj. J. W. Gost

SECURITY DIVISION
Col. D. F. Shaw

ADMINISTRATIVE BRANCH
1st Lt. J. L. O'Gara

INFORMATION SECURITY BRANCH
1st Lt. A. L. Rydzewski

PERSONNEL SECURITY BRANCH
1st Lt. M. E. Rogers

PRODUCTION SECURITY BRANCH
W. L. Deitz, Actg.

SHIPMENT SECURITY BRANCH
1st Lt. A. V. R. Wulff

INTELLIGENCE BRANCH
Maj. J. J. Jackson

PERSONNEL DIVISION
Lt. Col. C. A. Nelson
Lt. J. J. Flaherty (USNR) Asst
Maj. H. E. Thruston, Deputy

MILITARY PERSONNEL BRANCH
Capt. T. S. Johnson

LABOR BRANCH
Maj. L. D. Geiger

PROCEDURES, ASSIGNMENTS & UTILIZATION BRANCH
Maj. W. P. Miller

U. S. NAVAL UNIT
Lt. J. J. Flaherty (USNR)

SELECTIVE SERVICE BRANCH
CWO M. S. Levine

MANHATTAN DISTRICT STAFF

INFORMATION & PROCEDURES DIVISION
Lt. Col. L. C. Fairbank, Jr.

ORGANIZATION & PROCEDURES BRANCH
DuVal Stoaks

MILITARY INSPECTION BRANCH
Maj. A. T. Rose

REPORTS & STATISTICS BRANCH
Maj. B. G. Seitz

ADMINISTRATIVE REVIEW BRANCH
E. C. Schulte

HISTORICAL RECORDS BRANCH
T. J. Rentenbach

MEDICAL DIVISION
Col. S. L. Warren
Lt. Col. H. L. Friedell, Deputy
Capt. B. H. Brundage, Ex. Off.

RESEARCH BRANCH
Capt. J. W. Howland

INDUSTRIAL BRANCH
Capt. B. S. Wolf

CLINICAL BRANCH
Capt. F. E. Donoghue

ROCHESTER AREA
Maj. E. L. VanHorn

DIRECTOR OF OPERATIONS
W. J. Williams
Maj. L. E. Johnston, Asst.

PRODUCTION DIVISION
Col. S. L. Brown

CONSTRUCTION DIVISION
Lt. Col. W. P. Cornelius

PROCUREMENT & EXPEDITING
Maj. W. S. Dunning

RESEARCH DIVISION
Lt. Col. A. V. Peterson
Maj. H. A. Fidler, Deputy

OPERATIONS BRANCH
Maj. M. J. Barnett
T. S. Chapman, Deputy

TECHNICAL BRANCH
(Vacant)

ISOTOPES BRANCH
D. C. Aebersold

INFORMATION & LIBRARY BRANCH (Vacant)

DECLASSIFICATION & PUBLICATIONS BRANCH
Lt. Col. W. S. Hutchinson

RESEARCH & TECHNICAL CONTROL ONLY

FIELD OFFICES

CLINTON ENGINEER WORKS
Col. E. E. Kirkpatrick, C.O.
Col. E. H. Harsden, Exec. Off.

FACILITIES & SERVICE DIVISION
Col. P. F. Kromer, Jr., Dep. C.O.
Capt. L. T. Zbansk, Asst.

DEPARTMENT OF PUBLIC WORKS
Maj. J. H. Turner

DEPARTMENT OF PUBLIC SAFETY
Lt. Col. D. G. Williams

DEPARTMENT OF PUBLIC WELFARE
Maj. P. C. Leahy

ADMINISTRATIVE DEPARTMENT
W. C. Rothermal

COMMUNICATION DEPARTMENT
Maj. S. H. Johnson

PLANT OPERATONS GROUP
Col. S. L. Brown
Lt. Col. A. D. Arnold, PH Liaison
Maj. H. E. Gates, Asst.

Y-12 DIVISION
Col. G. J. Forney

K-25 DIVISION
Lt. Col. R. W. Cook

DECATUR AREA
Capt. R. L. Crawford, Jr.

DETROIT AREA
Capt. J. D. McCormick

MILWAUKEE AREA
Capt. J. D. Anderson

ELECTRIC POWER DIVISION
D. M. Clarke

REDISTRIBUTION & SALVAGE DIVISION
Col. G. M. Dorland
R. H. Miller, Asst.

REDISTRIBUTION BRANCH
D. E. Russell

SURPLUS PROPERTY BRANCH
Capt. J. C. Deal, Jr.

SALVAGE BRANCH
Capt. C. L. Musser

CONTRACTOR SALES BRANCH
Capt. F. H. Fain

FIELD OFFICES

HANFORD ENGINEER WORKS
Col. F. J. Clarke
Lt. Col. B. T. Rogers, Deputy
Maj. W. L. Sapper, Exec. Off.

ADMINISTRATIVE DIVSION
Maj. M. D. Riley

PRODUCTION DIVISION
Lt. Col. H. E. Skinner

CONSTRUCTION DIVISION
J. T. Flanagan

ENGINEERING & MAINTENANCE DIVISION
O. S. Clark

MADISON SQUARE AREA
Col. G. W. Besler
W. E. Kelly, Exec. Off.

COLORADO AREA
Maj. P. C. Leahy

IOWA AREA
Capt. E. M. Velten

ST. LOUIS AREA
Capt. E. M. Velten

TONWANDA AREA
Maj. E. L. VanHorn

COLUMBIA AREA
Capt. L. L. Grotjan

WILMINGTON AREA
Capt. G. L. Ryan

NEW YORK AREA
Maj. W. C. Campbell

CHICAGO AREA
Col. A. H. Frye, Jr.

CALIFORNIA AREA
Col. E. B. Kelley

TRAIL AREA
Lt. Col. B. T. Rogers

CLINTON LABORATORIES
Lt. Col. W. B. Beber

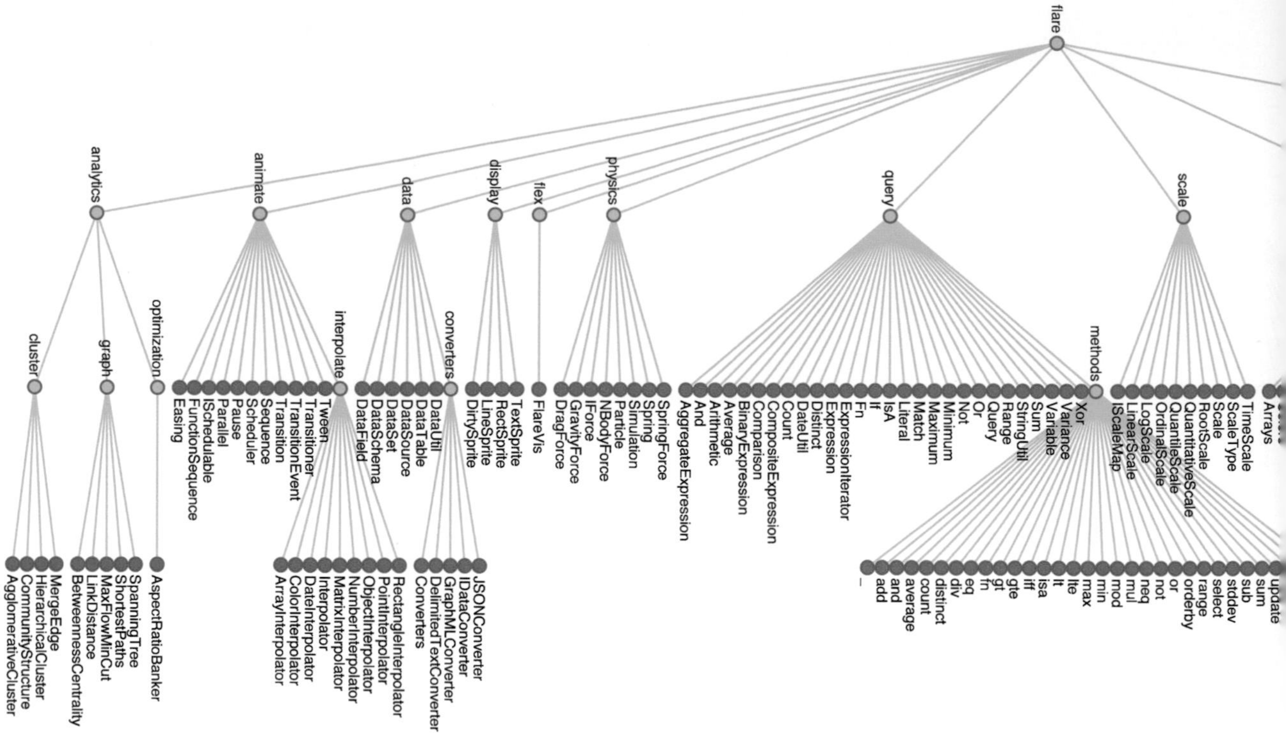

flare
analytics
animate
data
display
flex
physics
query
scale
cluster
graph
optimization
AgglomerativeCluster
CommunityStructure
HierarchicalCluster
MergeEdge
BetweennessCentrality
LinkDistance
MaxFlowMinCut
ShortestPaths
SpanningTree
AspectRatioBanker
Easing
FunctionSequence
ISchedulable
Parallel
Pause
Scheduler
Sequence
Transition
Transitioner
TransitionEvent
Tween
interpolate
ArrayInterpolator
ColorInterpolator
DateInterpolator
Interpolator
MatrixInterpolator
NumberInterpolator
ObjectInterpolator
PointInterpolator
RectangleInterpolator
DataField
DataSchema
DataSet
DataSource
DataTable
DataUtil
converters
Converters
DelimitedTextConverter
GraphMLConverter
IDataConverter
JSONConverter
DirtySprite
LineSprite
RectSprite
TextSprite
FlareVis
DragForce
GravityForce
IForce
NBodyForce
Particle
Simulation
Spring
SpringForce
AggregateExpression
And
Arithmetic
Average
BinaryExpression
Comparison
CompositeExpression
Count
DateUtil
Distinct
Expression
ExpressionIterator
Fn
If
IsA
Literal
Match
Maximum
Minimum
Not
Or
Query
Range
StringUtil
Sum
Variable
Variance
Xor
methods
_
add
and
average
count
distinct
div
eq
fn
gt
gte
iff
isa
lt
lte
max
min
mod
mul
neq
not
or
orderby
range
select
stddev
sub
sum
update
IScaleMap
LinearScale
LogScale
OrdinalScale
QuantileScale
QuantitativeScale
RootScale
Scale
ScaleType
TimeScale
Arrays

S
S
,
CC
S
ADV
,
NP
VP
,
and
NP
VP
currently
,
NNP
VB
NP
NP
PP
MD
VP
India
has
NP
PP
JJ
NNS
IN
NP
will
VB
PP
DT
NN
IN
NP
price-controlled
drugs
after
DT
NN
account
IN
NP
a
total
of
NP
PP
the
increase
for
NP
PP
CD
NNS
IN
NP
JJ
JJ
CD
NN
IN
NP
74
types
of
JJ
NNS
more
than
40
%
of
NP
SBAR
price-controlled
drugs
NNS
VP
drugs
VBN
PP
sold
IN
NP
in
India
印度
目前
共有
74
种
价控
药
，
增加
后
价控
药品
将
占
所售
印度
药品
的
40
%
以上

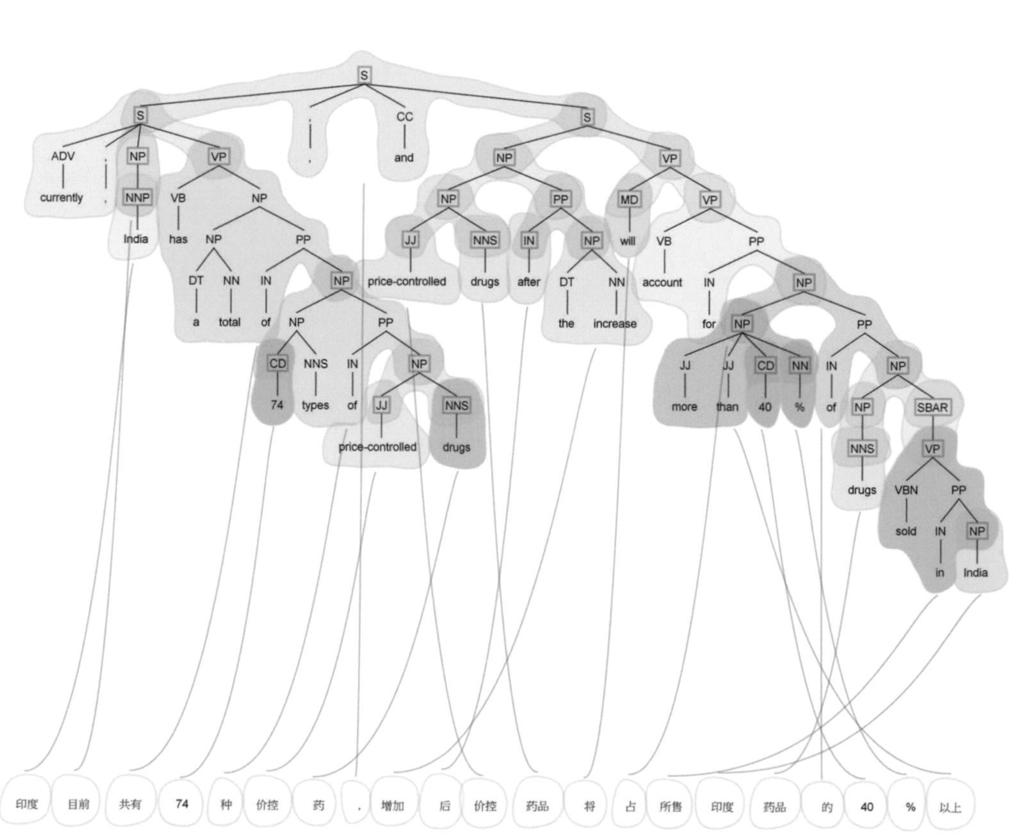

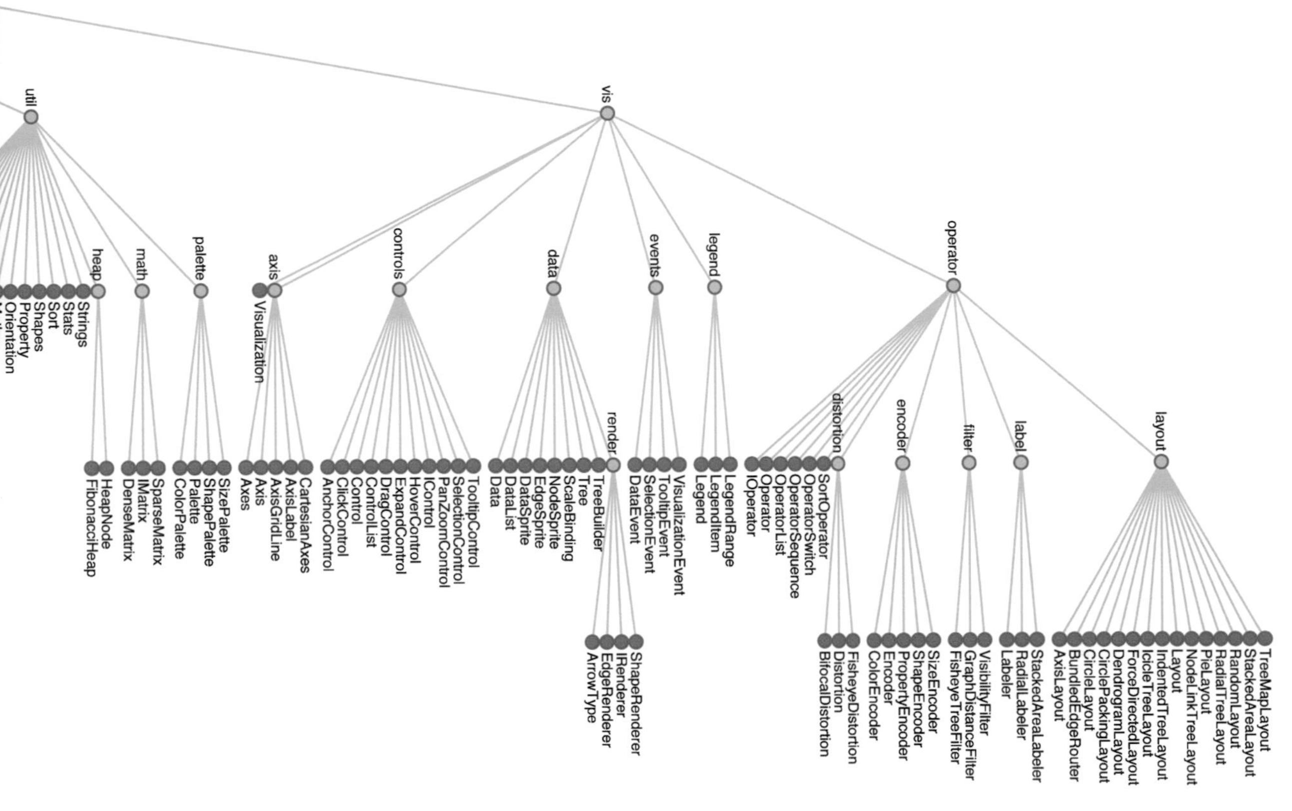

克里斯多夫・柯林斯、傑拉德・潘、希拉・卡彭戴爾
Christopher Collins, Gerald Penn, Sheelagh Carpendale
氣泡分析圖：
以等值線揭示現存視覺化的集合關係
Bubble Sets: Revealing Set Relations with Isocontours over Existing Visualizations
2009 年（左）

這是以機器翻譯演算法為根據的視覺化呈現，機器翻譯演算法藉由建立多個語法樹來建構翻譯結果。在這幅樹狀圖中，最下方的中文句子是主要的文本輸入。軟體會自動搜集英語片段，組成語法分析樹，這棵樹的樹葉應按照由左而右的閱讀順序，呈現出來的結果就是該句中文的英文翻譯。氣泡輪廓顯示出樹狀圖上的哪些節點共享同一個英語片段，氣泡的顏色則顯示出每個樹狀圖片段的類型與流行度。

傑佛瑞・赫爾、邁克・保斯托、瓦季姆・奧吉耶弗斯基
Jeffrey Heer, Michael Bostock, Vadim Ogievetsky
Flare 套裝軟體樹狀圖
2010 年（上）

本圖為表現開放原始碼軟體套件 Flare 視覺化工具包之代碼結構的視覺化圖形（該工具包由美國加州大學柏克萊分校視覺化實驗室所創建，是一個靈活的 ActionScript 代碼庫），藉由縱向樹狀圖來展現代碼庫的各層級分類與子分類。

喬・斯通 Joe Stone

X 戰警家譜

2011 年

這幅樹狀圖描繪出漫威漫畫出版發行的《X 戰警》(*X-Men*)中複雜的人物關係，包括愛情關係、血緣關係等。

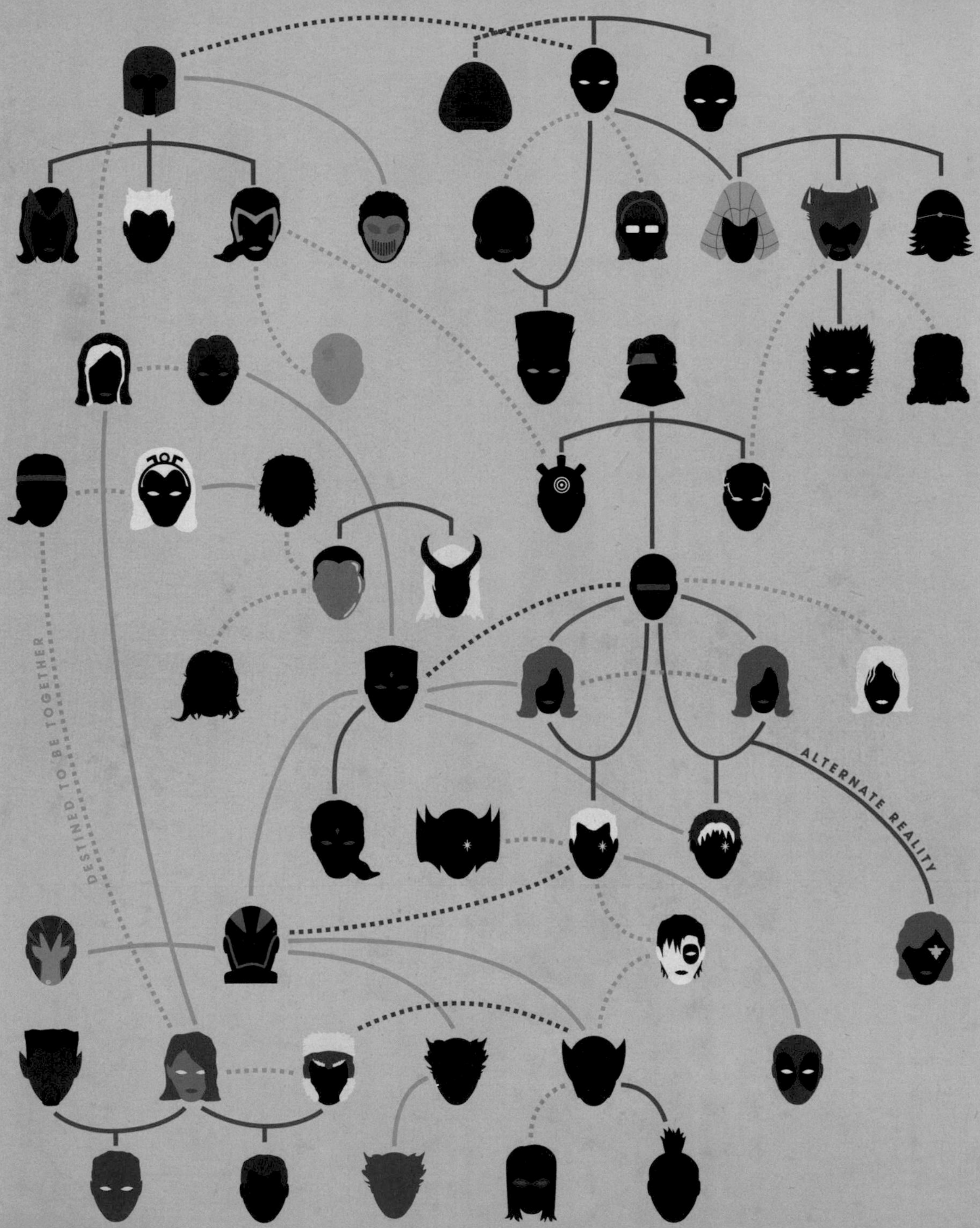
X-MEN FAMILY TREE
MARRIED
DATED
OFFSPRING
CLONE
OTHER RELATION
NEMESIS
DESTINED TO BE TOGETHER
ALTERNATE REALITY
CONFUSED? READ MORE COMICS.

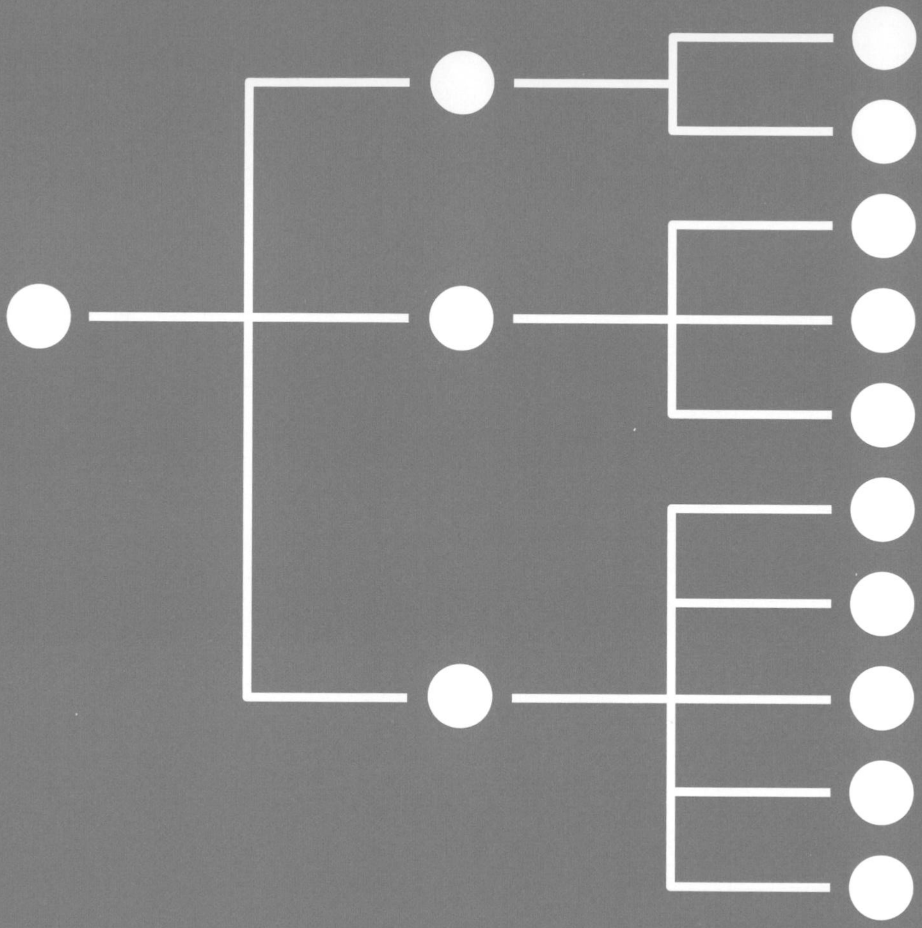

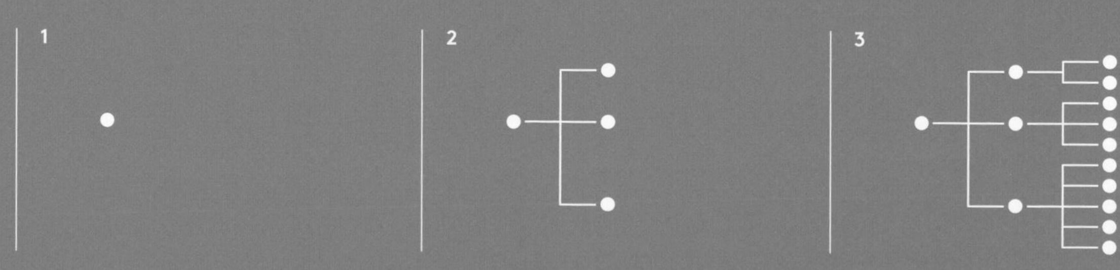
1
2
3

Chapter 03

橫向樹狀圖
HORIZONTAL TREES

在樹狀圖擺脫了真實樹木的形態，採用更加簡略抽象的結構之後，有時也會沿著軸線旋轉，以水平方向從左到右的配置最為常見。橫向樹狀圖的衍生，可能是為了解決縱向樹狀圖在空間和布局上的限制，但同時也有其獨特的優勢。橫向樹狀圖的巢狀配置和西方語言的文句語法結構相當類似，與一般人的閱讀習慣契合。橫向樹狀圖這種替代性方案通常被用在手稿的對開頁，樹根位於中央，產生鏡像效果，這樣的配置在許多數位和互動式應用中仍然很常見。橫向樹狀圖已被證實是極有效率的樹狀圖原型，例如在分類樹、流程圖、心智圖、系統樹圖等的應用，尤其是運用在數個軟體應用與操作系統上的檔案顯示。如果你經常使用電腦，接觸過橫向樹狀圖的機率很高，而且很可能是每天都會接觸到。

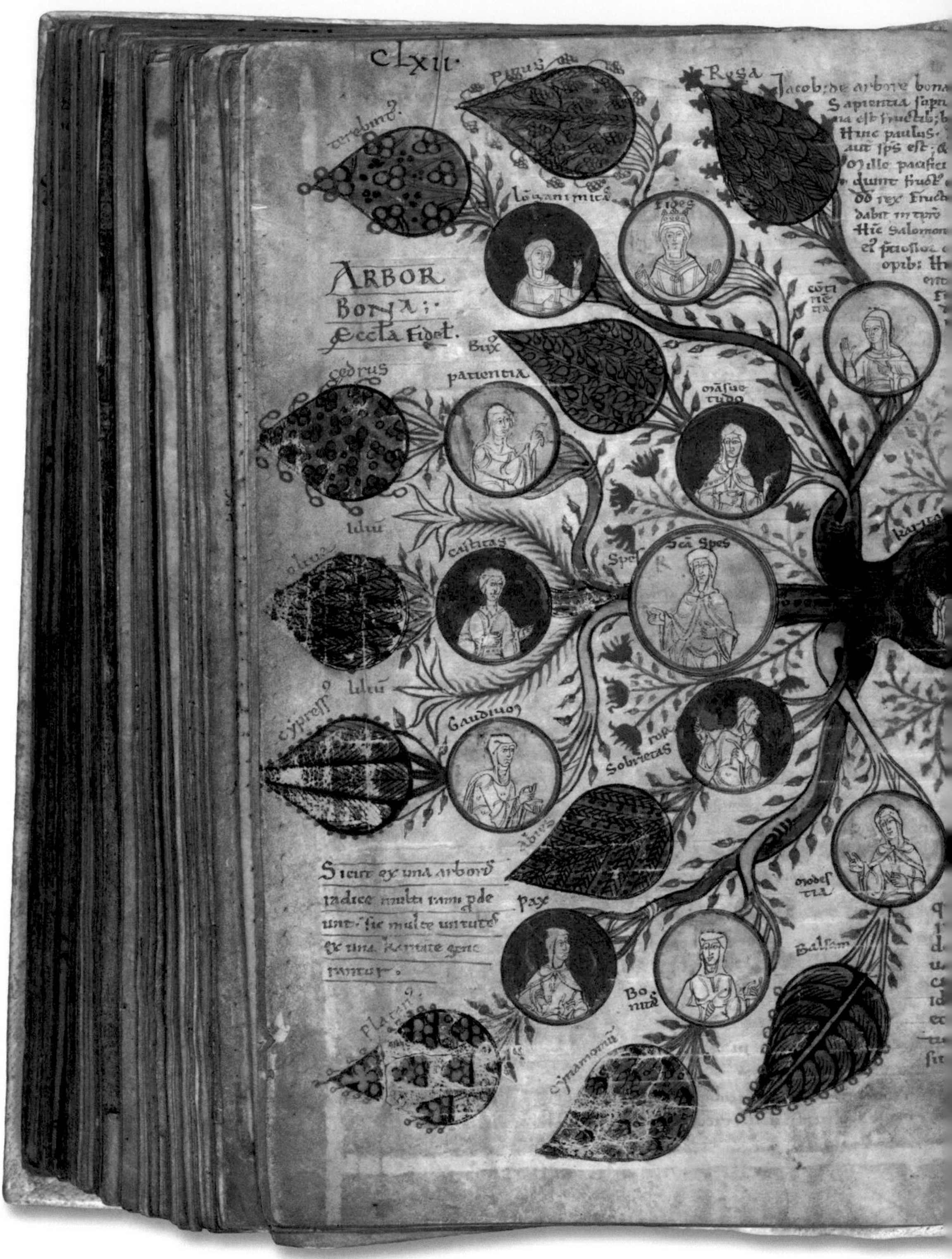

美德之樹與罪惡之樹
Tree of virtues and tree of vices
出自聖奧梅的蘭伯特《花之書》
1121 年

這張插圖出自《花之書》（*Liber floridus*，參考重要人物時間軸的第 45 頁），以無花果樹的形式來表現兩種性質對立的主題：左側為美德之樹，右側為罪惡之樹。美德之樹的樹幹上長出的圓形飾物為慈悲的化身，罪惡之樹上展現的則是貪婪的化身。每棵樹上各有 12 個圓形飾物，分別對應 12 種美德和 12 種罪惡。[1]

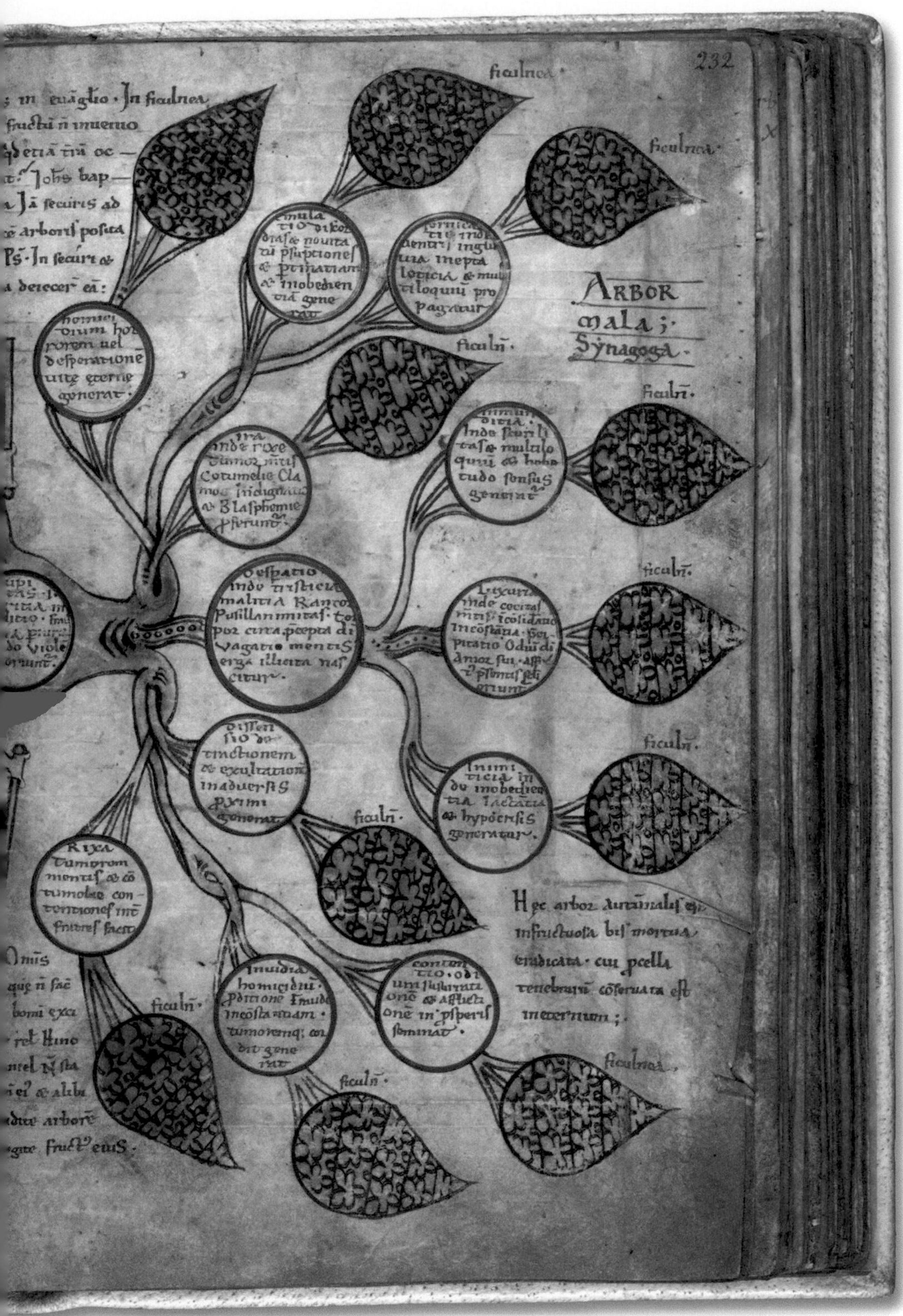
232
ARBOR
mala;
Synagoga
ficulnea

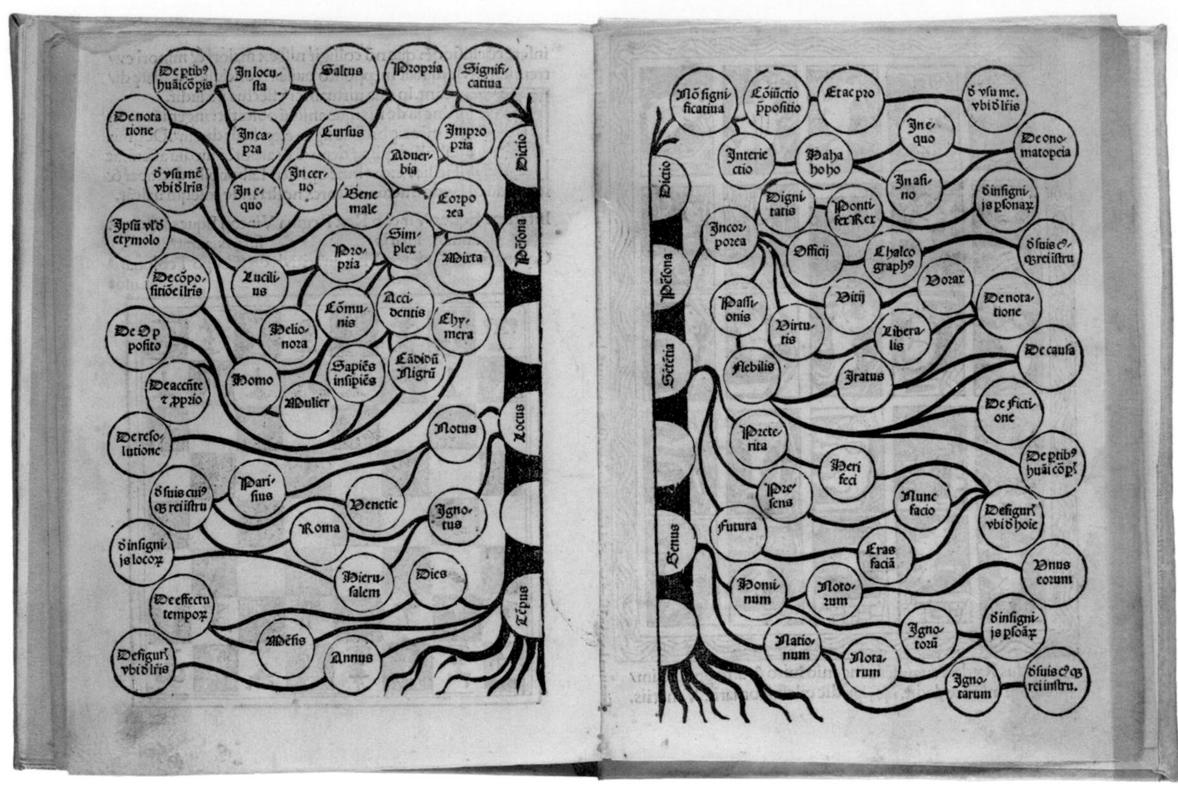

波菲利美德之樹

Porphyrian tree of qualities

出自雅克布斯・帕布利休斯（Jacobus Publicius）《口語與寫作的記憶藝術》（*Artes orandi, epistolandi, memoranda*）

1485 年

這幅樹狀圖來自一本艾哈德・羅道特（Erhard Ratdolt）於威尼斯出版的古版書，是一本關於修辭學與記憶法的手冊。書中有許多能夠當成記憶輔助工具的圖片與插畫，其中有許多人物，在文本中甚至沒有提及。這幅複雜的樹狀圖出自 1485 年出版的第二版（該書初版於 1482 年），是以橫向形式表現的波菲利美德之樹。

法學體系樹狀圖 Jurisprudence

出自克里斯托弗・薩維尼（Christophe de Savigny）《博雅教育全表》（*Tableaux accomplis de tous les arts libéraux*）

1587 年（下頁）

《博雅教育全表》共有十六幅精美圖表，分別以語法、修辭、辯證法、算數、幾何、光學、音樂、宇宙學、占星術、地理學、物理學、醫學、倫理學、法學（本圖）、歷史與神學為題。這本書於巴黎出版，以這十六幅圖表為主，每一幅都附上一頁文字說明。每幅樹狀圖都有橢圓形外框裝飾，樹狀圖採橫式，表現出相關於所描述學科的主題與子題。《博雅教育全表》可以說是知識視覺呈現的重要發展，後來也對培根的知識分類產生了關鍵性的影響。

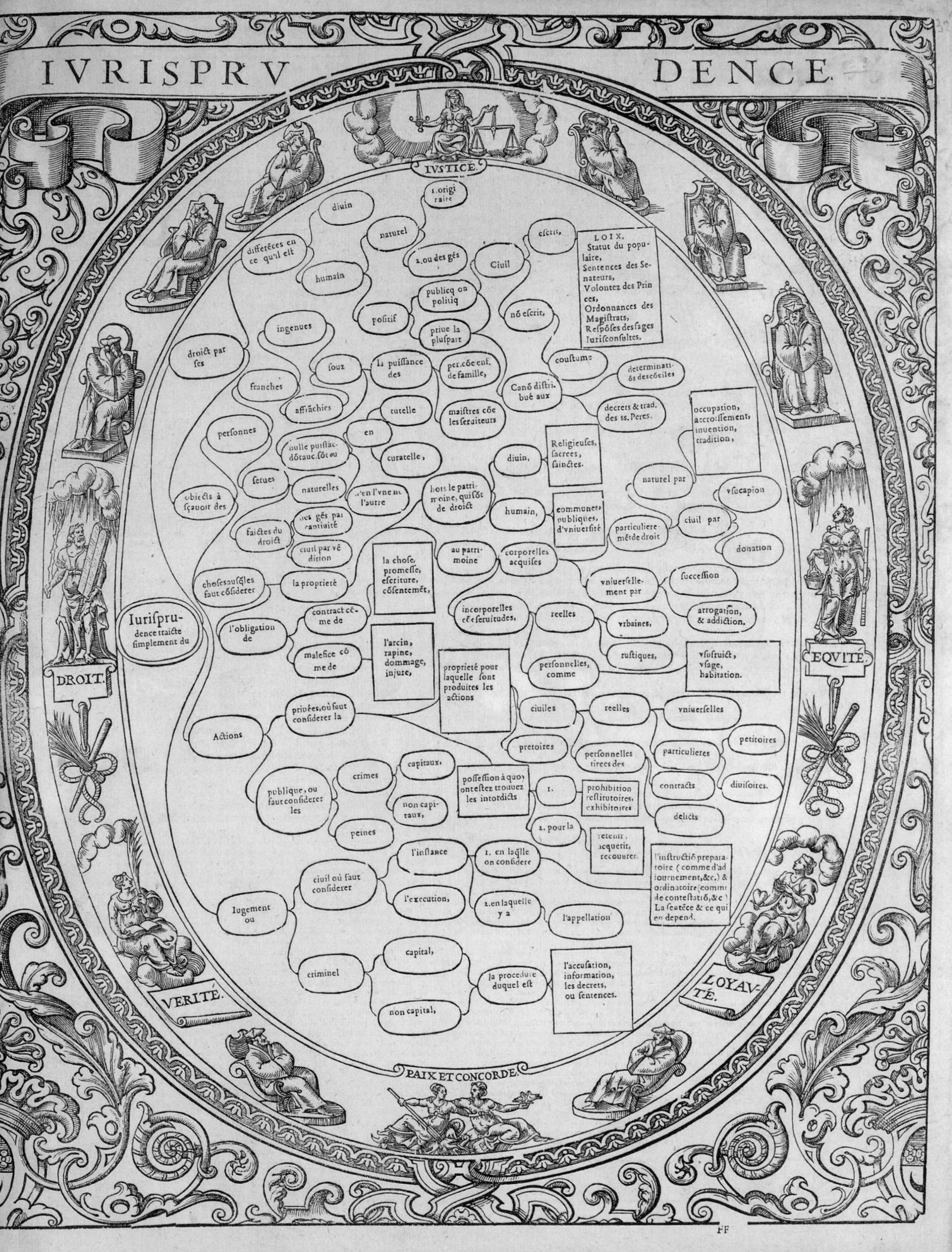

IVRISPRV
DENCE.
IVSTICE.
Iuriſprudence traicte ſimplement du
DROIT.
EQVITÉ.
VERITÉ.
LOYAVTÉ.
PAIX ET CONCORDE.
1. origi naire
diuin
naturel
differēces en ce qu'il eſt
2. ou des gés
humain
Ciuil
eſcrit,
LOIX, Statut du populaire, Sentences des Senateurs, Volontez des Princes, Ordonnances des Magiſtrats, Reſpōſes des ſages Iuriſconſultes,
publicq ou politiq
poſitif
priue la pluſpart
nō eſcrit,
couſtume
ingenues
droict par ſes
ſouz
La puiſſance des
per.cōe enf. de famille,
Canō diſtribué aux
determinatiōs des cōciles
decrets & trad. des ss. Peres.
franches
affrāchies
tutelle
maiſtres cōe les ſeruiteurs
occupation, accroiſſement, inuention, tradition,
perſonnes
en
nulle puiſſāce dōtauc. ſōt ou
curatelle,
Religieuſes, ſacrees, ſainctes.
diuin,
ſerues
naturelles
en l'vne ne l'autre
hors le patrimoine, qui ſōt de droict
naturel par
vſucapion
humain,
communes, publiques, d'vniuerſité
obiects à ſçauoir des
des gés par cantiuité
faictes du droict
ciuil par vēdition
particulieremēt de droict
ciuil par
donation
au patrimoine
corporelles acquiſes
choſes auſq̄les faut cōſiderer
la proprieté
la choſe, promeſſe, eſcriture, cōſentemēt,
vniuerſellement par
ſucceſſion
arrogation, & addiction.
incorporelles cōe ſeruitudes,
reelles
vrbaines,
l'obligation de
contract cōme de
l'arcin, rapine, dommage, iniure,
ruſtiques,
vſufruict, vſage, habitation.
malefice cōme de
proprieté pour laquelle ſont produites les actions
perſonnelles, comme
priuées, où faut conſiderer la
ciuiles
reelles
vniuerſelles
Actions
pretoires
perſonnelles tirees des
particulieres
petitoires
contracts
diuiſoires.
crimes
capitaux,
poſſeſſion à quoy onteſtez trouuez les intordicts
1.
prohibition reſtitutoires, exhibitoires
publique, ou faut conſiderer les
non capitaux,
delicts
peines
2. pour la
retenir, acquerir, recouurer.
l'inſtance
1. en laq̄lle on conſidere
l'inſtructiō preparatoire (comme d'adiournement, &c.) & ordinatoire (comme de conteſtatiō, &c.) La ſentēce & ce qui en depend.
ciuil où faut conſiderer
l'execution,
2. en laquelle y a
l'appellation
Iugement ou
capital,
criminel
la procedure duquel eſt
l'accuſation, information, les decrets, ou ſentences.
non capital,

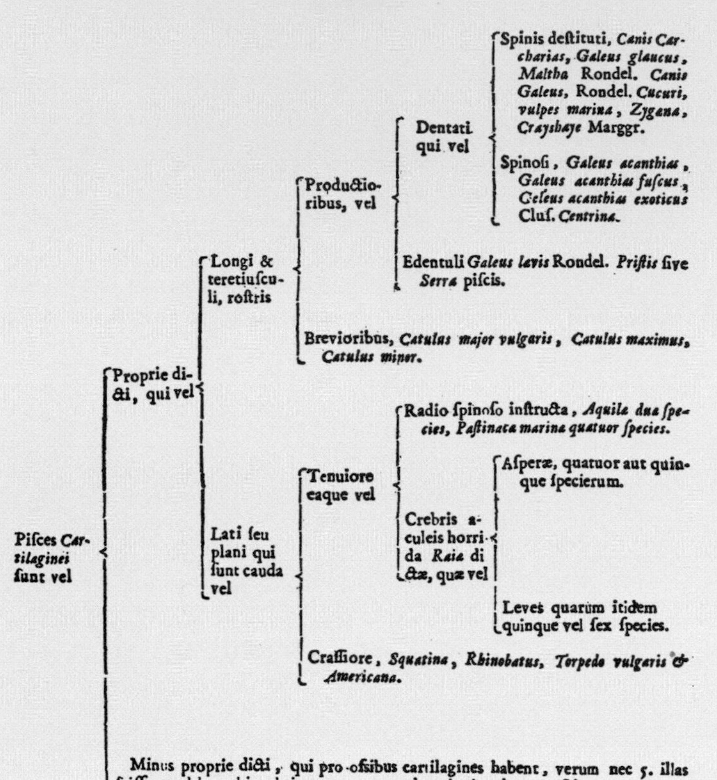

軟骨魚類分類檢索表

出自法蘭西斯・威呂希比（Francis Willughby）與約翰・雷（John Ray）《魚類歷史四書》（*De Historia Piscium Libri Quatuor*）

1686 年

這是以橫向樹狀圖來呈現的軟骨魚類分類表，出自英國皇家學會出版的大型著作，該書含有 187 幅繪製精美的魚類圖集。

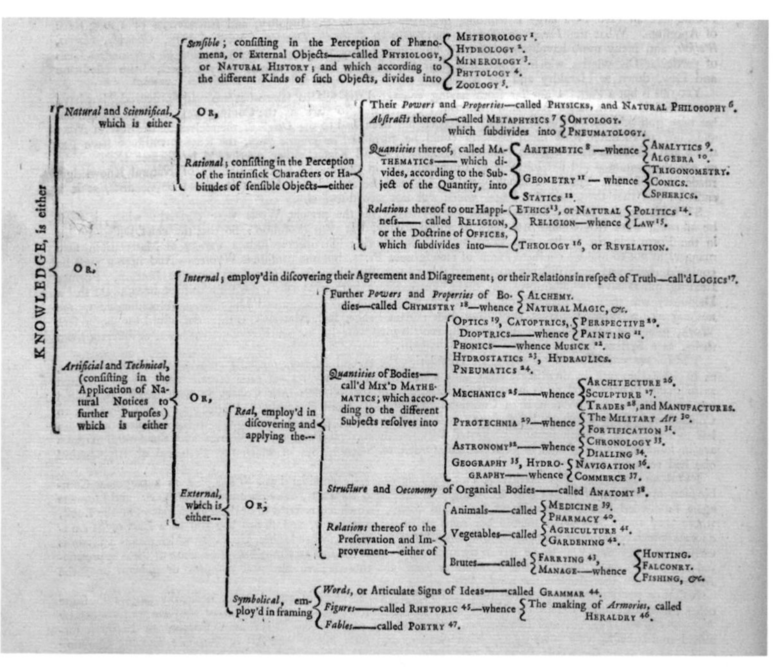

目錄

出自伊弗雷姆・錢伯斯（Ephraim Chambers）《百科全書》（*Cyclopædia*）

1728 年

這幅樹狀圖出自錢伯斯《百科全書》的前言，《百科全書》共兩冊，為最早以英文撰寫的百科全書。這幅橫向樹狀圖按層級順序呈現百科全書所涵蓋的主題，為百科全書內容的圖形目錄。整個知識體系從最左邊開始不斷分叉，從主幹慢慢細分到最右邊的分支（包括天文學、地理學、鍊金術、建築學、雕刻、商業和醫學），表現出全書涵蓋的四十七個學科領域。

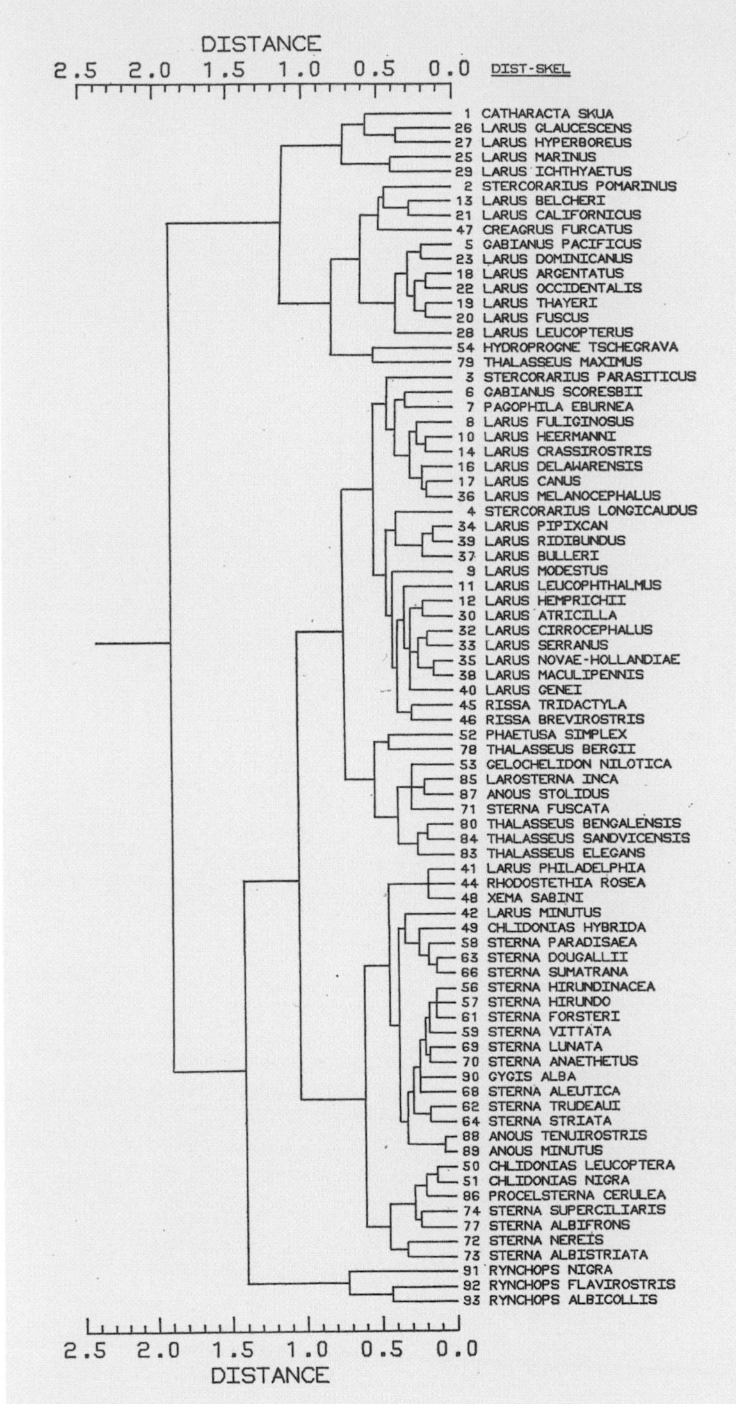

蓋瑞・史奈爾 Gary D. Schnell

鷗亞目表型分類學研究

1970 年

這幅樹狀圖是最早的表型分類圖，又稱「支序圖」(cladograms)，需借助數值方法才能製作。這張圖表現的是鷗亞目鳥類的各種表型關係，鷗亞目為鴴形目之下的一個亞目，包括海鷗、燕鷗、賊鷗和剪嘴鷗等。

翻印自蓋瑞・史奈爾〈鷗亞目表型分類學研究：表型圖、討論與結論〉(A Phenetic Study of the Suborder Lari (Aves) II. Phenograms, Discussion, and Conclusions)，《牛津大學系統生物學》(*Oxford Journal of Systematic Biology*)期刊，19，no.3: 264-302。牛津大學出版社允許轉載。

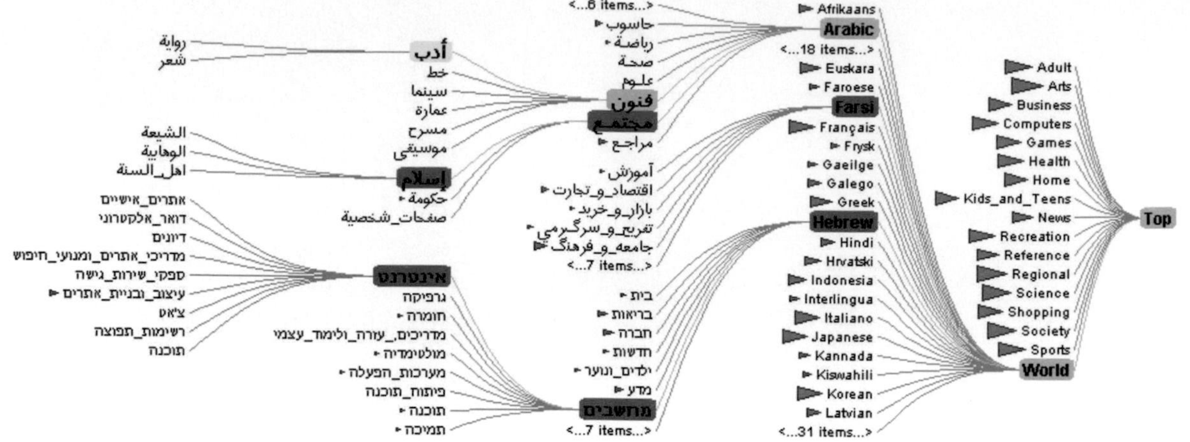

傑佛瑞・赫爾 Jeffery Heer
史都華・卡德 Stuart Card
關注度樹狀圖
Degrees of interest tree
2004 年

此為開放目錄專案（Open Directory Project）的視覺化樹狀圖，該專案是網際網路上一個由志願者共同維護建設的大型目錄，其中不同類別共有超過六十萬個節點。這幅樹狀圖的配置由左而右，圖中選擇了多個不同的檔案夾，並按展示限制條件儘量給予每個展開的分支更多空間。

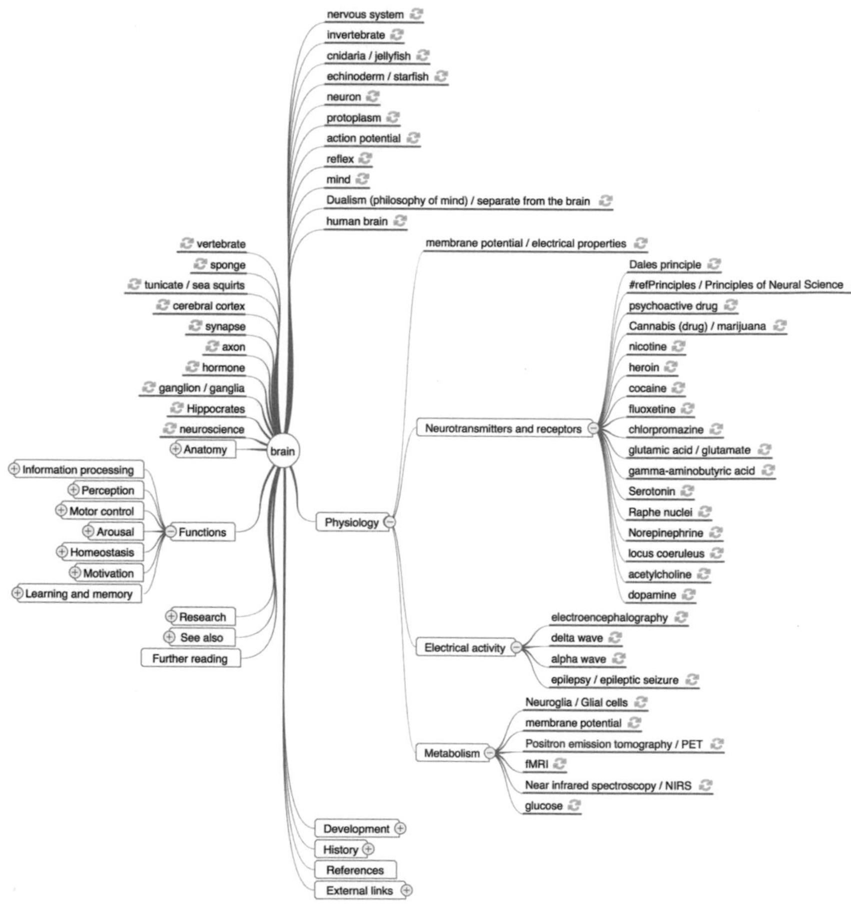

菲利克斯・尼費尼格
Felix Nyffenegger
維基心智圖 WikiMindMap
2007 年

這幅樹狀圖是讓使用者更容易也更有效率地瀏覽維基百科網站內容的工具，其製作受到心智圖的啟發——所謂心智圖為一種粗略的圖表，能以視覺方式架構並勾勒出資訊，偶以手繪形式表現。許多大型公共維基網站（由使用者合作發展編輯）的網頁，例如維基百科，都會成為豐富且複雜的文件資源。維基心智圖這種工具的目的，在於藉由提供結構化且容易理解的主題概述，幫助使用者瀏覽這種龐大的知識網路。維基心智圖能呈現出網頁結構、該網頁和其他網頁的所有鏈結，以及外部參考（假設該網頁和外部網頁最重要的關鍵字一致）。選擇節點兩側的綠色符號，就能把該主題拉到中間位置。

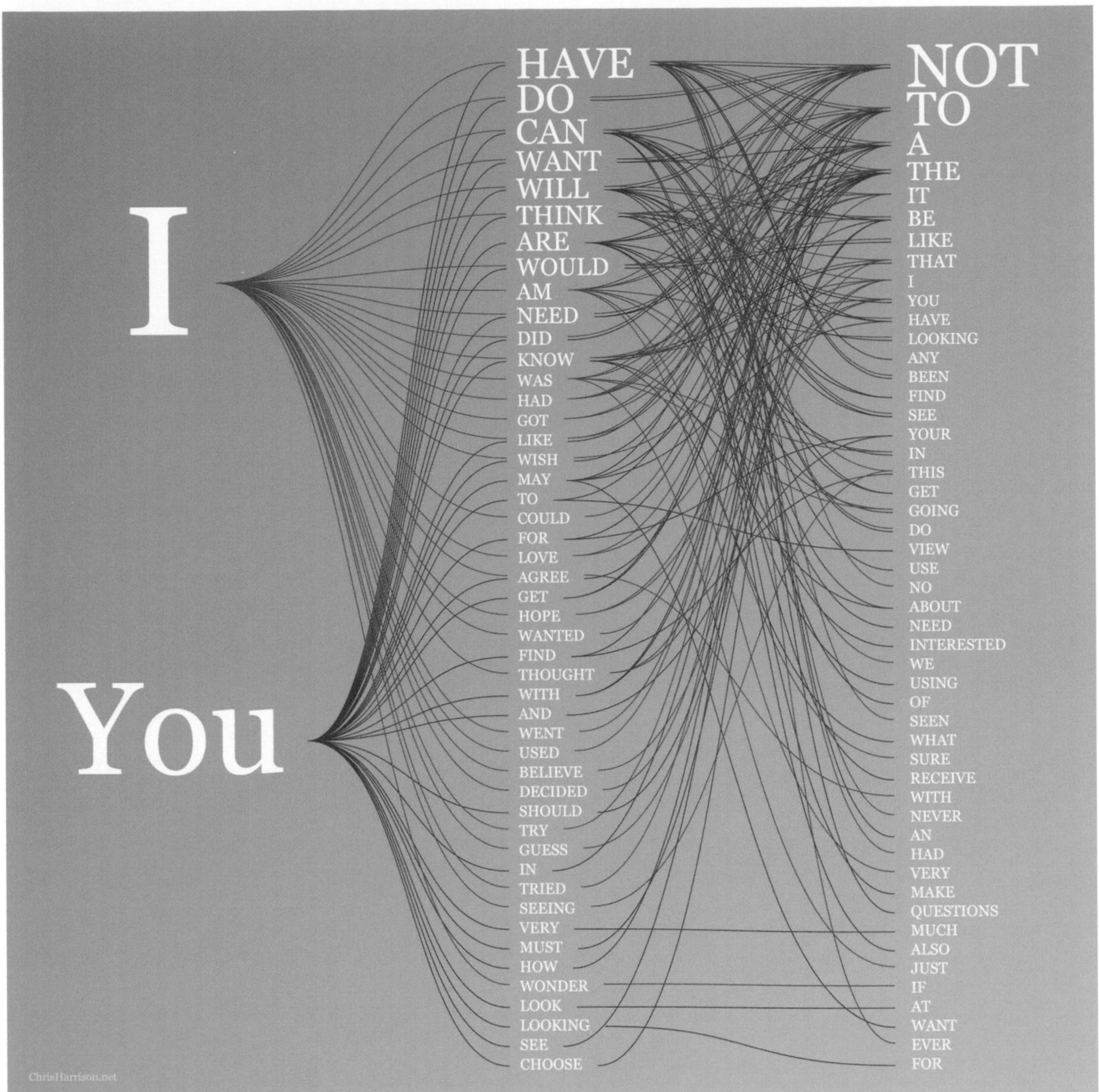

克里斯・哈里森 Chris Harrison
網頁三字詞模型 Web trigrams
2008 年

網頁三字詞子集的分析，所謂三字詞子集指包含三個字的短語，如「我喜歡」或「你猜想」等。提取出 N 字詞模型（由 N 個字組成的短語）在谷歌搜尋語料庫內出現的次數，可以幫助我們了解該 N 字詞模型的出現頻率。根據谷歌發布的 N 字詞模型數據，克里斯・哈里森繪製了一系列三字詞和五字詞模型的視覺化圖形。圖中的例子將兩組分別以「我」和「你」開頭的三字詞模型放在一起分析，製作出由兩個共同樹根衍生而出的各種可能橫向樹狀圖。在分析完前 75 個以「我」和「你」開頭的三字詞模型以後，便按出現頻率遞減的順序，把三字詞模型的第二個單詞與第三個單詞組合排列出來。圖中單詞的大小按出現頻率而定，彩色線條則用來強調具有層次性的從屬關係。

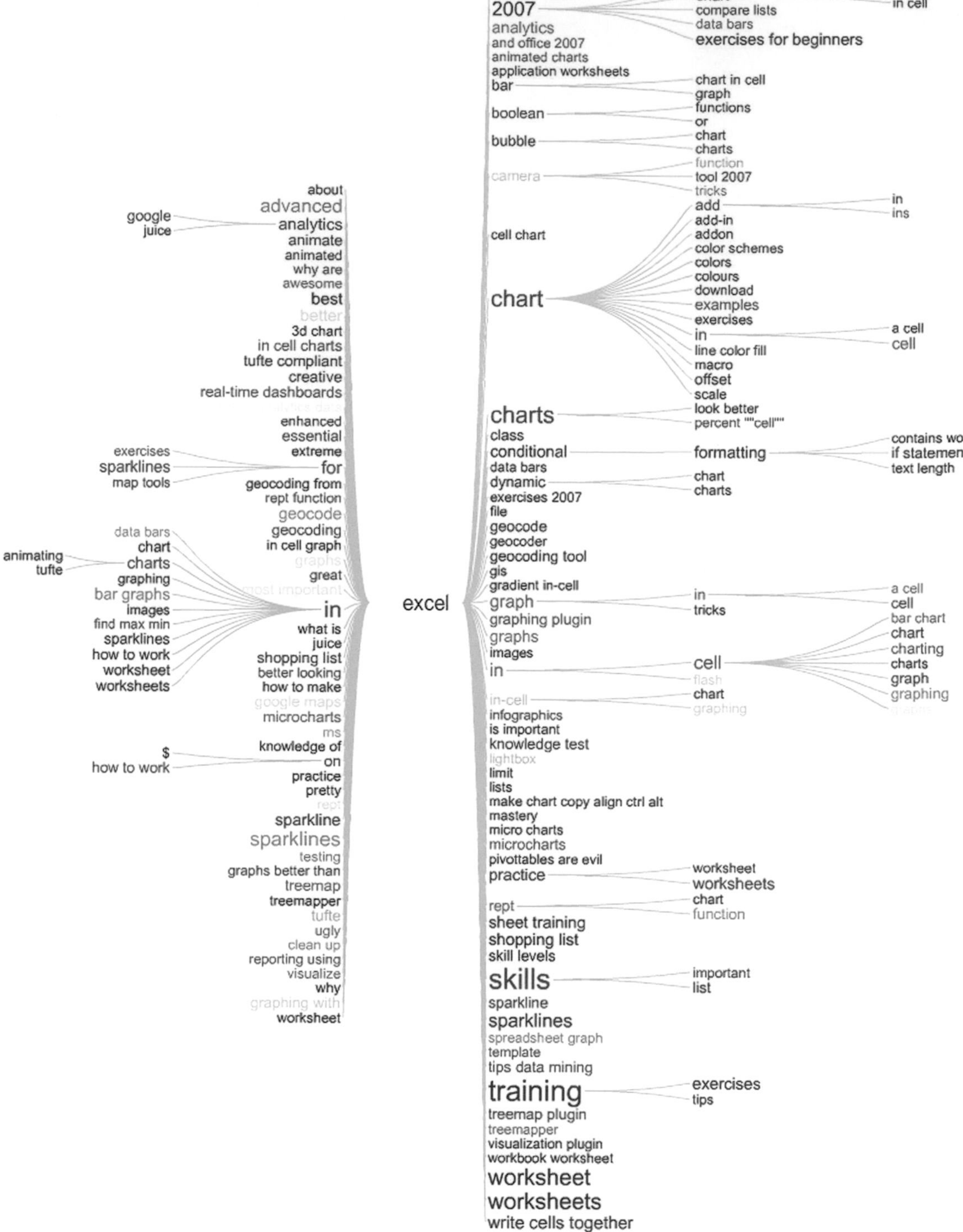

克里斯・傑米尼亞尼
Chris Gemignani
Juice Analytics 公司
關鍵字詞組模式樹狀圖
2008 年

這幅樹狀圖是一種視覺化工具，能夠展現同一組搜尋字符串中各詞組的關聯性。在這個橫向詞彙樹狀圖中，每個單詞的大小代表該單詞在搜索文字中出現的頻率（頻率愈高文字愈大），顏色代表跳出率（紅色愈深跳出率愈高）。使用者在搜索文字框裡輸入一個單詞，就可以看到該單詞與相關單詞之間的關聯，以及其出現頻率與跳出率。

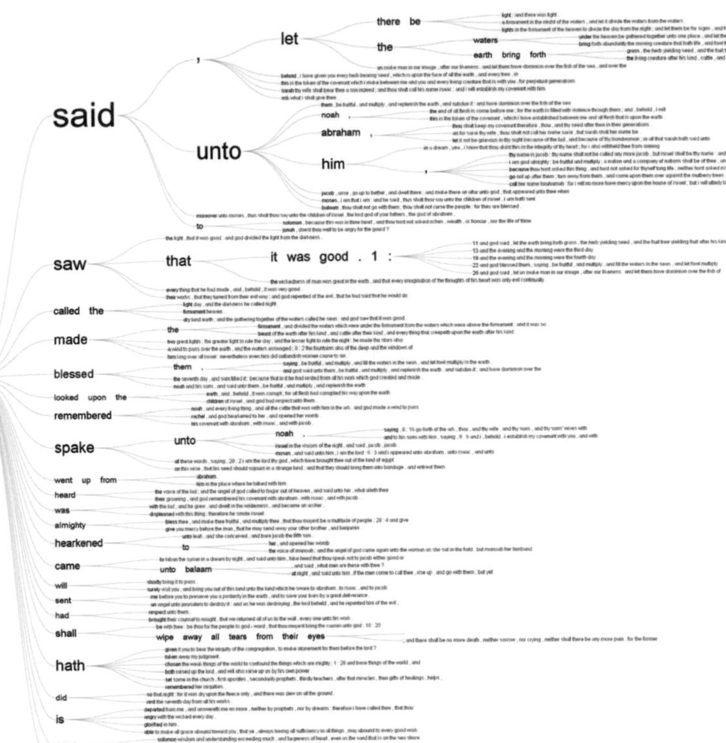

馬汀・沃騰貝格 Martin Wattenberg

費南妲・維耶加斯 Fernanda Viégas

文字樹狀圖 Word Tree

2008 年

這幅樹狀圖表現的是《聖經》中所有以「上帝」(And God) 開頭的句子，以由左而右的橫向樹狀結構展現出所有以該短語開始的所有句子。文字大小代表每個字的出現頻率——即包含該特定單詞的文句總數。

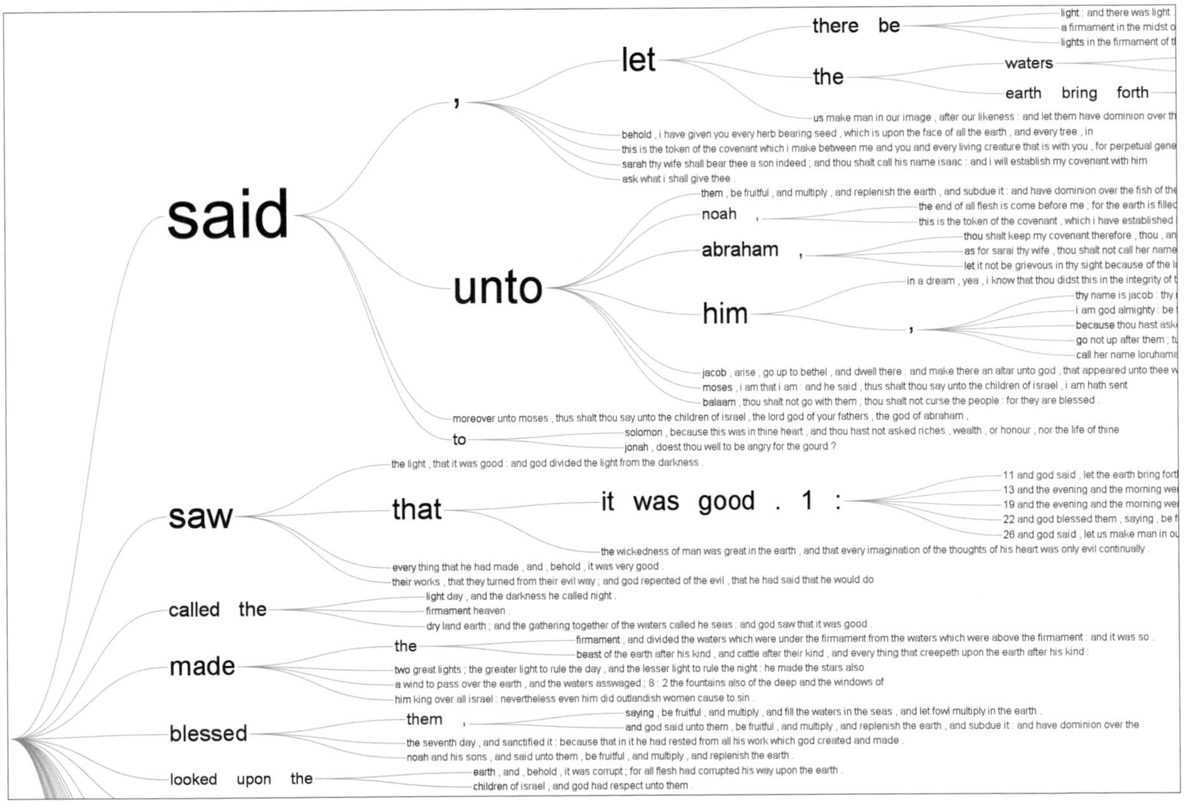

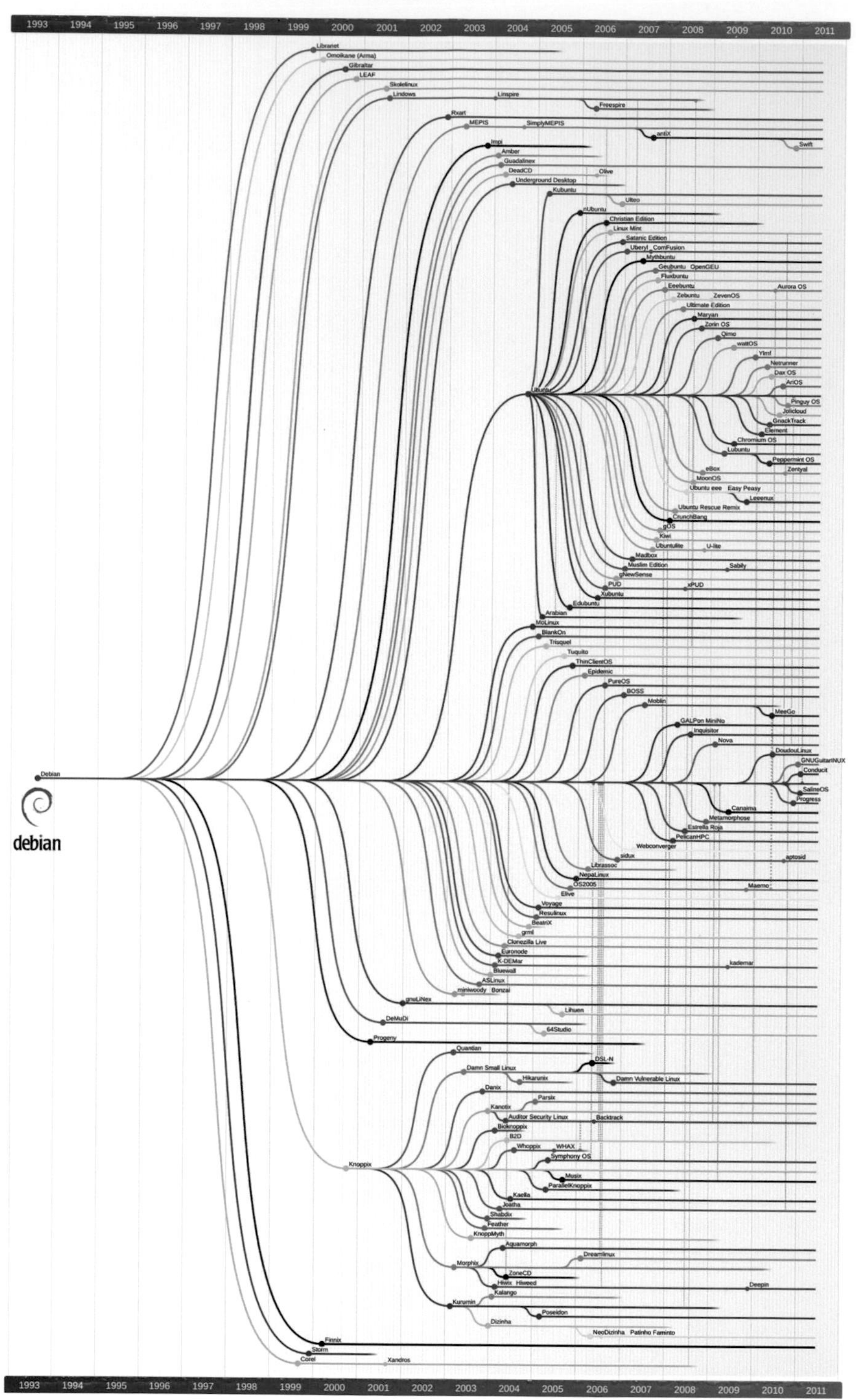

安德雷亞斯・倫德奎斯特
Andreas Lundqvist
東讓・羅迪克 Donjan Rodic
Debian 作業系統發展分析圖
2011 年

這幅橫狀樹狀圖表現的是 Debian 電腦作業系統於 1993 年 8 月由伊恩・默多克（Ian Murdock）發表後所衍生出的各種計畫與發行版。Debian 由數個自由及開放原始碼軟體組成，支援 Linux、FreeBSD 和 Hurd 內核。開放原始碼軟體與依序開發出一系列後續版本的商業軟體——通常會分裂成不同的版本與計畫——不同，Debian 就是典型的開放原始碼軟體。

Folder A	Folder A1	Folder A5.1	**Folder A5.3.1**
Folder B	Folder A2	Folder A5.2	Folder A5.3.2
Folder C	Folder A3	**Folder A5.3**	Folder A5.3.3
Folder D	Folder A4	Folder A5.4	Folder A5.3.4
Folder E	**Folder A5**	Folder A5.5	Folder A5.3.5
Folder F	Folder A6	Folder A5.6	Folder A5.3.6
Folder G	Folder A7	Folder A5.7	Folder A5.3.7
Folder H	Folder A8	Folder A5.8	Folder A5.3.8

曼努埃爾・利馬 Manuel Lima
檔案夾導航橫向樹狀圖選單
Navigational horizontal tree menu
2013 年

這幅樹狀圖為一個運用在許多電腦作業系統上的模型，以每次只展現單一分支的方式，讓使用者能直覺地瀏覽、組織、操作使用檔案和資料夾。這個模型除了能清楚展現層級結構以外，也是層面瀏覽的有效工具。所謂的層面瀏覽，是一個常見的互動設計模式，讓使用者能將多個過濾器應用在單一搜尋中。

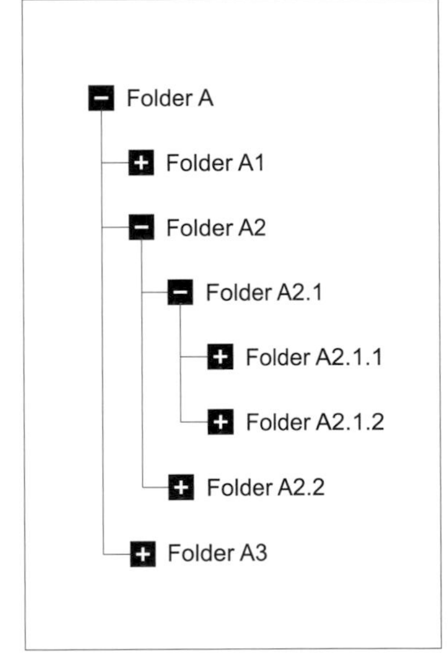

曼努埃爾・利馬 Manuel Lima
縮進樹狀圖 Indented tree
2013 年

這是特殊形式的橫向樹狀圖，被廣泛用來表現數位檔案系統。縮進的文字標籤能強調出層級結構，也有助於快速瀏覽。縮進樹狀圖通常會占據相當的縱向空間，不過由於個別節點可以展開或縮小，讓人能有效地互動探索層級結構。

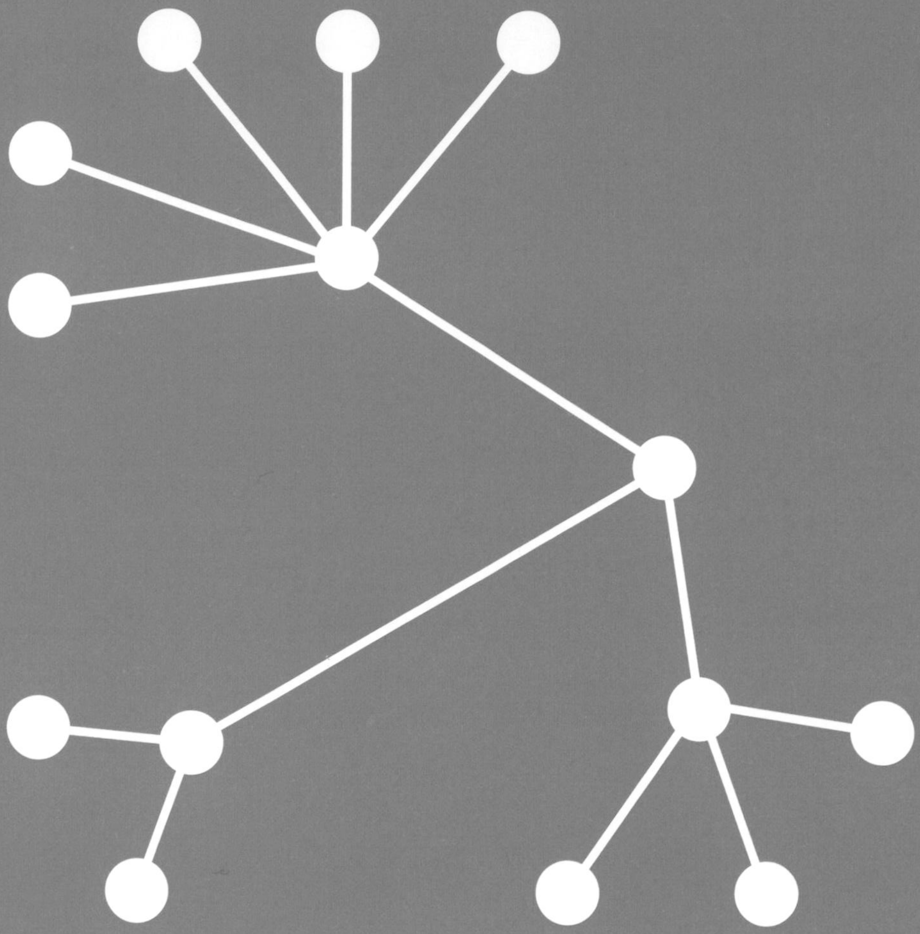

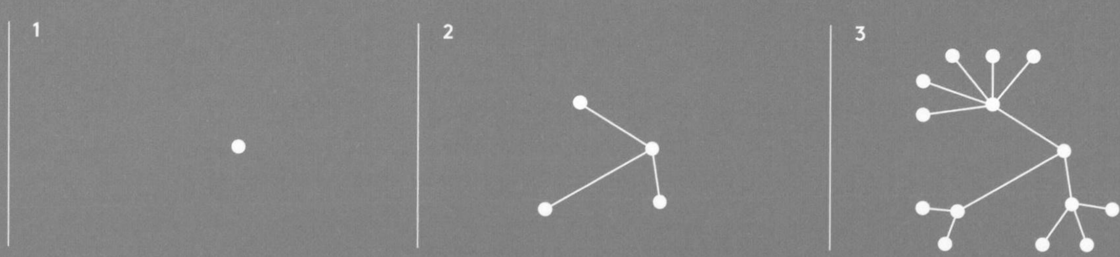
1
2
3

Chapter 04

多向樹狀圖
MULTIDIRECTIONAL TREES

多向樹狀圖能展現靈活的順序，層級分支不拘泥於垂直軸或水平軸，有著自由流動的結構配置。這種樹狀圖從繪製區域內一個最初的根系或源頭開始，多方向地往空間的邊緣延伸，沿著不同路徑移動並週期性地分叉。如此就會形成一種有機且不受拘束的外觀——不過並非混亂無序。事實上，這種模式可能比縱向樹狀圖和橫向樹狀圖還早出現，有些多向樹狀圖甚至可以回溯到公元第五世紀[1]。許多較近期的多向樹狀圖為電腦生成，運用了特定的演算法，以有效利用空間。採用先進的方法，例如力導向演算法，甚至是遺傳演算法，都讓多向樹狀圖成為高效率的節點鏈接變體，而這樣的變體可以透過對空間邊界的靈巧運用來表現大型層級結構。然而，部分因為結構布局的靈活性，多向樹狀圖固有的排序結構並不如其他樹狀圖類型來得容易了解。

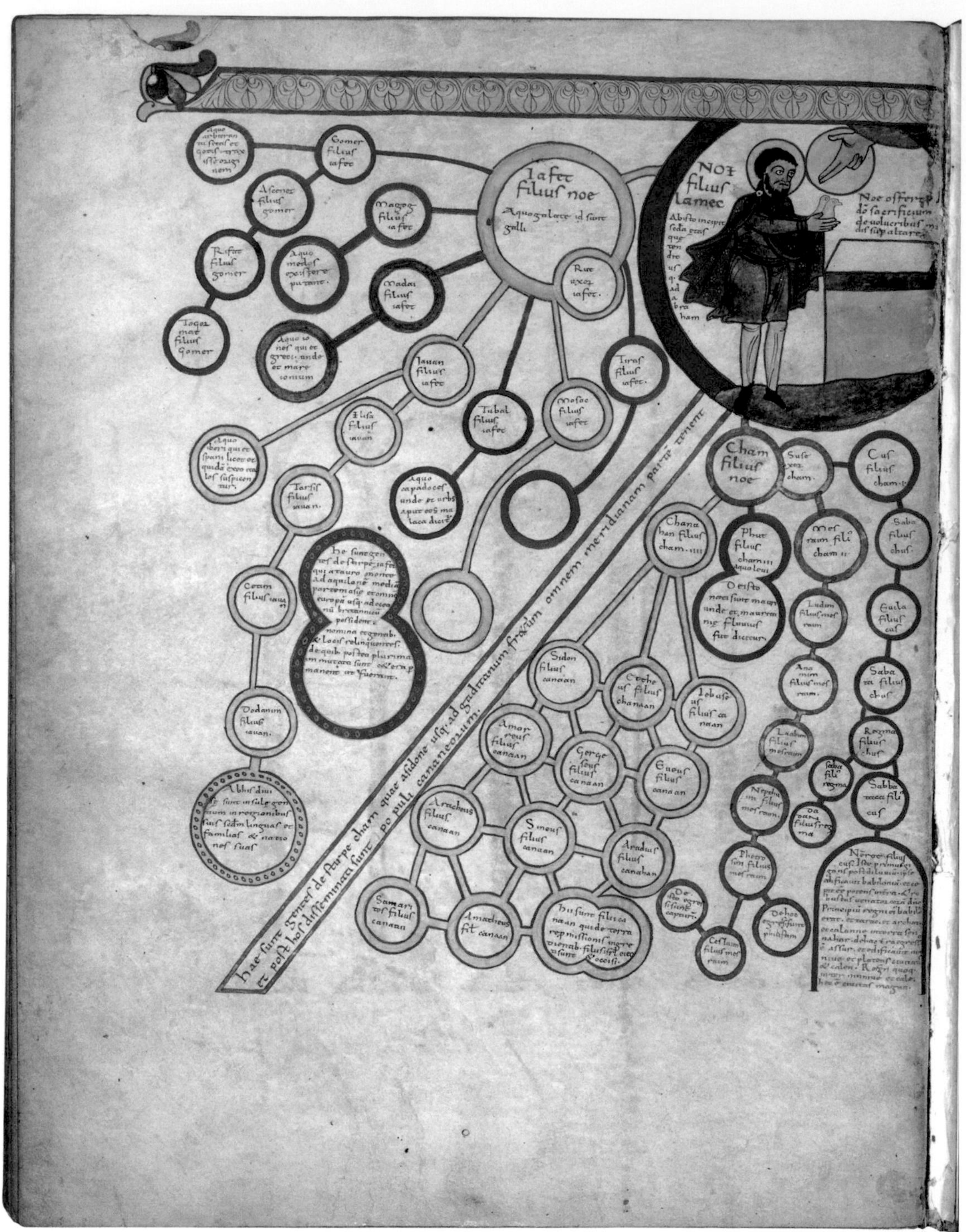

聖經人物系譜

出自史特法努斯・加西亞・普拉西杜斯（Stephanus Garsia Placidus）

《聖瑟韋啟示錄》（*Saint-Sever Beatus*）

約 1060 年

出自《聖瑟韋啟示錄》的插圖，該書為歐洲羅馬式藝術傑作，出自史特法努斯・加西亞・普拉西杜斯之手，他是位多產的西班牙藝術家暨書稿彩飾師，曾替許多古代手稿繪製插畫。《聖瑟韋啟示錄》製作非常精美，以藝術手法表現八世紀西班牙僧侶列瓦納的貝亞圖斯（Beatus of Liébana）的作品，也是《啟示錄評註》（*Commentary*）最完整的文本。手稿由史特法努斯等人在聖瑟韋修道院院長格雷戈里奧・蒙塔納爾（Gregorio Muntaner，1028 年 – 1072 年）的監督下彩飾。這張圖描繪了世界第二時代中從諾亞到亞伯拉罕的父親他拉之間的聖經人物系譜，上面的微型畫是諾亞獻祭兩隻白鴿。

愛之樹 Tree of love

出自曼弗雷・埃爾蒙戈（Matfre Ermengaud）《愛的祈禱書》（*Le Breviari d'amor*）

約 1365 年

這是曼弗雷・埃爾蒙戈繪製的愛的類型學樹狀圖，出自其名作《愛的祈禱書》（參考第二章第 82 頁）。埃爾蒙戈描繪了一棵華麗的樹，系統化地表現出各種可能的愛的類型，例如上帝的愛、男女之間的愛、對孩子的愛，以及對世俗物品的愛。雖然埃爾蒙戈在書中提到這張圖時，都是把它當成單一的樹狀圖，不過這幅樹狀圖的結構其實是多方向的，含有好幾個半獨立的縱向分支。其中最突出的是覆蓋在代表愛的女性形象上的中央主幹，女性頭上的皇冠代表上帝的愛。[2] 在手稿後來的版本中，也出現了許多不同的愛之樹版本，有些還有精美的裝飾圖案。

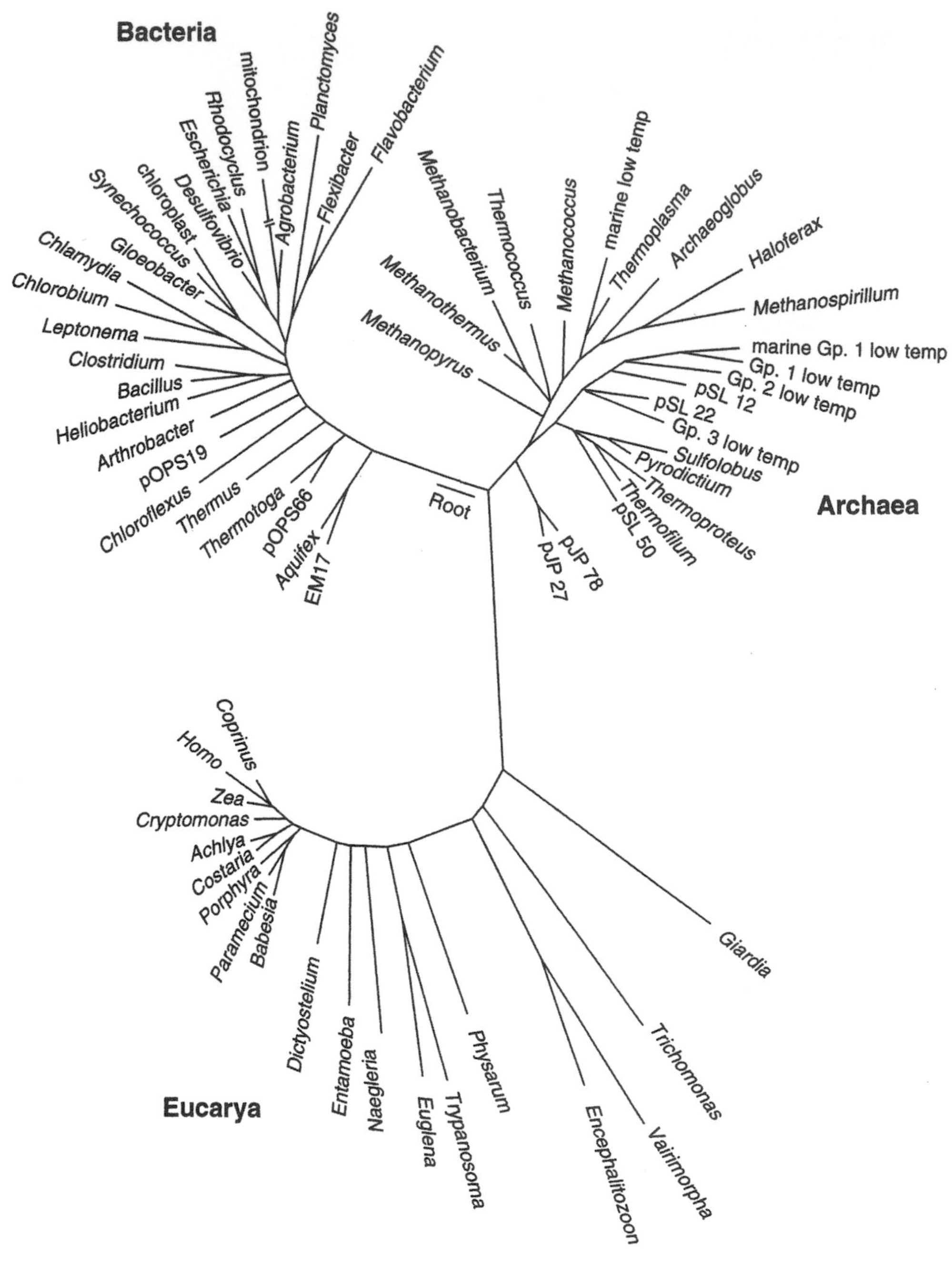

諾曼・佩斯 Norman R. Pace

通用系統發生樹

Universal phylogenetic tree

1997 年

根據 64 個核糖體 RNA 序列繪製的樹狀圖，主要劃分為三個生命的系統發生領域：「細菌」、「古（細）菌」與「真核生物」。

重印自諾曼・佩斯〈從分子角度探討微生物多樣性與生物圈〉（A Molecular View of Microbial Diversity and the Biosphere）。《科學》期刊（*Science*）276, no. 5313（1997 年 5 月）：734-40，已獲得 AAAS 轉載許可。

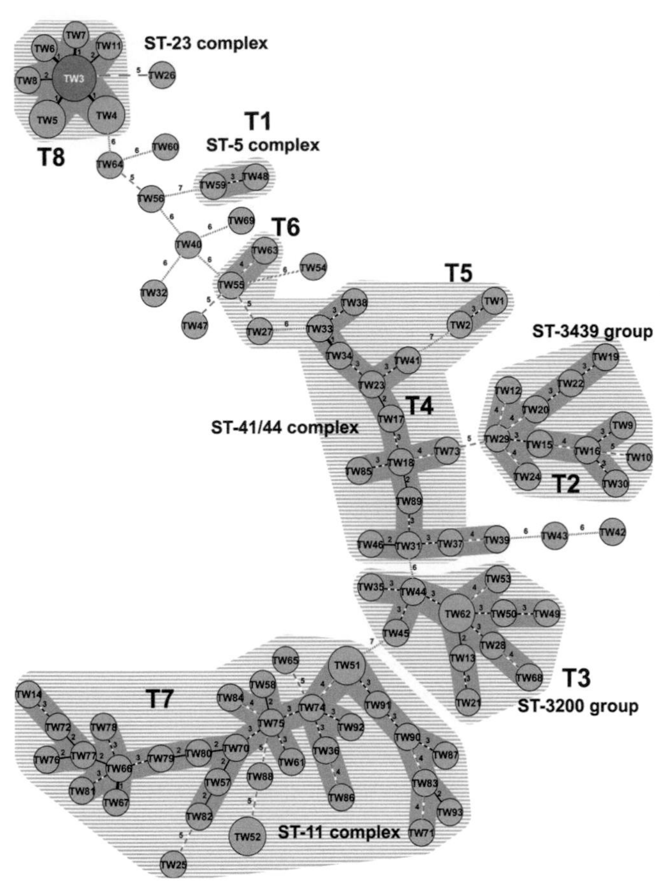

廖璿程 Jui-Cheng Liao
李俊青 Chun-Chin Li
邱乾順 Chien-Shun Chiou
系統發生樹 Phylogenetic tree
2006 年

本圖是描述 93 種不同 MLVA（多位址變異重複序列分析）類型之親緣性的系統發生樹。MLVA 經常被用在微生物如細菌的分子分型技術上。作者群指出：「兩 MLVA 類型之間基因座（染色體上基因或 DNA 序列的特定位置）的差異被標記下來。圓圈大小取決於特定 MLVA 類型的隔離群數量。基因座差異在四個以下的兩三種 MLVA 類型，被劃分為一組。」

馬歇爾・薩拉瑟 Marcel Salathé
網站圖形 Websites as Graphs
2006 年

這是表現雅虎網站主頁 HTML 標籤結構的多向樹狀圖。HTML 是所有網站的通用語言，由巢狀標籤組成——可以利用樹狀圖來簡單描繪的詳細層級結構。薩拉瑟運用顏色來表示各種類型的標籤：藍色（鏈結）、紅色（目錄）、綠色（網頁區域）、紫色（圖像）、黃色（表格）、橘色（換行符號與引言區塊）、黑色（根節點）和灰色（其他標籤）。

史蒂芬妮・波薩維克
Stefanie Posavec
沒有文字的書寫
2008 年

本圖是波薩維克用於《在路上》（*On the Road*）（下頁）之層級結構的釋義圖。這張圖裡青綠色的部分代表一個獨立章節，灰色為該章節的不同段落，每個段落又可劃分成不同的藍色句子，句子最後又被分成棕色的文字。

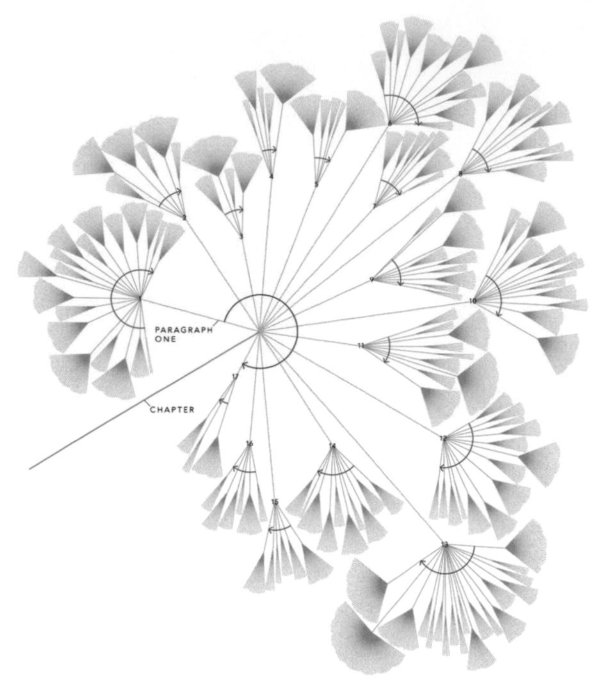

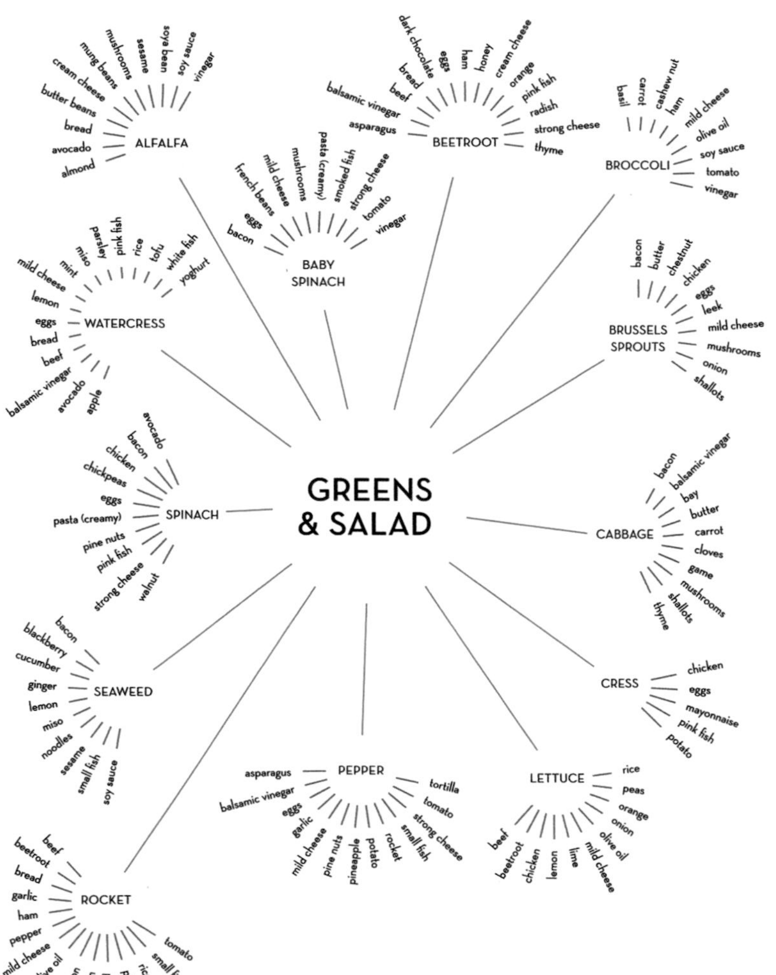

味蕾
出自大衛・麥肯迪尼斯（David McCandless）與薇洛・泰爾（Willow Tyrer）《資訊之美》（*Information Is Beautiful*）
2008 年

此圖出自《資訊之美》（HarperCollins, 2009 年），作者在分析超過一千則食譜後，以用於烹調各種蔬菜如青花椰菜、高麗菜、萵苣和菠菜等所使用的調味料與配料為題，繪製出視覺化呈現。

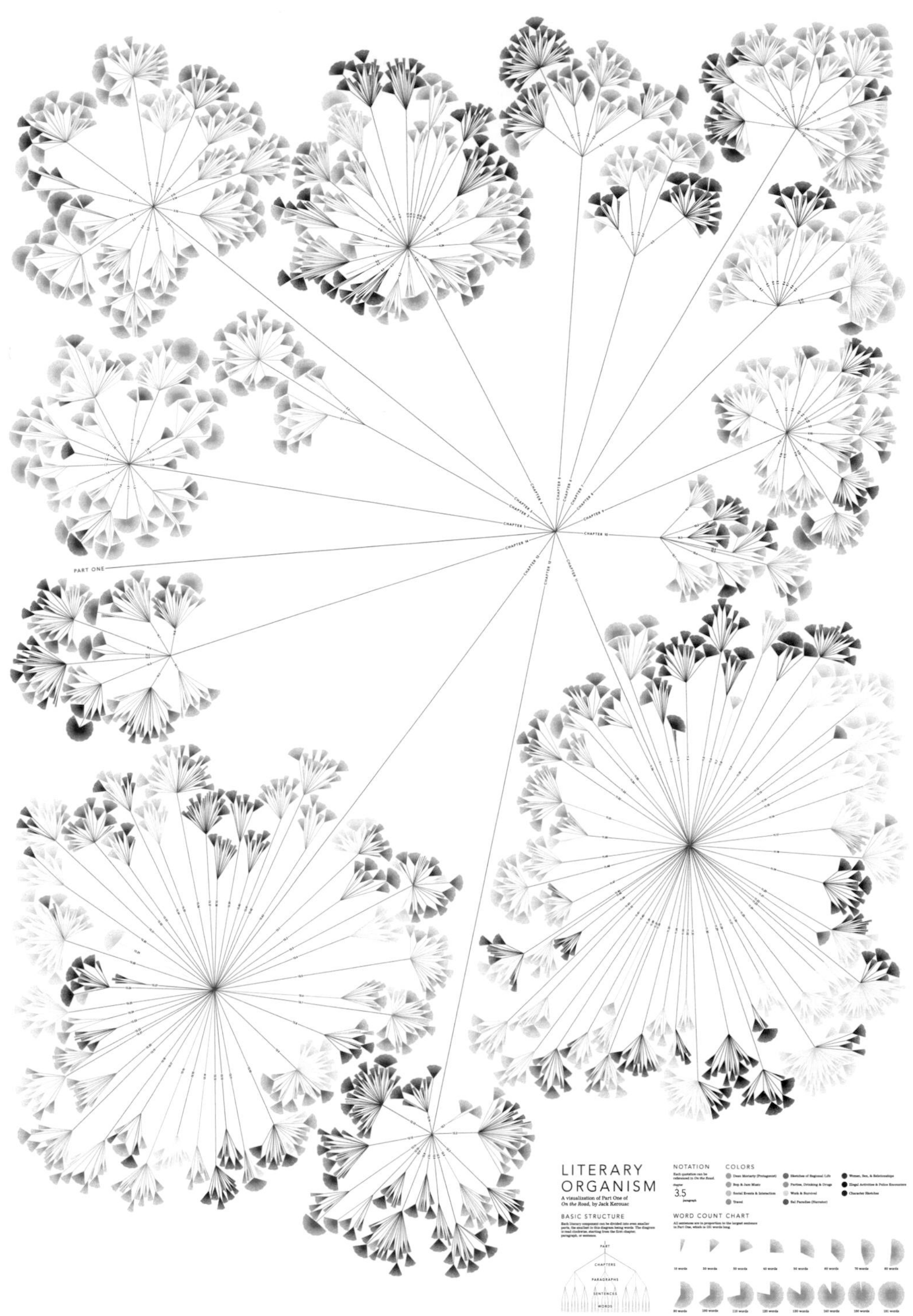

史蒂芬妮・波薩維克
沒有文字的書寫
2008 年

這幅手繪的多向樹狀圖，描繪的是傑克・凱魯亞克（Jack Kerouac）作品《在路上》（1957 年出版）第一部分的結構。每個文字組成的部分都被按層級劃分成更小的單位，從章節（由中央分叉出來的黑色分支）、段落、文句，以及最後的文字——圖中最小的彩色線條。顏色和波薩維克在書中找到的十一個主題類別有關，例如「旅行」、「社群活動與互動」和「工作與生存」等，分別用不同的顏色來表示。

奧利・拉胡埃勒 Oli Laruelle
無形的承諾
2009 年（上圖與前頁）

此圖表現的是一開放原始碼軟體開發計畫背後的數據與精力，圖中涉及有關處理程序原始碼的部分。這幅樹狀圖的分支結構代表開發團隊使用的檔案夾與代碼。分支的粗細取決於開發人員打開特定資料夾的頻率，長度則與子資料夾的數量成比例。分支末端的果實代表資料夾裡的檔案，按照檔案的副檔名來排列。果實上的每個點分別代表副檔名的一個字母，按字母表的順序排列：a 和 z 距離最遠，a 和 b 距離最近。

Animalia
Fungi
Archaea
Life on Earth
Bacteria
Protista etc.
Plantae
Homo sapiens

胡一凡 Yifan Hu，AT&T 實驗室

生命樹 The Tree of Life

2011 年

這幅複雜的樹狀圖描繪的是 93891 種生物的種系發生，運用線上大型生物多樣性合作計畫「生命之樹」（Tree of Life Web Project）的數據來表現物種譜系和演化的歷史。這棵樹從左下方開始——紅色標示的「地球上的生命」(Life on Earth)，分出三個主要分支，分別為緊鄰根部的「細菌」(Bacteria) 和「古（細）菌」(Archaea)，以及「真核生物」(Eukarya)。「真核生物」是三個分支中範圍最大的，又分成「真菌界」(Fungi)、「原生生物界」(Protista)、靠近根部的「植物界」(Plantae) 與朝樹狀圖的右上方延伸發展的「動物界」(Animalia)。單一色點代表一個物種或物種群，以一個邊（分支）和較高等的物種相連。雖然看起來很複雜，所用上的數據並非實際狀況的忠實呈現，只是表現出所有現存物種的極小部分，讓動物界看起來大得不成比例（這是由於動物界具有大量索引數據之故）。

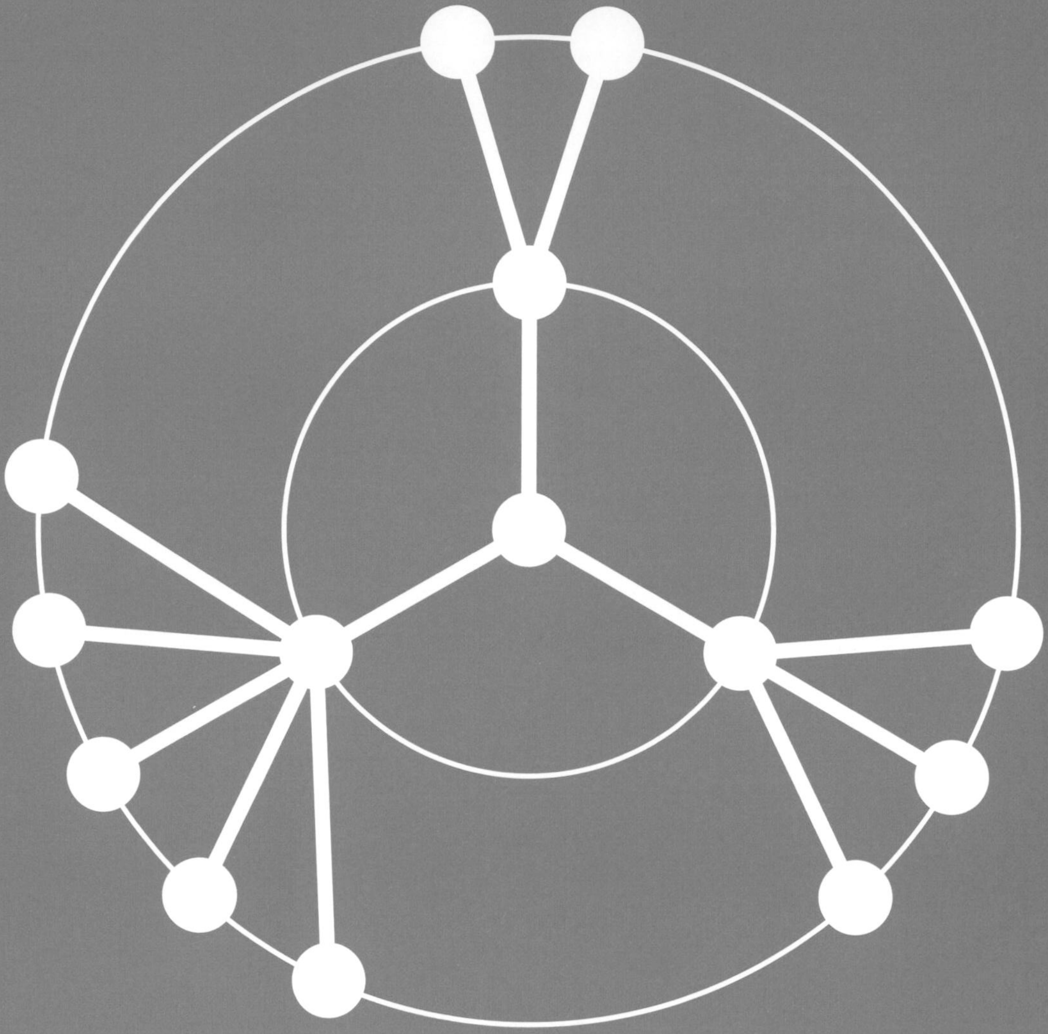

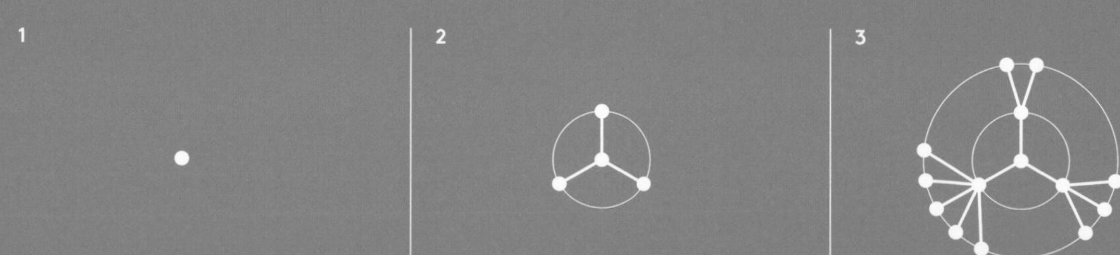
1
2
3

Chapter 05

放射樹狀圖

RADIAL TREES

圓形是世界上最常見的象徵符號之一，自人類出現以來，從圓形衍生出的變體形式，有著非常廣泛的運用範圍。圓形與整體、完整和無限的概念有關，從製圖學、天文學到物理學和幾何等許多思想體系，圓形都是重要的視覺象徵。因此，圓形最終成為層級結構的表現方式，也是無可避免的結果。最常見的放射狀結構將樹根、根源或原點放在圖的中心，分支結構朝圓形外圍延伸，形成一系列同心圓。一系列的導向環可以增進層次感並提供對稱的平衡感，不過導向環有時是隱形的。放射樹狀圖的主要優點之一，在於穩當且絕佳的空間利用；與縱向樹狀圖和橫向樹狀圖相較之下，放射樹狀圖很容易就能塞進一個有限的正方形範圍裡。目前，放射樹狀圖已受到廣泛運用，而且在系譜關係和系統發生關係的描繪上更是特別受歡迎。

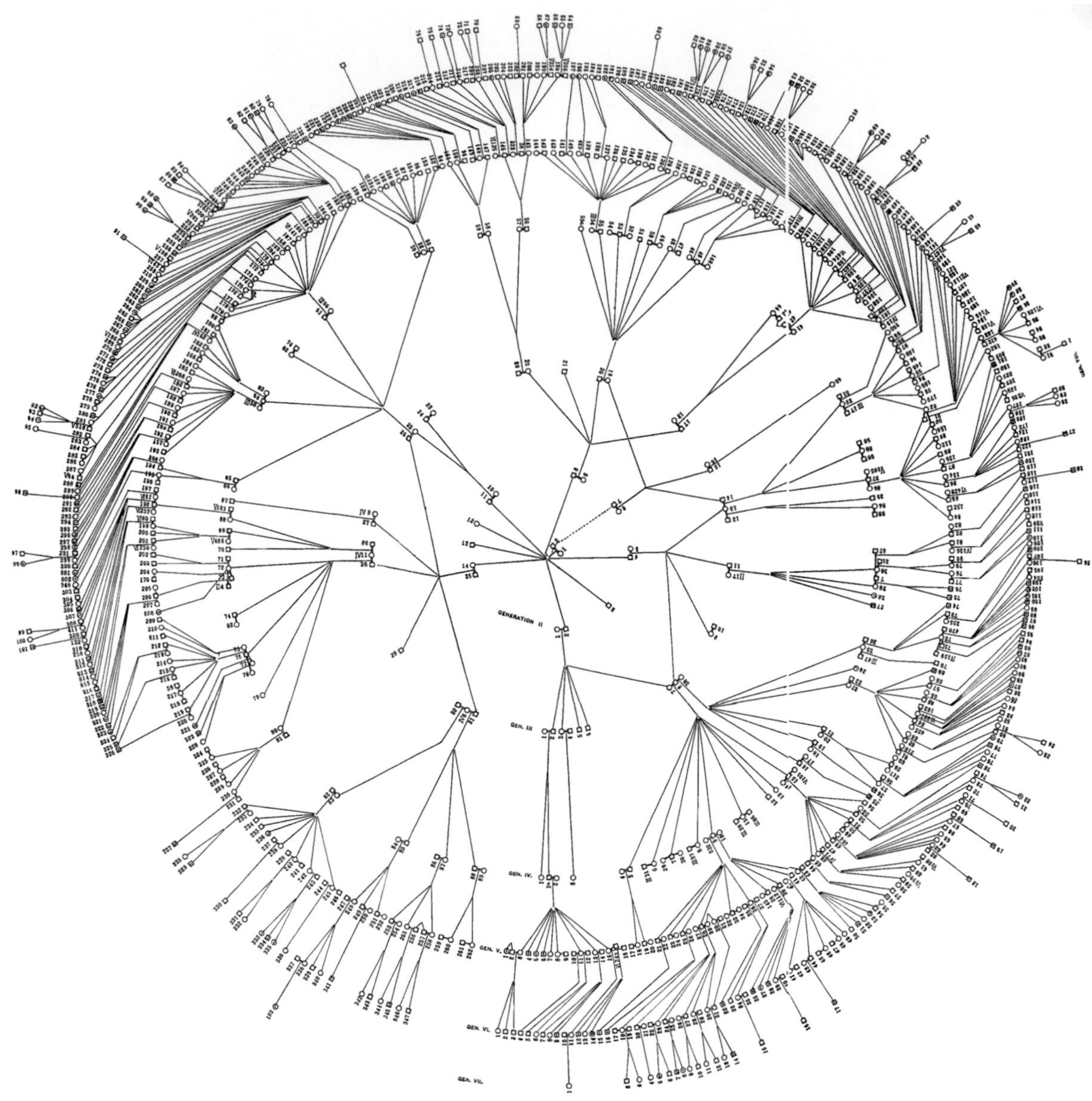

南姆家族系譜樹
出自亞瑟・霍華德・埃斯塔布魯克（Arthur Howard Estabrook）與查爾斯・班尼狄克・達文波特（Charles Benedict Davenport）《南姆家族：劣生學研究》（*The Nam Family: A Study in Cacogenics*）
1912 年

本圖為南姆家族的放射狀系譜樹（參考第二章第 90 頁）。正方形代表男性，圓形代表女性。正方形中的數字代表所有男性的人數，從中心依序往邊緣移動的羅馬數字則代表世代。

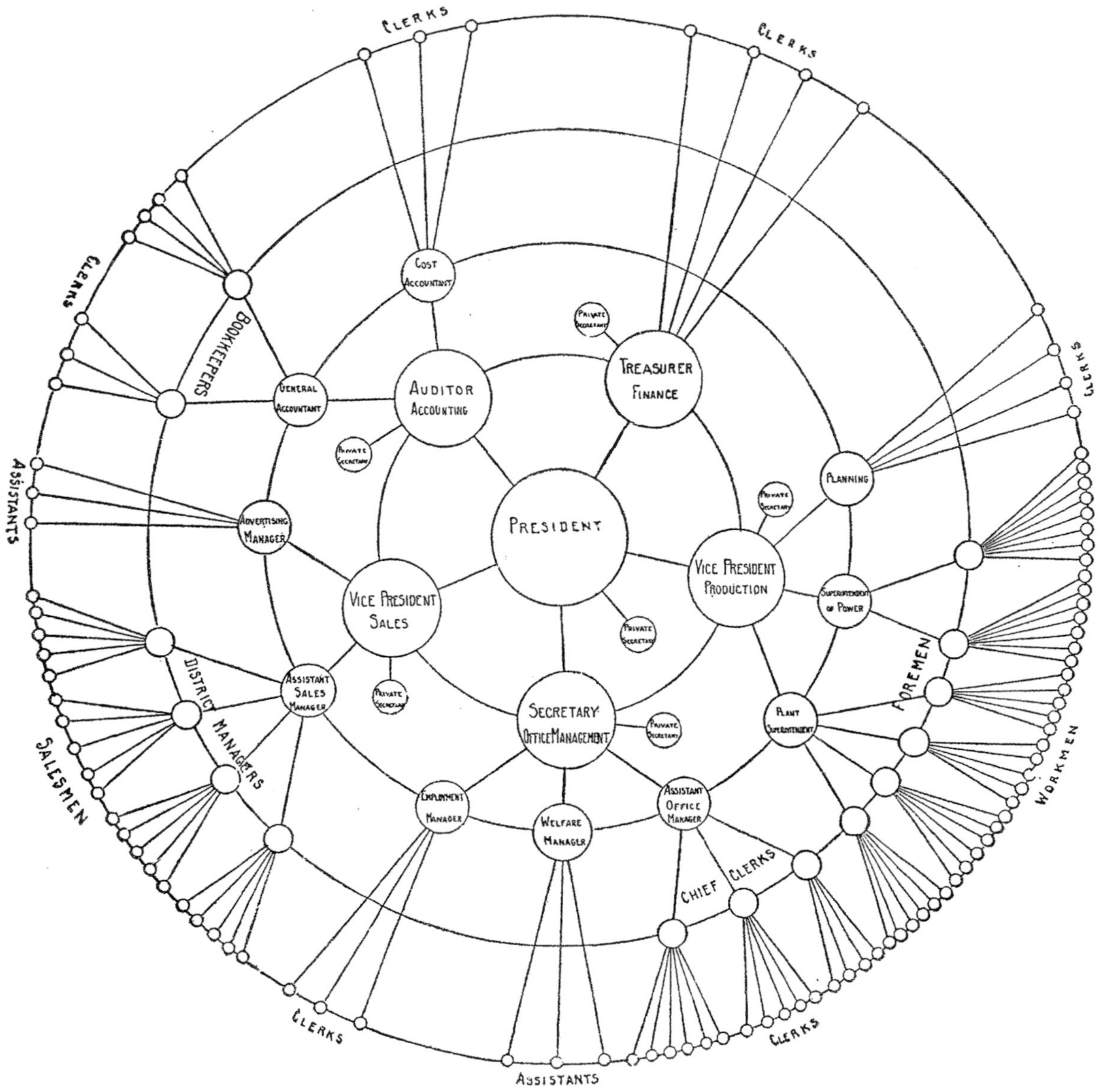

組織結構圖

出自威廉・亨利・史密斯（William Henry Smith）《管理學統計圖表》（*Graphic Statistics in Management*）

1924 年

放射狀的組織結構圖能突顯出大多數公司集權化的決策過程，圖形中央一般是董事長的位置，相繼的同心圓則依序為不同階級的經理和職員。受工業革命影響的基本理性化過程，化為一股核心動力，使以集權式分級管理為基礎的官僚主義、企業排名和管理模式逐漸成形。十九世紀下半葉和二十世紀初，許多類似的圖表紛紛出現，以樹狀圖來描繪愈形複雜的企業結構。

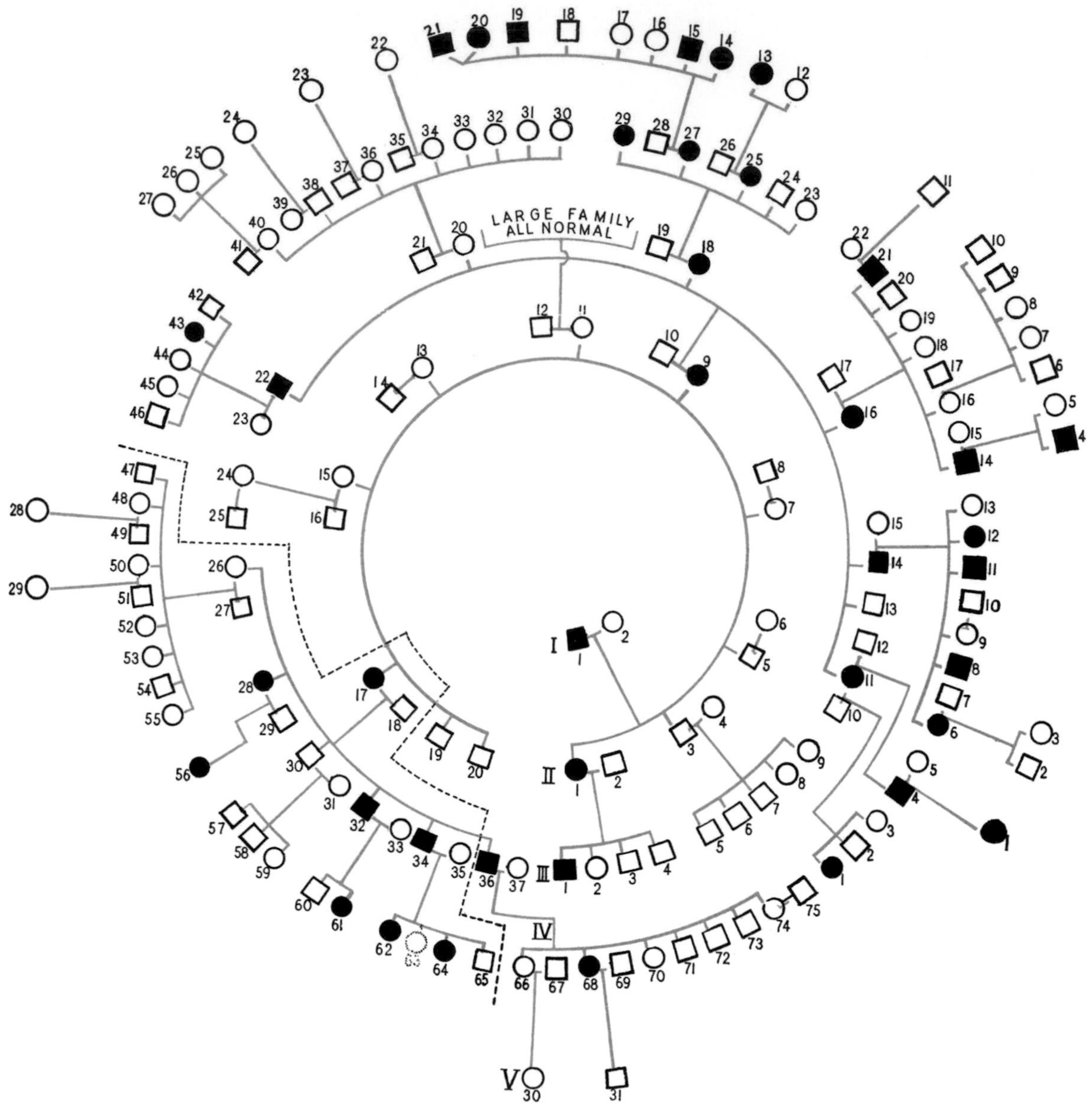

馬爾勒・沃爾特 Marle R. Walter

家譜圖 Pedigree chart

1938 年

這幅放射樹狀圖表現的是美國西維吉尼亞州一個山地大家族五代人的家譜，為關於繼承的社會學研究的一部分。

轉載自馬爾勒・沃爾特〈短足趾的五代人〉（Five Generations of Short Digits），《牛津遺傳期刊》（*Oxford Journal of Heredity*）29, no. 4: 143 - 44，牛津大學出版社允許轉載。

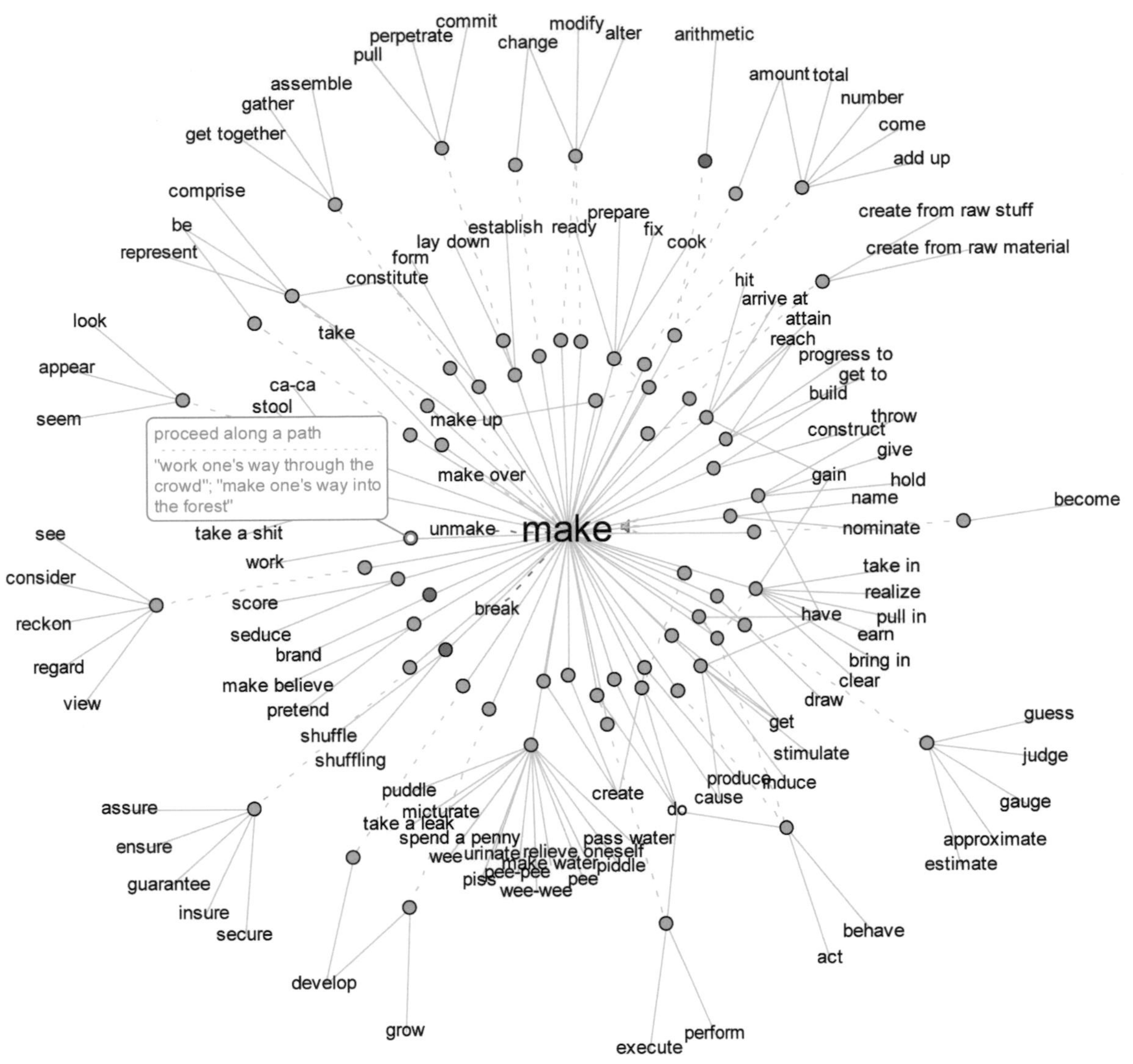

Thinkmap 軟體開發公司

視覺詞庫 Visual Thesaurus

2005 年

這幅樹狀圖為《視覺詞庫》(*Visual Thesaurus*)的文字圖。《視覺詞庫》是互動式字典和辭典，能製作出具有許多不同意義並以分支連接相關單詞的文字圖。這個創新的應用程式是該類型的首創，至今仍然存在，曾經替許多仿效者帶來啟發。對許多數位詞庫和文本視覺化表現而言，這個向外延伸的動態樹狀圖已成為極受歡迎的互動模式。

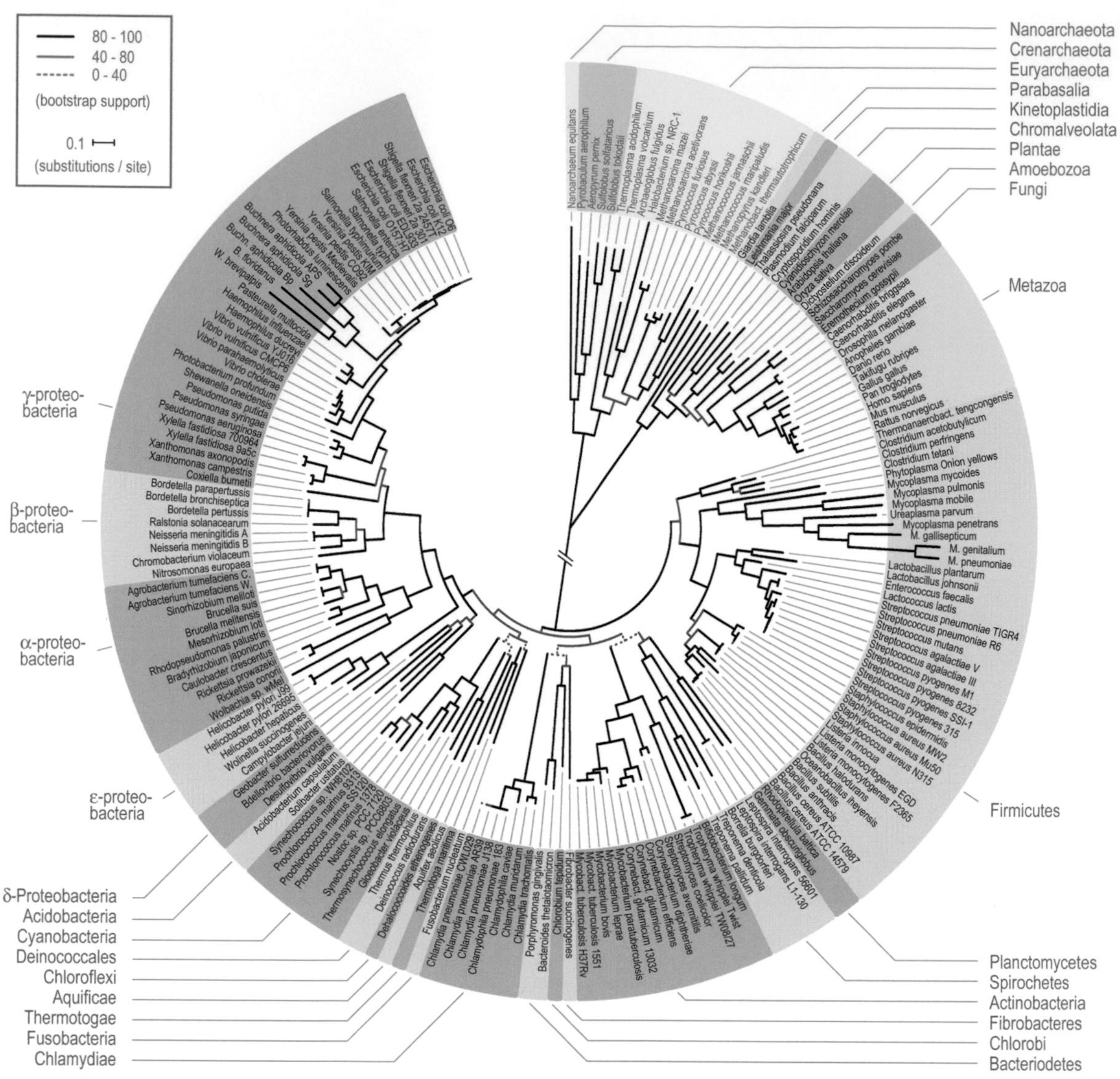

齊卡瑞利、伯克、克里維、史內爾、梅林

Francesca Ciccarelli, Peer Bork, Chris Creevey, Berend Snel, Christian von Mering

生命樹 Tree of Life

2006 年

這幅放射樹狀圖描繪的是 191 個有全基因組定序之物種的演化關係（系統發生）（參考第四章第 114 頁與第 121 頁）。這裡的演化關係是利用放射狀支序圖技術來表現——這是系統發生學和遺傳分類學（按系統發生關係替生物分組）中非常受歡迎的模式，使用不同長度的巢狀線條來構成分叉圖形，來表示世代。這幅樹狀圖有三個主要部分，分別對應到細胞生物的三個領域：「古菌域」（綠色）、「真核生物域」（紅色）與「細菌域」（藍色），其中以細菌域的物種數最多。標籤與顏色濃淡處理代表常用的次級分類。

轉載法蘭切絲卡・齊卡瑞利、皮爾・伯克、克里斯・克里維、貝倫德・史內爾與克里斯蒂安・凡・梅林〈邁向高精度生命樹之自動重構〉（Toward Automatic Reconstruction of a Highly Resolved Tree of Life），《科學》（*Science*）311, no. 5765 (March 2006): 1283 - 87，AAAS 允許轉載，感謝法蘭切絲卡・齊卡瑞利提供圖像。

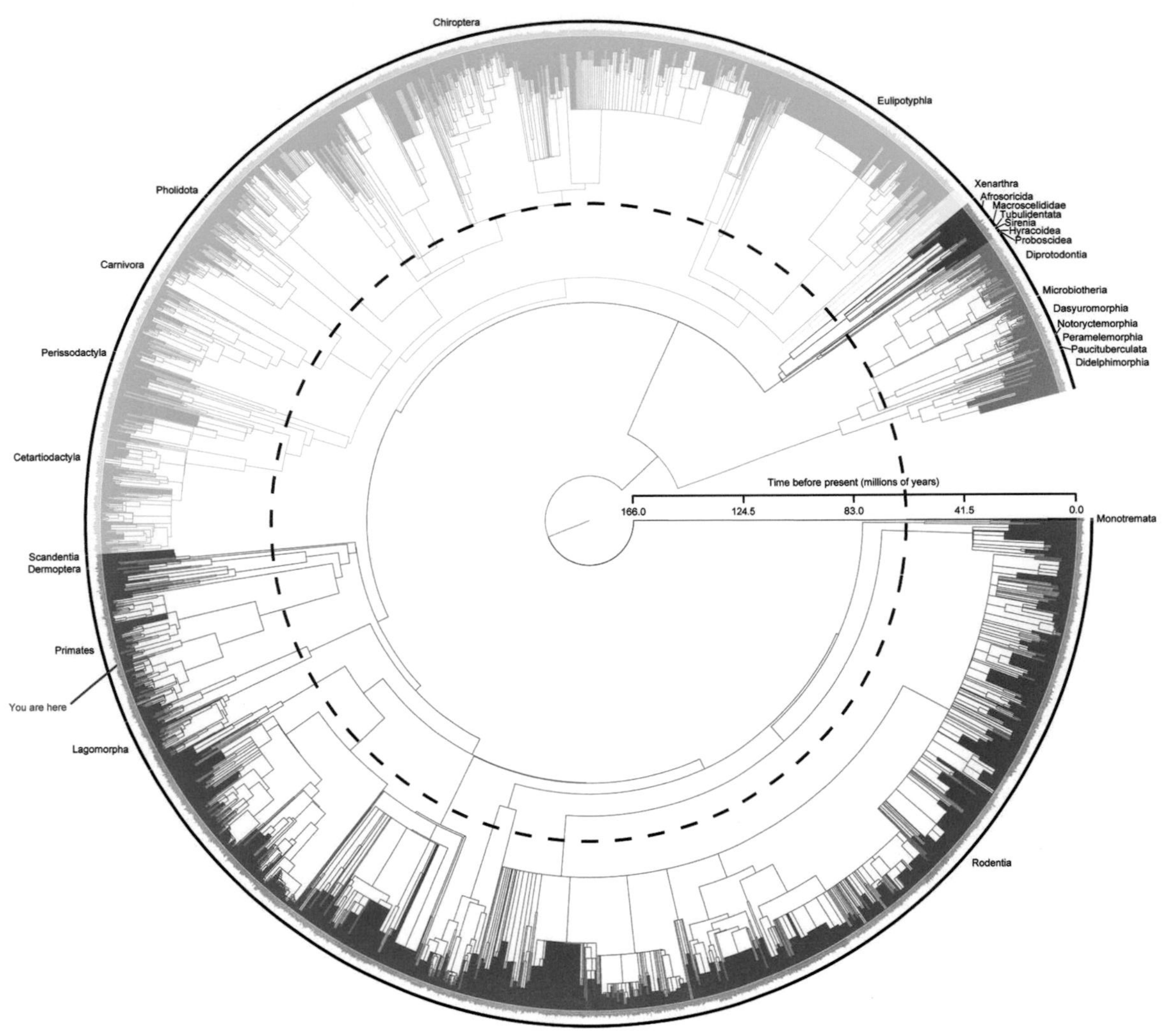

艾蒙茲、卡狄洛、瓊斯、麥克菲、貝克、格倫耶、普萊斯、沃斯、吉特勒曼、普維斯

Olaf Bininda-Emonds, Marcel Cardillo, Kate Jones, Ross MacPhee, Robin Beck, Rich Grenyer, Samantha Price, Rutger Vos, John Gittleman, Andy Purvis

物種級別的哺乳動物超級分類樹

2007 年

這是第一幅完整展現所有現存哺乳動物物種的系統發生樹。研究人員運用這幅包括約四千物種的超級樹狀圖，藉由揭露峰值和數千萬年前的幾個分支，來說明哺乳動物的多樣化並沒有因為六千五百萬年前的恐龍大滅絕而受到太多影響。就如前一幅樹狀圖，物種之間的關係是以支序圖的方式來表現。分支的顏色代表主要的哺乳動物類別，按順時鐘方向分別是單孔目（黑色）、靈長總目（紅色）、勞亞獸總目（綠色）、異關節目（黃色）、非洲獸總目（藍色）和有袋目（橘色）。

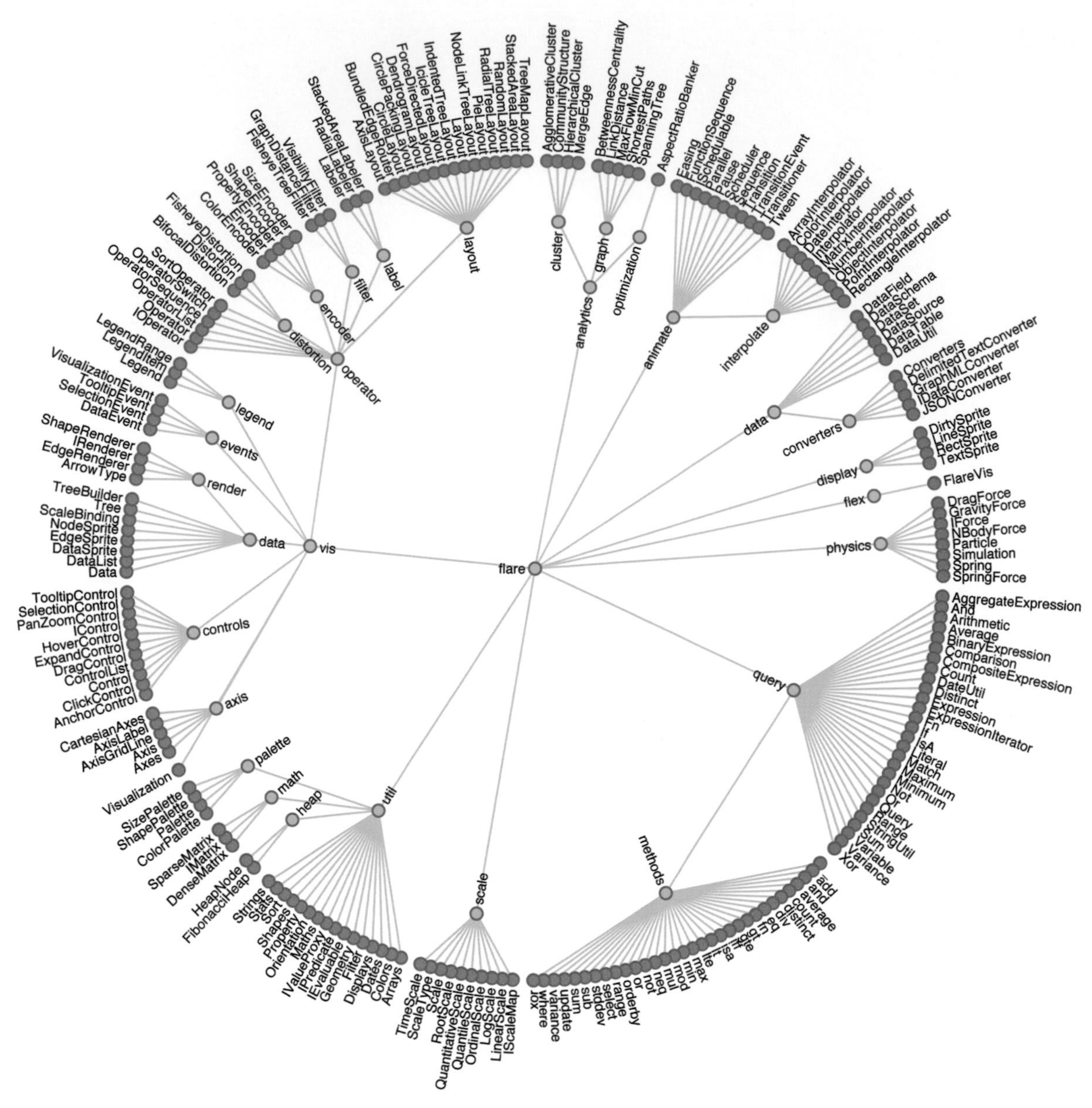

赫爾、保斯托和奧吉耶弗斯基
Jeffrey Heer, Michael Bostock,
Vadim Ogievetsky

Flare 套件樹狀圖

2010 年

這幅放射樹狀圖是藉著展現各種層級分類的方式，來表現開放原始碼軟體套件 Flare 視覺化工具包之代碼結構的視覺化圖形（參考第二章第 93 頁）。

塞維里諾・利貝卡
Severino Ribecca
希臘神話人物系譜圖
2011 年

這幅樹狀圖是大型系譜圖，描繪了希臘諸神、神話生物和寓言故事人物之間的各種關係。樹狀圖從根部「混沌」開始向外放射，同心圓的第一環共有十一個始祖創世神，包括蓋婭、阿南刻、厄洛斯、法涅斯與倪克斯。圖中最大的分支從大地之母蓋婭往下，再分成五個分支，其中子孫最多的是蓬托斯與烏拉諾斯。

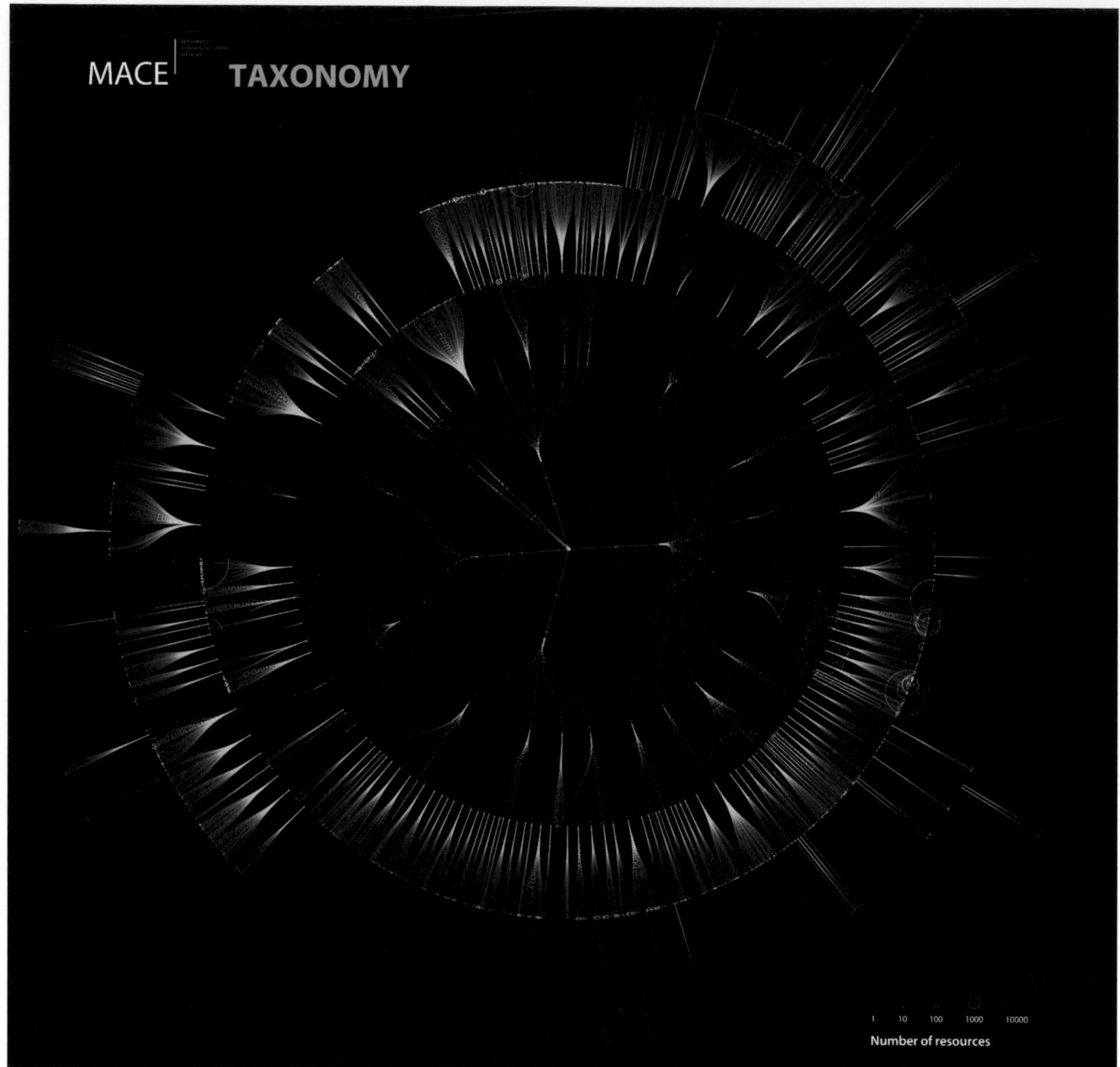

莫里茲・史特凡納
Moritz Stefaner
MACE 分類法
2011 年

這幅放射樹狀圖為「歐洲建築學目錄元數據」（MACE）所採用的分類使用模式。這張圖展現出該系統採用不同語言超過兩千八百個標籤的層級結構，每個分支都會形成特化路徑，從比較一般的標籤一直延伸到比較特定的標籤。特定節點上有不同大小的圓形相疊，代表該標籤相關的資源，也進一步顯示該標籤在整個分類中的使用量。

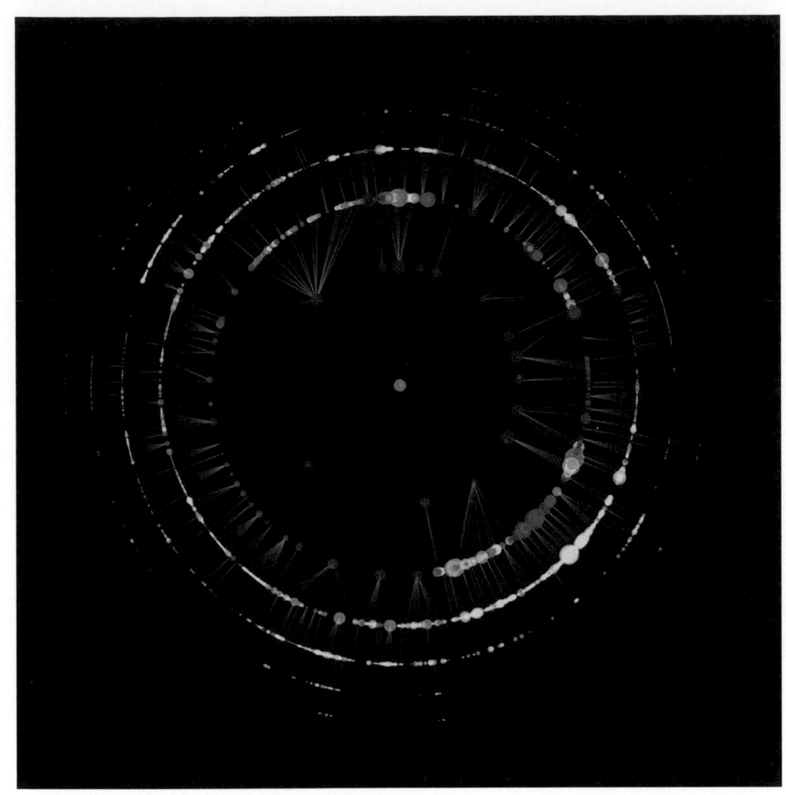

沃特・凡・登・布洛克
Wouter Van den Broeck
克里斯蒂安・帝曼
Christian Thiemann
SPaTo 在 GLEAMviz 模擬應用程式的視覺化圖形
2012 年

本圖為以 GLEAMviz 模擬應用程式製作的 SPaTo 動態視覺化圖像的定格圖。GLEAMviz 模擬應用程式可以幫助研究人員和決策者預測全球傳染病傳播與干預策略的潛在影響。這幅樹狀圖運用了同心圓布局，圖中節點代表世界各地商業機場周圍的人口密集區。位於同心圓中央的根節點代表傳染病爆發的地點，同心圓外緣代表人口密集區的直航往來關係。因此，這幅樹狀圖能顯示出傳染病隨著受感染個體旅行而傳播至世界各地的最快路徑。節點的顏色取決於特定人口密集區在特定日期的當日新感染者人數：白色表示沒有人受到感染；黃色表示少數人受到感染；紅色表示感染人數眾多。每個節點的大小也和人口數量成比例。

放射樹狀圖
出自哈特姆特・勃納克（Hartmut Bohnacker）、班乃迪克特・葛羅斯（Benedikt Groß）、茱莉亞・勞勃（Julia Laub）與克勞帝厄斯・拉澤洛尼（Claudius Lazzeroni）《生成設計：以 Processing 程式語言進行視覺化、程式設計與創建》（*Generative Design: Visualize, Program, and Create with Processing*）
2012 年

這幅樹狀圖表現的是《生成設計》一書內發表的一個圖像文件夾。這本書令人印象深刻，介紹了製作自動生成之設計作品的新方法、流程和實驗，其中有許多都是運用層級樹狀圖來說明。這張圖的每個節點代表結構裡的特定文件夾。顏色取決於最後修改日期，日期最近者顏色最淺，最早的顏色最深。

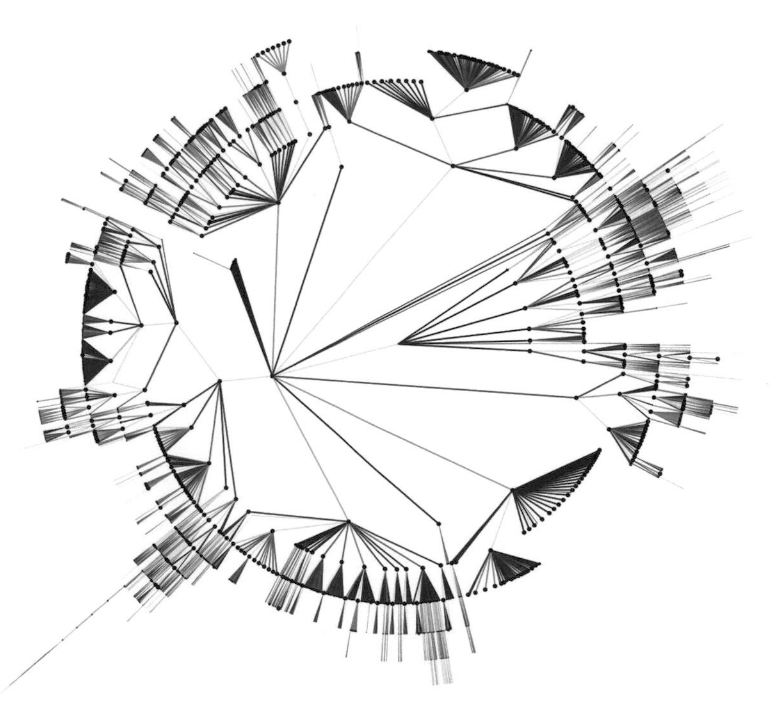

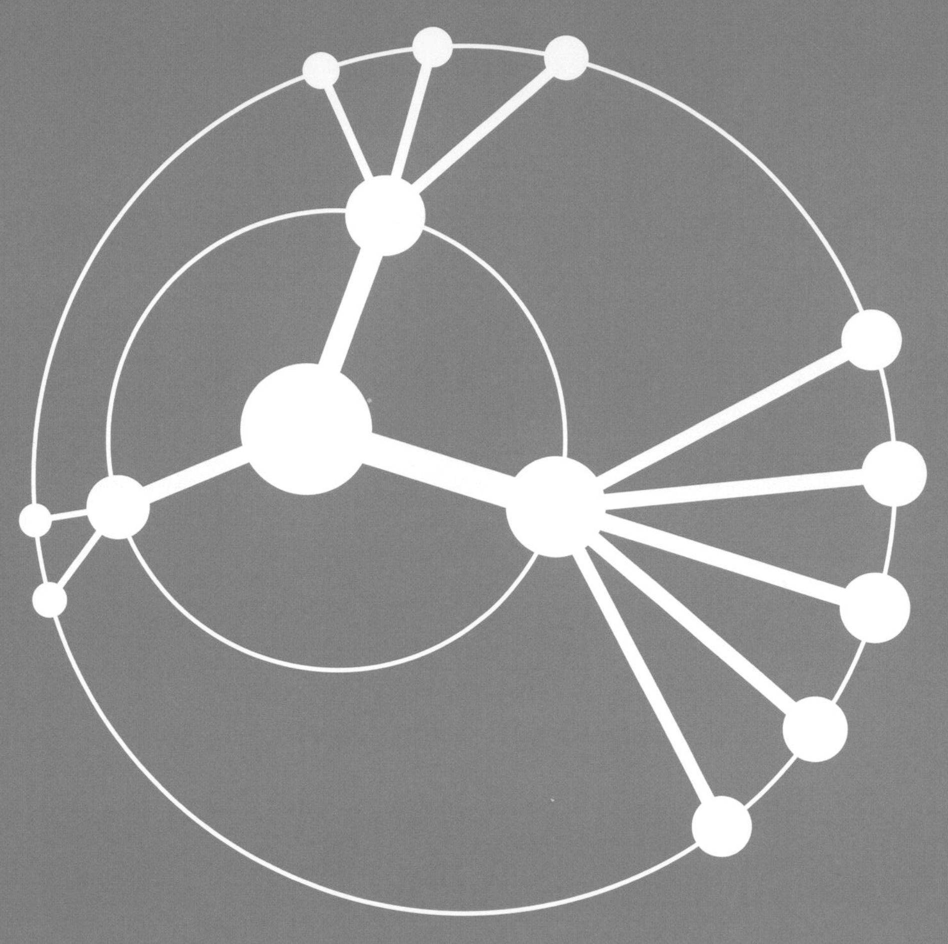

1

2

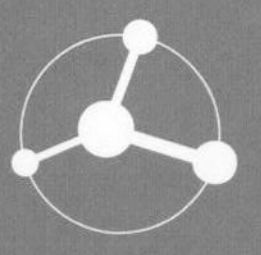

3

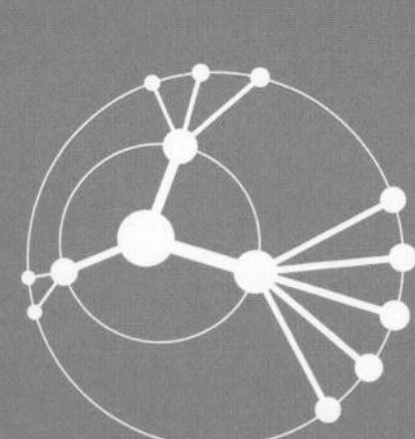

Chapter 06

雙曲樹狀圖
HYPERBOLIC TREES

雙曲樹狀圖是放射樹狀圖的變體，出現的時間較近代，是一種利用電腦輔助，以先進演算法生成的視覺化圖形。製作圖像時，放射樹狀圖通常運用線性幾何，以類似的方式來處理所有節點和其各自的鏈結，雙曲樹狀圖運用的則是「焦點和脈絡」（focus and context）的技巧，強調特定一組節點，將這組節點放在中心並將之放大，忽略其他從屬節點，讓它們逐漸變小，愈來愈靠近外圍。雖然雙曲樹狀圖和放射樹狀圖採用一樣的排序原則，都是以一系列同心圓為基礎，雙曲樹狀圖並非在傳統的歐幾里得空間內操作，而是按雙曲幾何原理，在球形負曲率模型裡運行。由於雙曲樹狀圖有放大的特性，非常適合用來在有限的螢幕空間中展現和操控大型層級結構。雙曲樹狀圖是適合直接操控的視覺化圖像，所以少見於印刷品，幾乎只出現在數位領域。

約翰・蘭平、拉瑪納・拉奧、彼得・皮羅里

John Lamping, Ramana Rao, Peter Pirolli

運用雙曲幾何的層級結構圖

1995 年

這些圖形是已知最早的雙曲樹狀圖，由一群全錄帕羅奧多研究中心的研究人員於 1995 年繪製而成。當時，「焦點和脈絡」的技術已獲得證實，能成功應用在許多視覺化實驗中。所謂「焦點和脈絡」的技術，指的是能提供系統主要組件之完整細節（焦點），同時又能在外圍提供綜觀的方法（脈絡）。作者受到莫里茲・柯尼利斯・艾雪（M. C. Escher）的木刻版畫作品〈圓極限 IV〉（*Circle Limit IV*），又稱〈天堂和地獄〉（*Heaven and Hell*）以及早期「焦點和脈絡」法的成功所啟發，引進了能將大型層級結構視覺化並加以操控的雙曲線瀏覽。根據作者群的說法，「這個方法的本質是要讓層級結構能在雙曲平面上以統一的方法展開，並將這個平面映射到圓形的顯示區域」，如此一來，該顯示區域又能反過來「幫助焦點和脈絡順利融合，同時支持焦點持續定向」。[1] 這種雙曲幾何的原創性運用導致許多後續計畫的發生，而且至今的影響力仍然不減。

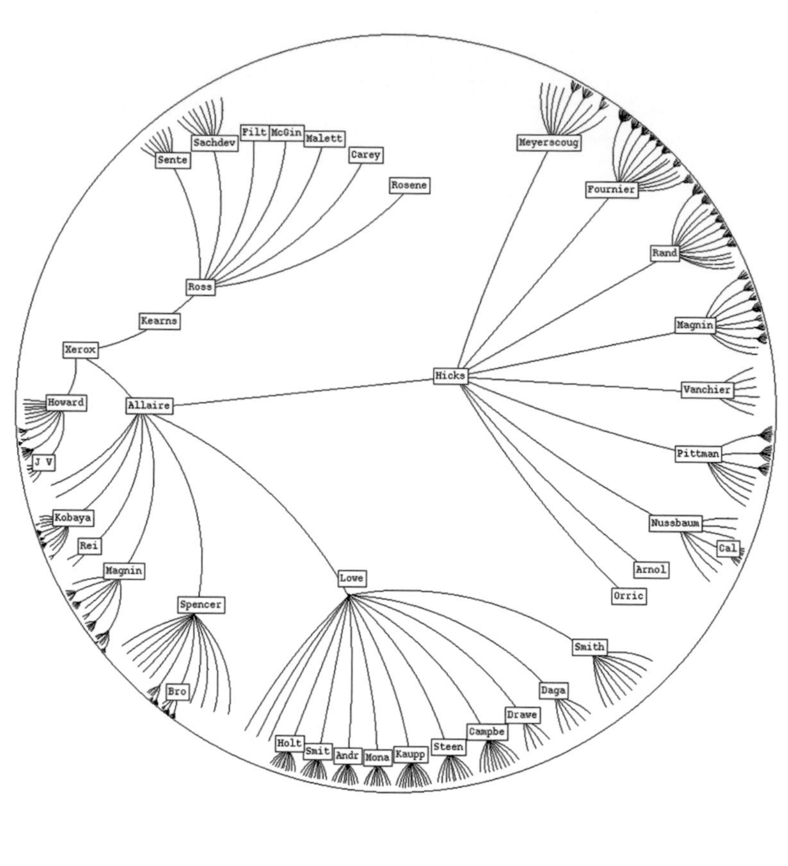

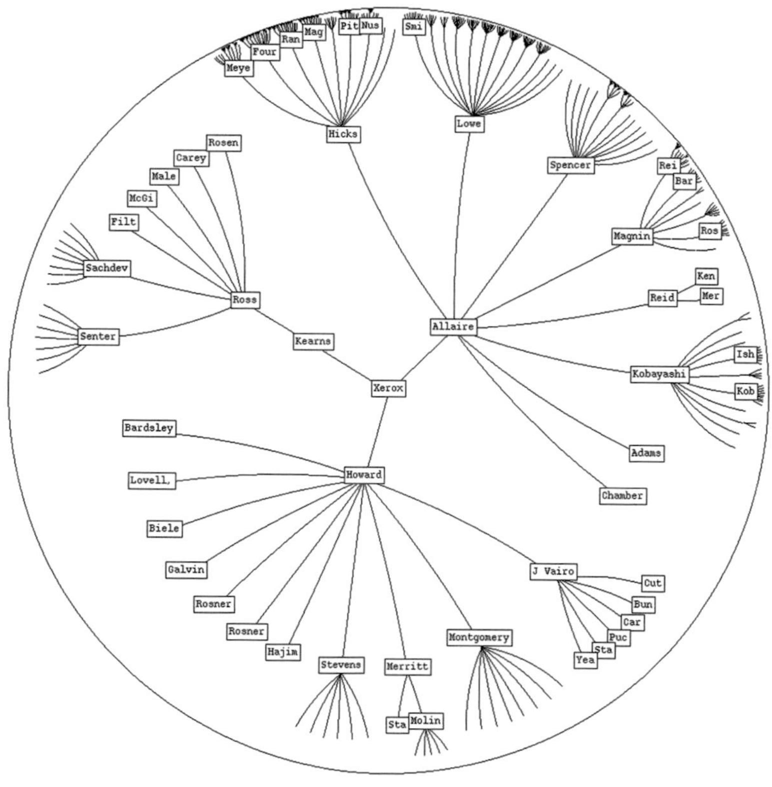

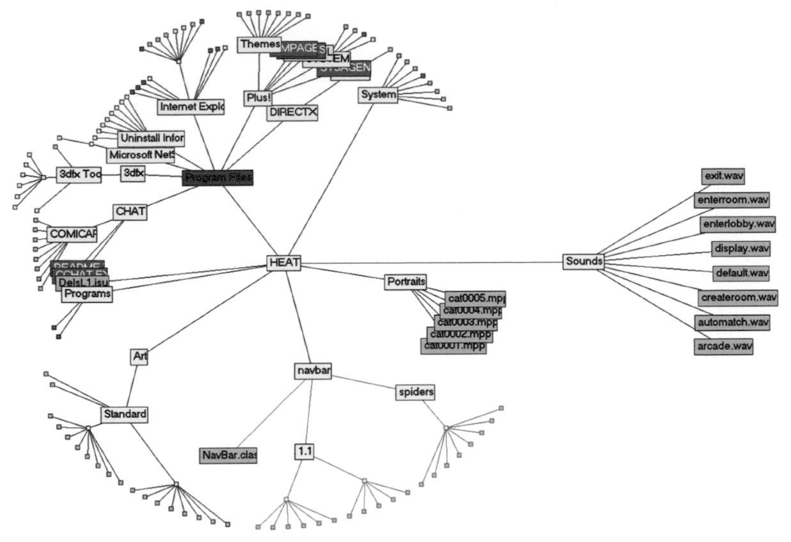

里卡多・安德雷德・卡瓦
Ricardo Andrade Cava
卡拉・瑪麗亞・達・薩索・弗雷塔斯
Carla Maria Dal Sasso Freitas
雙焦樹狀圖 Bifocal tree
2001 年

這幅樹狀圖是巴西一群研究人員開發的成果，運用「雙焦樹」技術來進行層級結構的視覺化。雙焦樹以「焦點和脈絡」技術為基礎，被分成兩個獨立的子圖：一個具有自身焦點節點的細節區域，以及另一個描繪子母分支的脈絡區域。每個子圖都採用放射狀布局，把選定的節點置於圓形中央，其分支則以擴散出去的同心圓表示。

伯納德・布
Bernard Bou
Treebolic 樹狀圖
2003 年

此圖為以 Treebolic 生成的雙曲樹狀圖，描繪的是動物界的各綱和物種。樹狀圖的根源位於哺乳綱，以紅色表示。Treebolic 是一個 Java 組件（小工具），其目的在於以雙曲樹狀圖的方式來展現層級數據。樹狀圖上有節點也有邊界，不過展現空間則受到「焦點和脈絡」技術典型的特定曲率所支配，將更多空間分配給焦點節點，而處於同一視覺脈絡下的子母節點，所分配到的空間則小了一些。

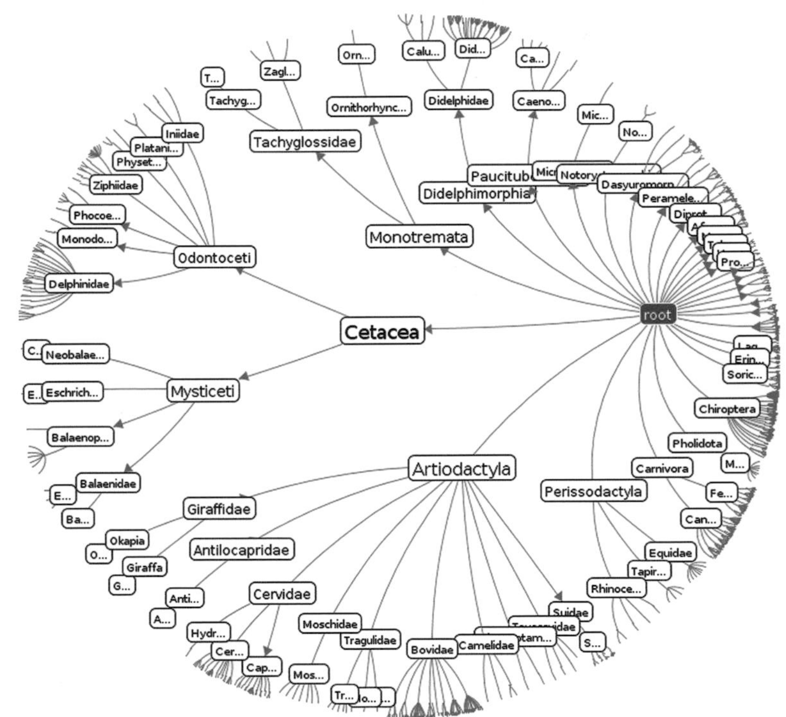

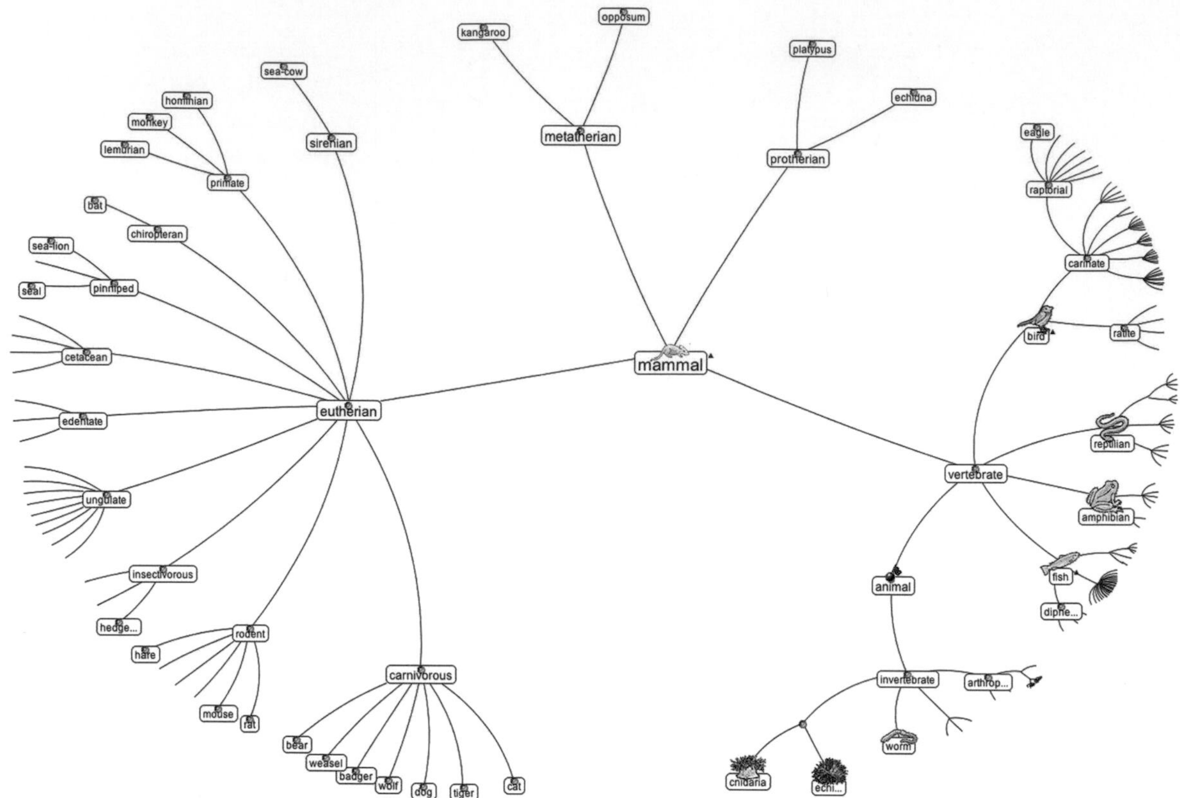

伯納德・布 Bernard Bou

Treebolic 樹狀圖

2003 年

本圖為 Treebolic 描繪動物界各綱和物種的另一種視覺呈現，圖中把動物分成兩類，一為脊椎動物（有脊椎或脊柱的動物），另一為無脊椎動物（沒有脊椎或脊柱的動物）。

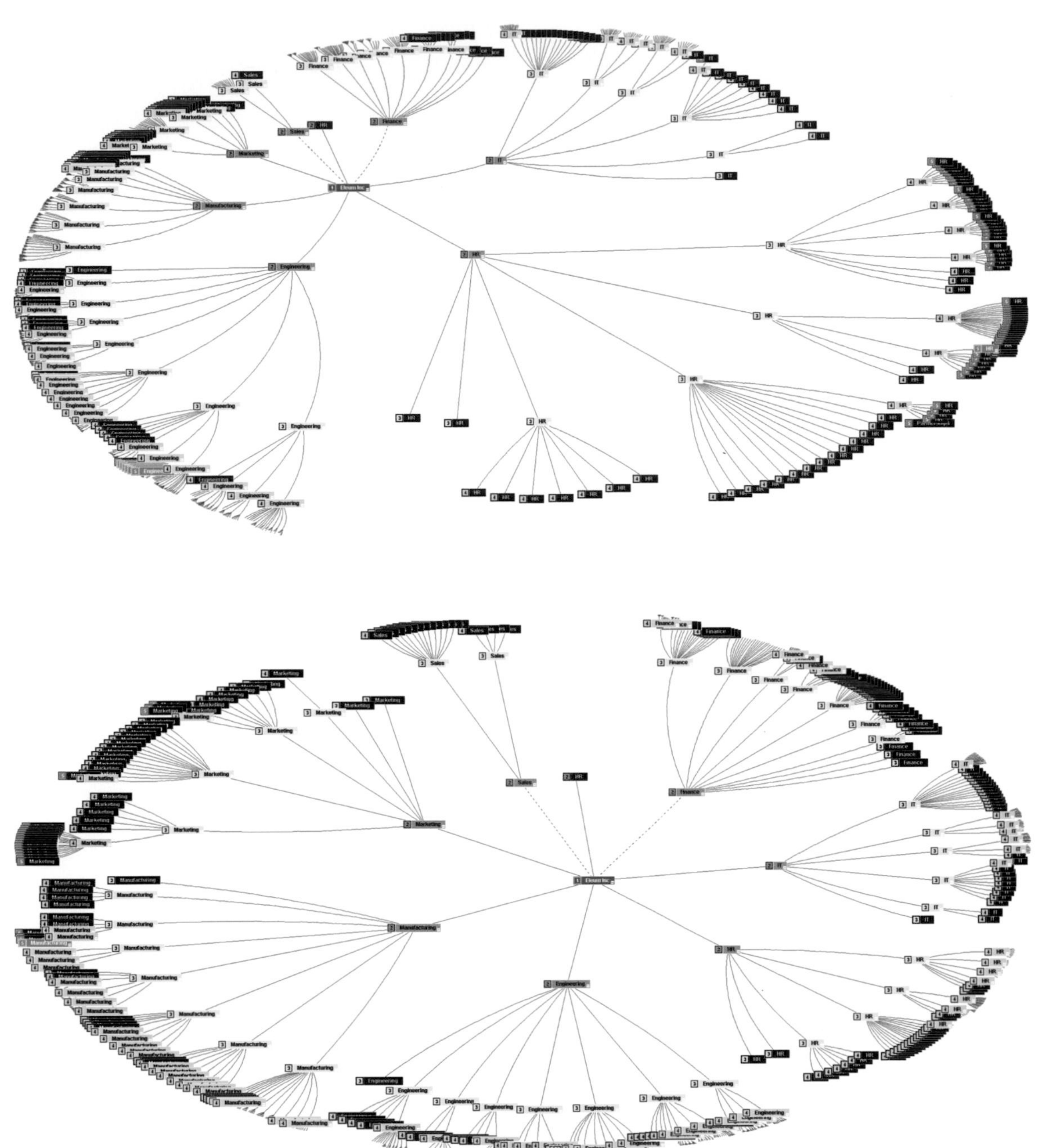

傑弗瑞・史坦普斯 Jeffrey Stamps
組織結構圖 OrgScope
2003 年

本圖為應用軟體 OrgScope 用於產品展示的視覺化圖形，描繪一間員工數約四千人的公司組織結構。OrgScope 是傑弗瑞・史坦普斯於 2003 年的創作，能透過可促進視覺化、導航與分析的圖表來描繪複雜的層級結構。從這張圖來看，作者將該公司的整個組織結構圖描繪成雙曲樹狀圖，並按照職位之間的直接報告關係來安排。OrgScope 會計算每個職位的級別，並按照計算成果以不同顏色標記。非管理人員在最外層，以黑色表示。

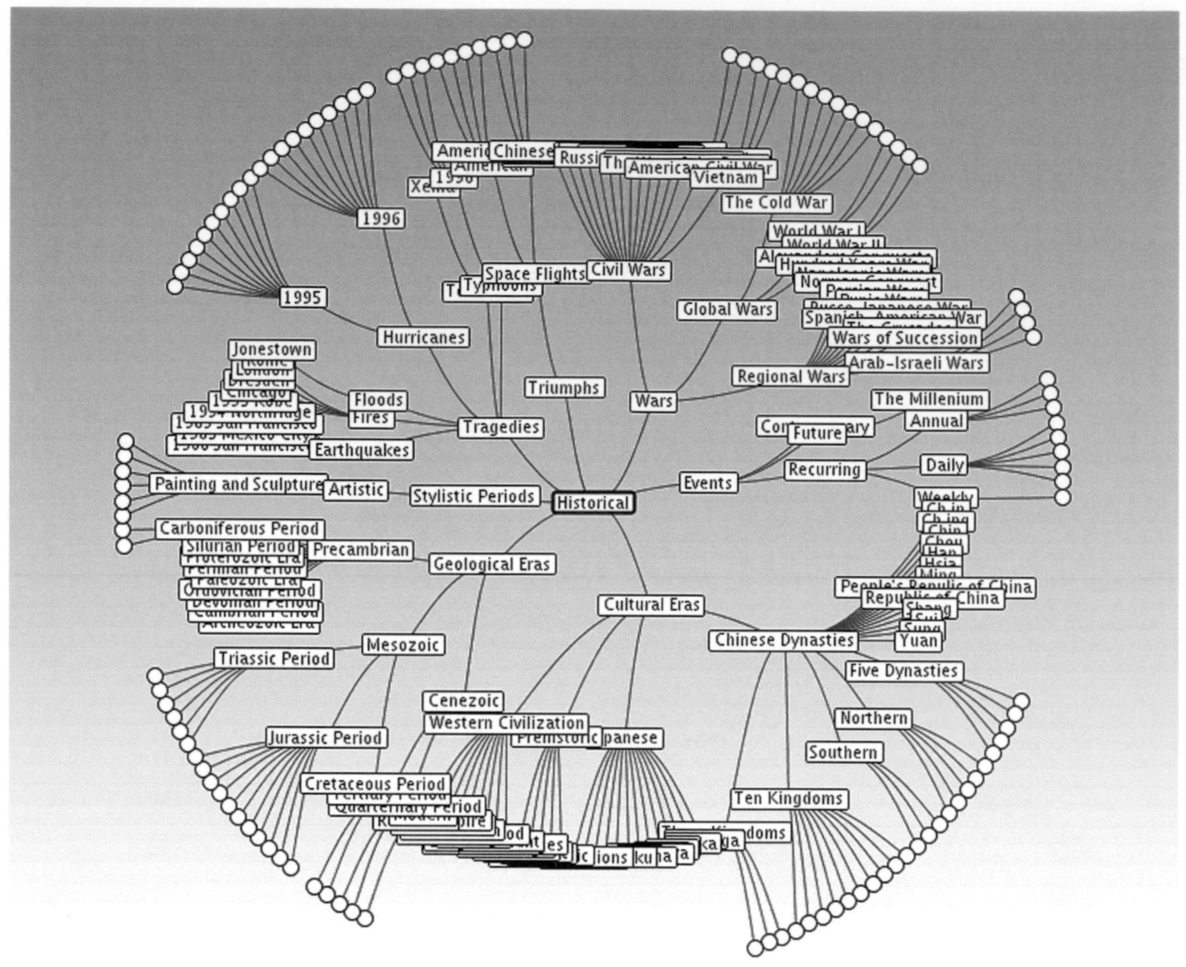

羅曼・肯克 Roman Kennke

Xebece 軟體生成的樹狀圖

2004 年

這幅雙曲樹狀圖運用多功能資訊視覺化工具 Xebece 描繪了超過七千個節點，展現出一系列歷史事件、時期和相關分類。Xebece 的主要優勢之一，在於能夠將結構化數據（樹狀圖）和非結構化數據（文本與圖形）結合起來。

維爾納・蘭德爾舒夫
Werner Randelshofer
Treeviz 樹狀圖
2007 年

Treeviz 程式的開發，是為了替一個擁有約一百萬份檔案的數位學習暨檔案共享平台辨識出使用模式。該工具運用包括圓形樹狀圖、矩形樹狀圖、旭日形樹狀圖、冰柱形樹狀圖和雙曲樹狀圖等視覺化技巧，按文件夾的層級結構來展現平台的檔案。所有視覺化呈現都可以運用顏色漸層來反映出檔案屬性（例如創建日期和所有權）。在這些圖像中，Treeviz 採用雙曲線技術，以簡單易懂的層級結構展現由樂曲、藝術家、專輯和歌曲構成的大型音樂資料庫。

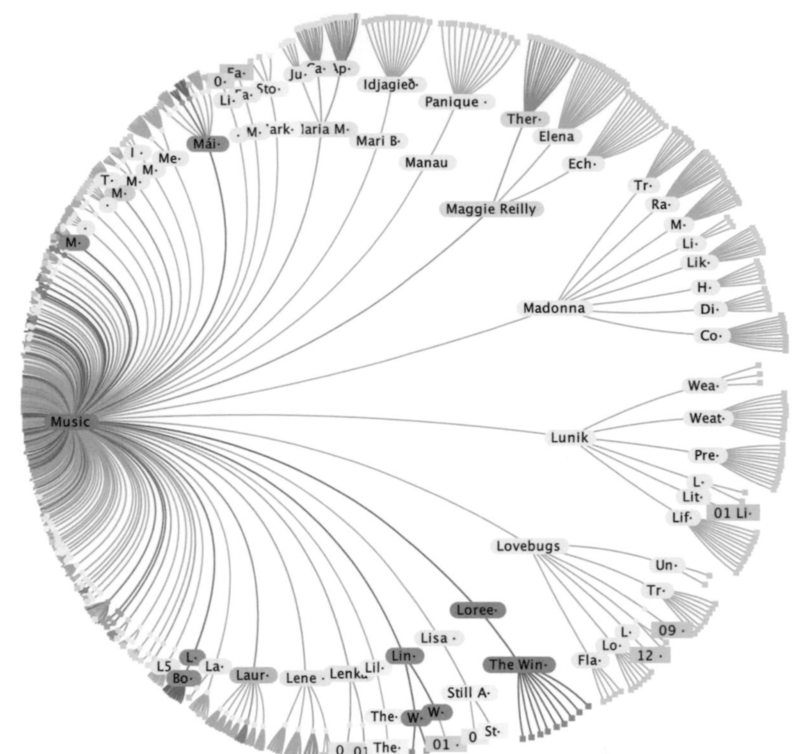

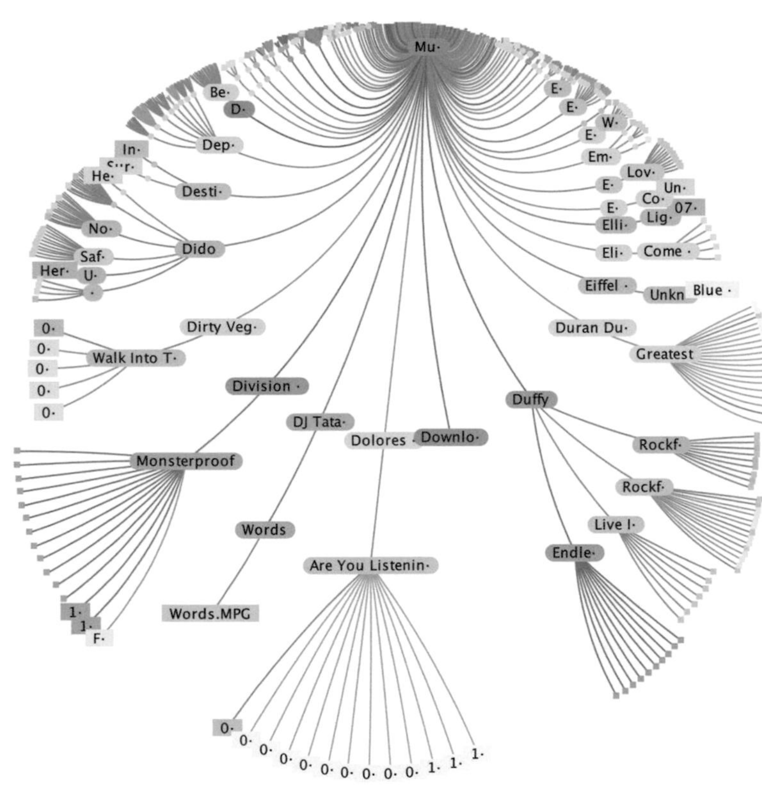

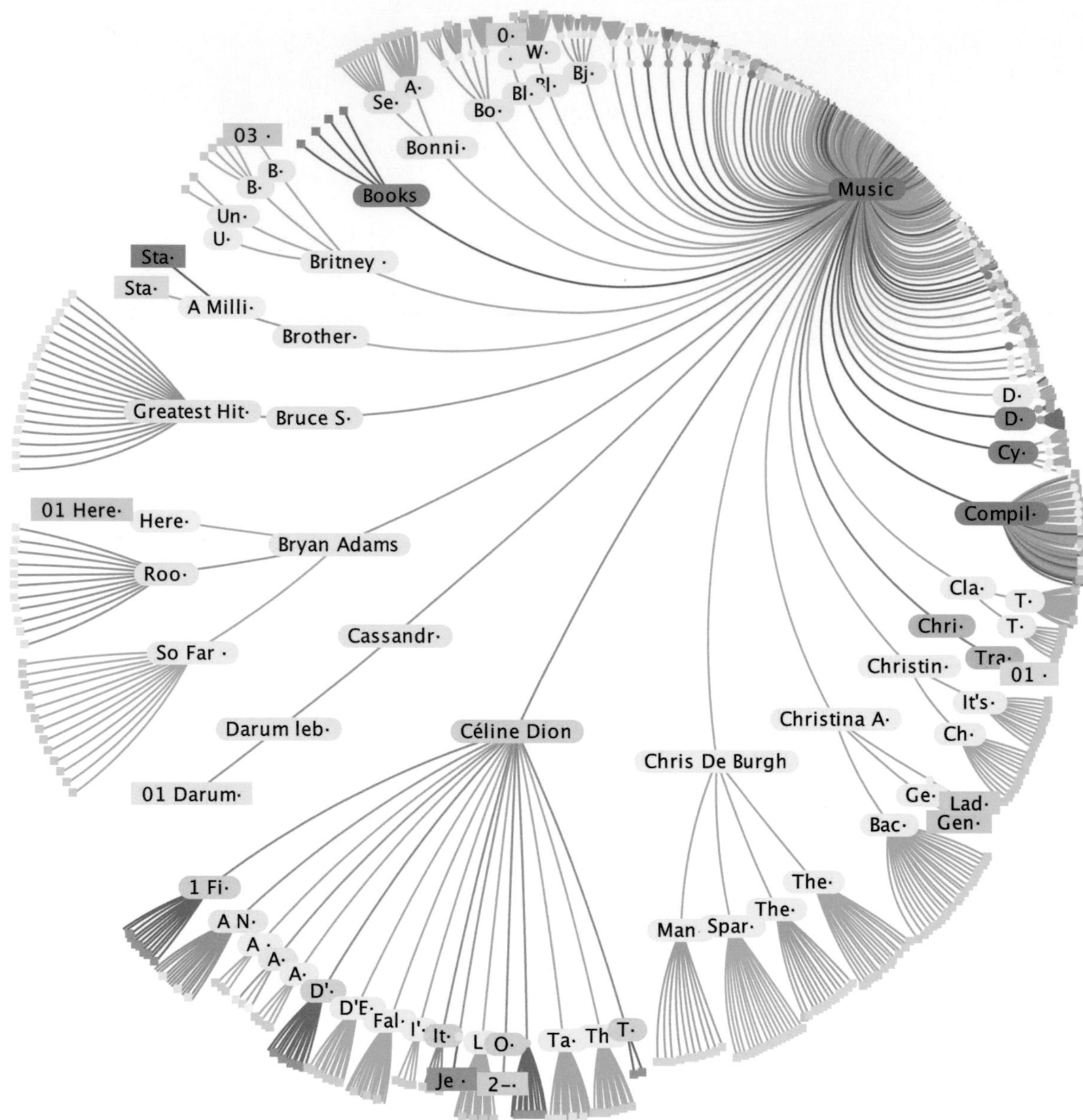

維爾納・蘭德爾舒夫

Werner Randelshofer

Treeviz 樹狀圖

2007 年

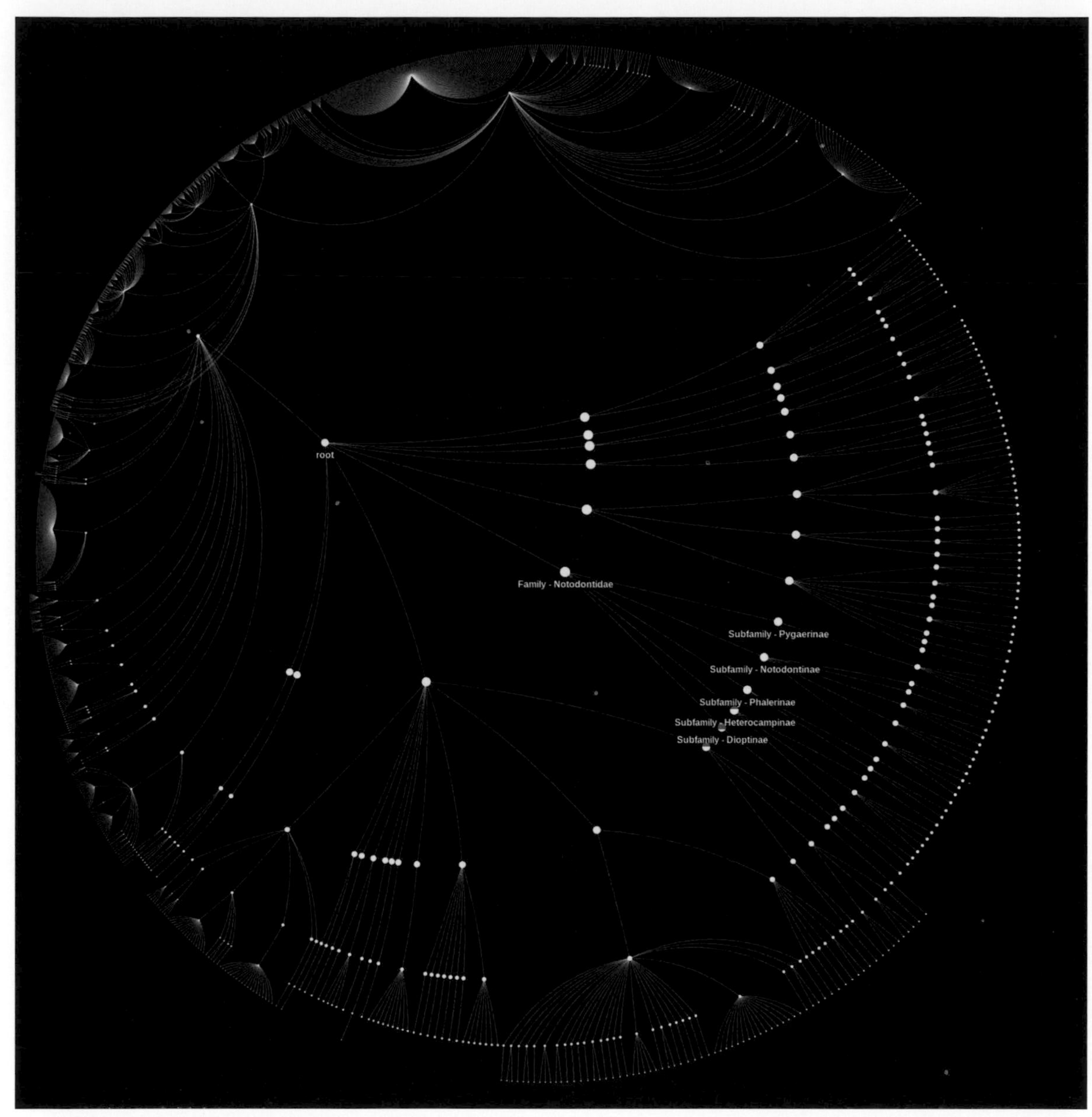

菲利普・畢約爾格 Philip Bjorge
西北太平洋地區蛾類分類樹
2011 年

圖為運用太平洋西北地區超過 1000 種原生蛾類的資料製作而成的大型分類樹。針對最適合的視覺化模型進行初步研究後，菲利普・畢約爾格選擇了雙曲樹狀圖的技術，這種技術能提供一種易於在網路上顯示的直觀瀏覽方式。

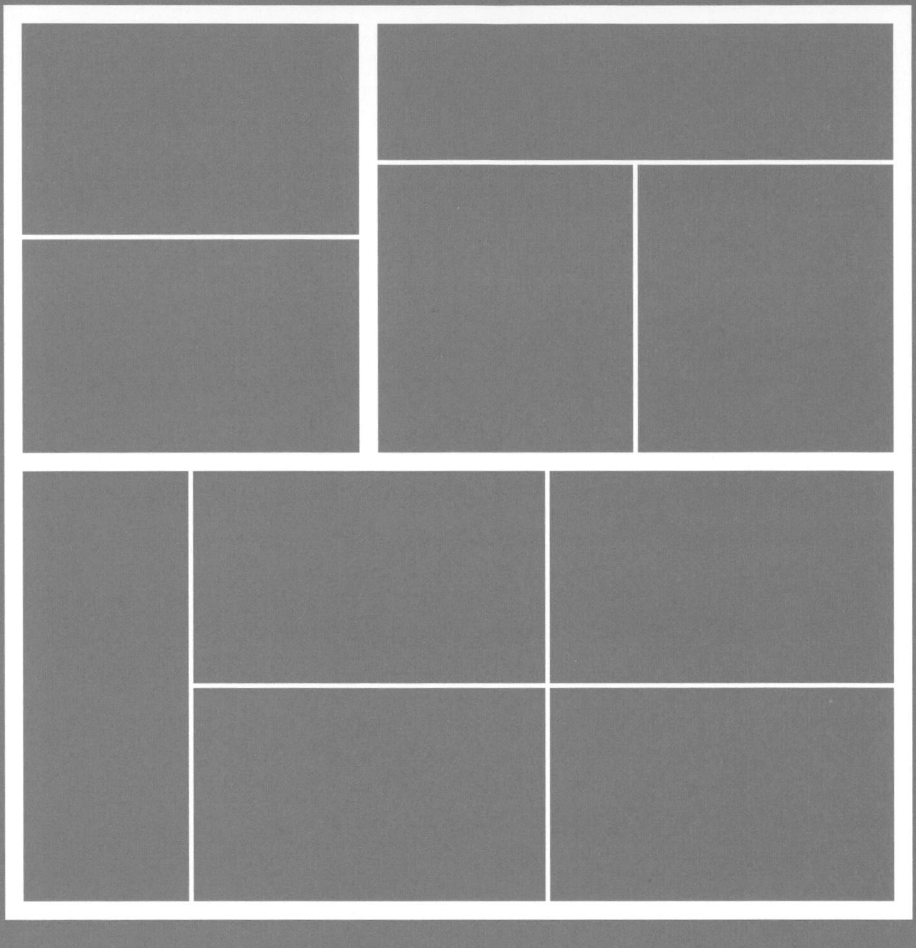

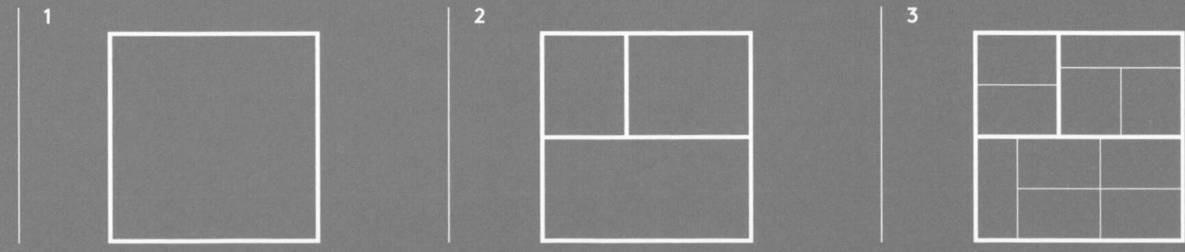
1
2
3

Chapter 07

矩形樹狀圖
RECTANGULAR TREEMAPS

矩形樹狀圖，有時又稱為馬賽克圖，是一種空間填充的視覺化模型，運用巢狀矩形來表現層級數據。樹狀圖的每個主要分支都用矩形來表示，然後依序將代表子分支的更小矩形平鋪在旁。個別矩形的區域通常會對應到特定的數量或數據屬性，例如大小、長度、價格、時間或溫度。顏色可以用來表示附加的特質，例如類型、等級、性別或種類。雖然以空間為基礎的視覺化模型已經有數十年歷史，不過一直到 1990 年代早期，班・施奈德曼才引入了遞迴排列（recursive tiling）的概念，作為處理多層級結構的方法。近年來，樹狀圖已成為將層次結構視覺化的最常見手法，這主要是由於樹狀圖能有效且靈活地運用空間，結構易於理解，而且在展現數千個實體的同時還能保有相當的易讀性。矩形樹狀圖已經成為現代電腦科學的主要研究對象，也可以說是資訊視覺化近期發展的縮影。

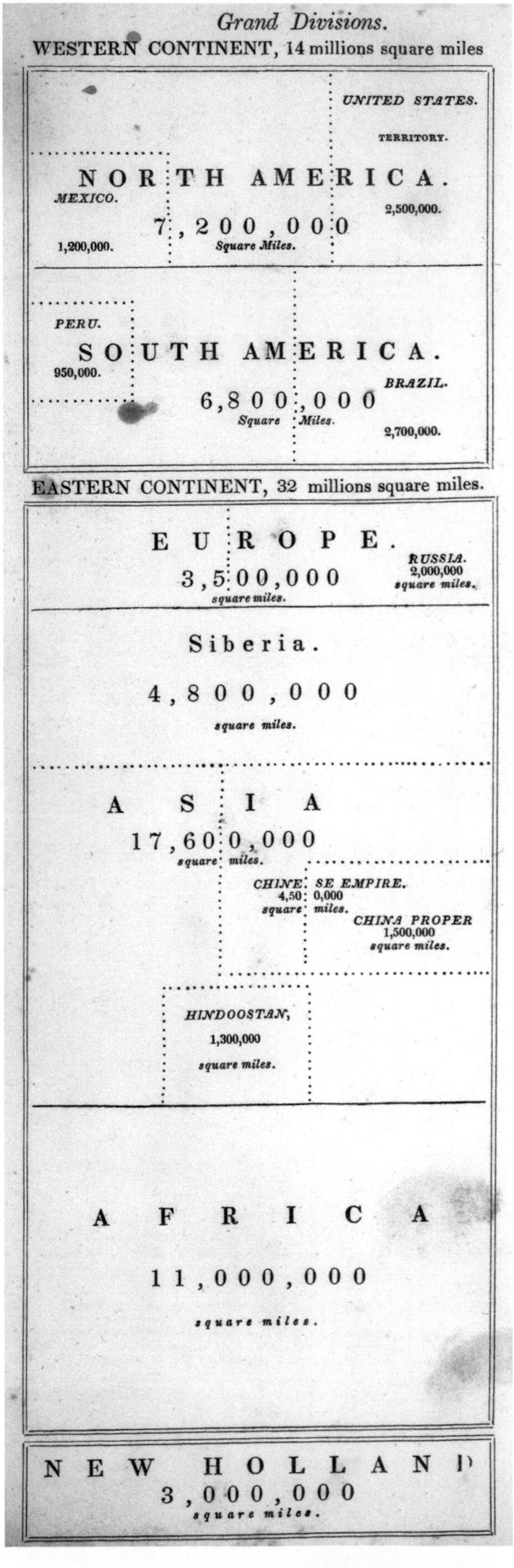

Grand Divisions.

WESTERN CONTINENT, 14 millions square miles

UNITED STATES.
TERRITORY.
2,500,000.

NORTH AMERICA.
MEXICO.
1,200,000.
7,200,000
Square Miles.

PERU.
950,000.
SOUTH AMERICA.
BRAZIL.
2,700,000.
6,800,000
Square Miles.

EASTERN CONTINENT, 32 millions square miles.

EUROPE.
3,500,000
square miles.
RUSSIA.
2,000,000
square miles.

Siberia.
4,800,000
square miles.

ASIA
17,600,000
square miles.

CHINESE EMPIRE.
4,500,000
square miles.

CHINA PROPER
1,500,000
square miles.

HINDOOSTAN,
1,300,000
square miles.

AFRICA
11,000,000
square miles.

NEW HOLLAND
3,000,000
square miles.

威廉・尚寧・伍德布里奇
William Channing Woodbridge
國家面積比較表
1845 年

這是一張顯示世界各大陸與各國面積大小和人口數的比較圖，出自由美國地理學家暨教育改革家威廉・伍德布里奇編纂，集結自然、政治和統計資訊的世界地圖集。這張圖包含三大「大陸」：西部大陸、東部大陸和新荷蘭（澳洲舊名）。前兩個大陸又分成幾個主要地區，例如北美洲、南美洲、歐洲和亞洲，接著又分成幾組精選出來的國家，例如墨西哥、祕魯、巴西和俄羅斯等。

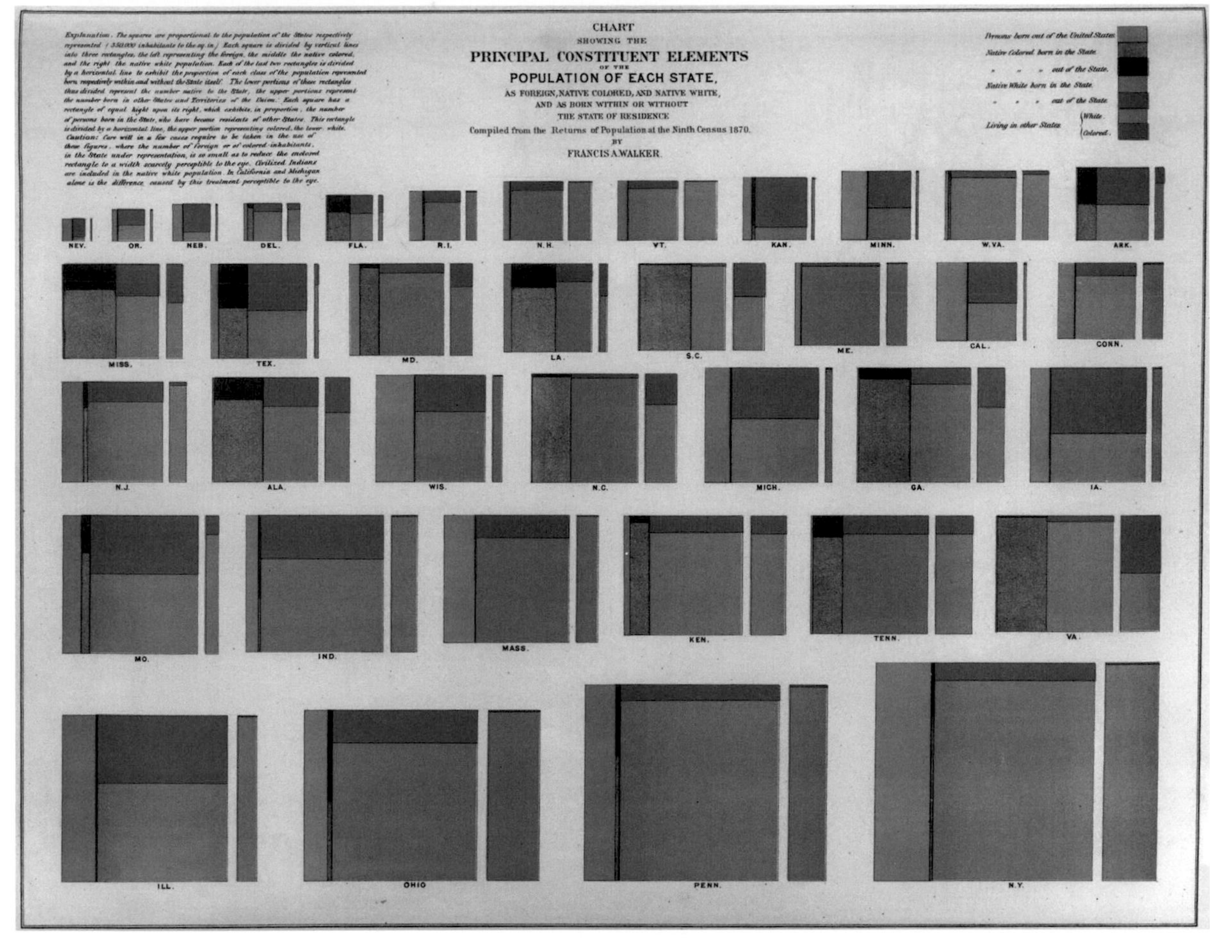

法蘭西斯・沃克 Francis A. Walker
美國各州人口組成分析圖
1874 年

這張圖根據 1870 年美國第九次人口普查之資訊繪製。這不但是最早的矩形樹狀圖之一，也運用了小型複合圖（small multiples）的技巧。這是一種極受歡迎的視覺化策略，以類似的小型圖表構成網格，有助於比較各圖表之差異。圖中正方形的大小和各州人口成比例。每個正方形以垂直線分成三個矩形：最左邊的矩形代表在外國出生的人口，中間的矩形代表本國出生的非白人人口，最右邊的矩形代表本國出生的白人人口。每組小圖的後兩個矩形又以橫線劃分，以顯示兩類別之下於該州內外出生的人口比例，其中橫線下的部分代表於該州出生的人口，橫線上的部分代表於美國其他州與地區出生的人口。每州的右邊還各有一個同樣高度的矩形，代表該州出生後移居其他州的人口；這個矩形同樣也以橫線劃分成上下兩部分，上面的代表「有色人種」，下面的代表「白人」。

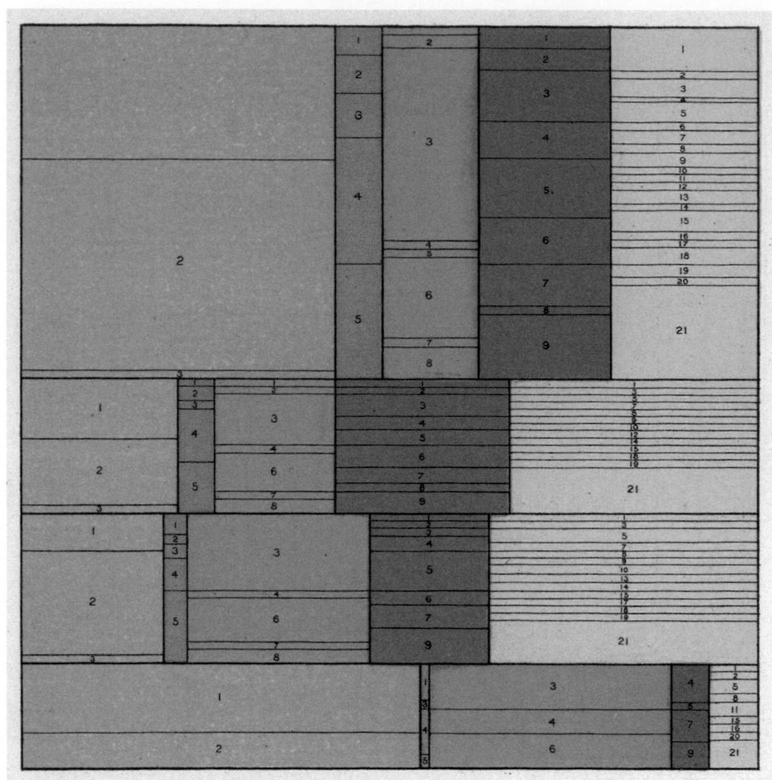

亨利・甘內特 Henry Gannett

美國不同種族與出生地居民的職業分類

1900 年

這幅樹狀圖出自美國第十二次人口普查的資料，是在地理學家亨利・甘內特（1846 年 – 1914 年）的監督下製作而成。根據 1900 年進行的美國第十二次人口普查，當時美國常住人口為 76,212,168 人，相較於 1890 年的人口普查，人口數大幅成長了 21%。這張圖描繪的是美國人最主要的職業類別，由左到右為：農業事務（藍色）、專業服務（粉紅色）、家庭和個人服務（綠色）、貿易和運輸（灰色），以及製造業和機械業務（黃色）。這些職業又按種族和出生地，由上而下橫向區分成四部分，分別是：父母為本地居民的本地白人、父母為外地人的本地白人、外地白人和非白人。

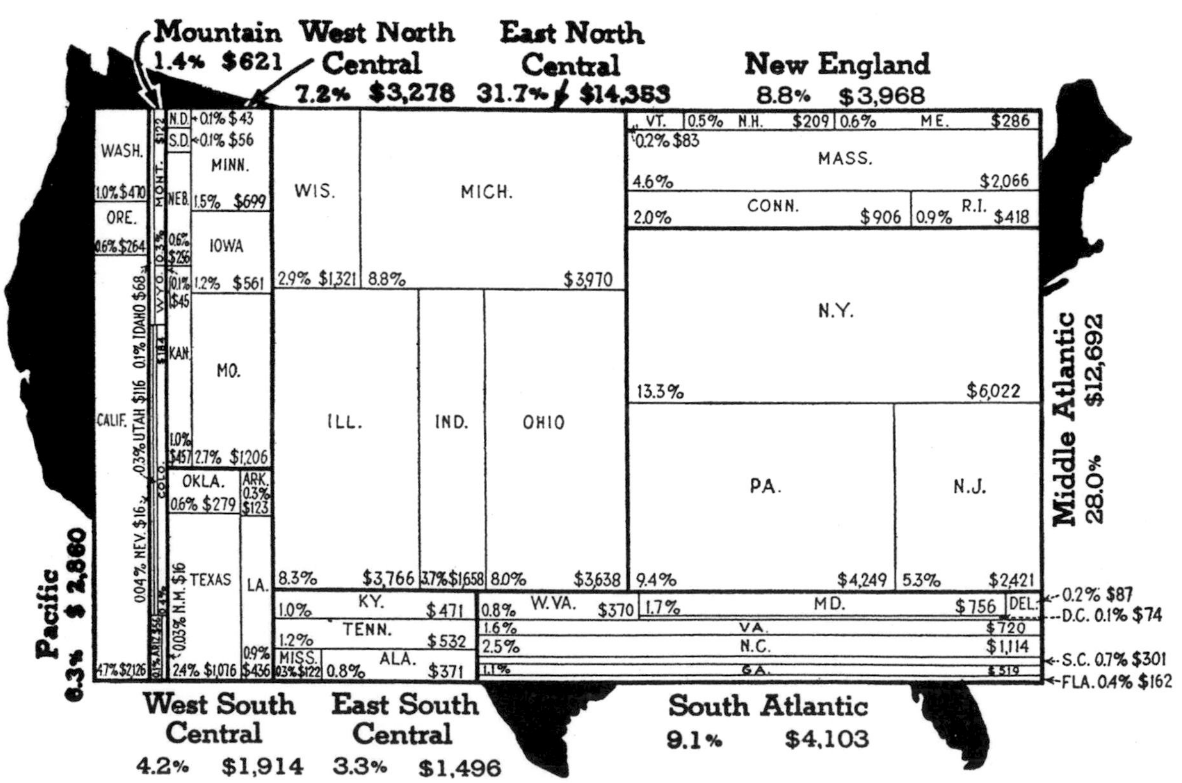

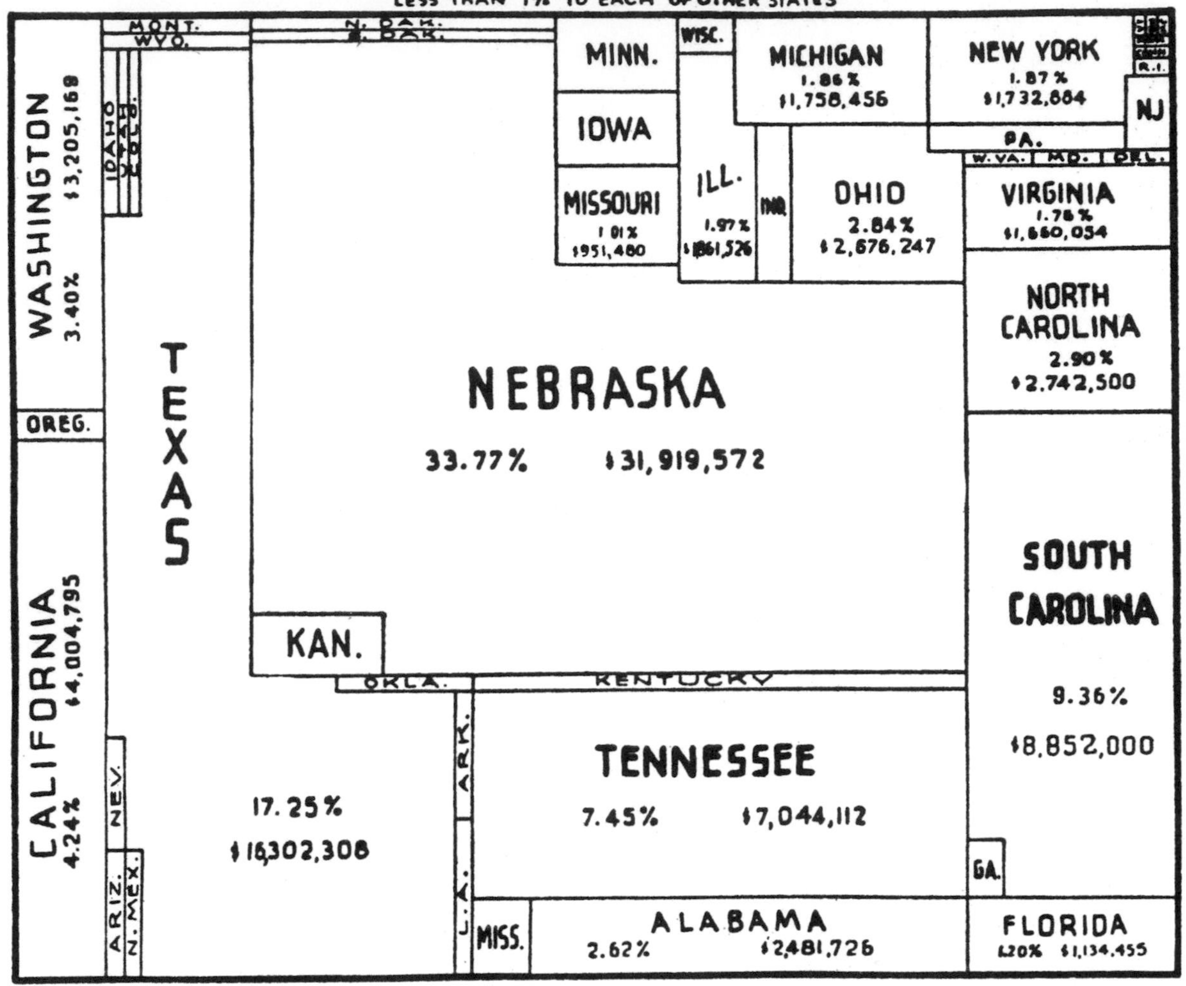

〈公共工程管理局對非聯邦電力工程的撥款分析圖〉
出自威拉德・布林頓（Willard C. Brinton）《圖示集》（*Graphic Presentation*）
1939 年

這幅美國區域圖於 1938 年在《公共事業雙週刊》（*Public Utilities Fortnightly*）初次發表。公共工程管理局是美國政府於 1933 年 6 月設立的建設單位，為大蕭條時期後復甦計畫「羅斯福新政」的一部分。於 1943 年解散之前，公共工程管理局在橋梁、醫院和學校等各種公共事業上花費了超過 60 億美元。儘管這張美國區域圖沒有任何地理資訊作為參考，圖中各州大小代表公共工程管理局在非聯邦電力工程的經費分配百分比和美元價值，而圖中代表各州的矩形也大致按照各州地理位置來配置。

美國製造業產出分析圖
出自威拉德・布林頓《圖示集》
1939 年（左頁下）

這幅美國區域圖於 1937 年在《商業週刊》（*BusinessWeek*）雜誌初次發表。每個州的大小和 1935 年的製造業產出成正比。這張圖刻意不按照實際地理位置來布局，而是使用矩形密鋪的形式來展現。

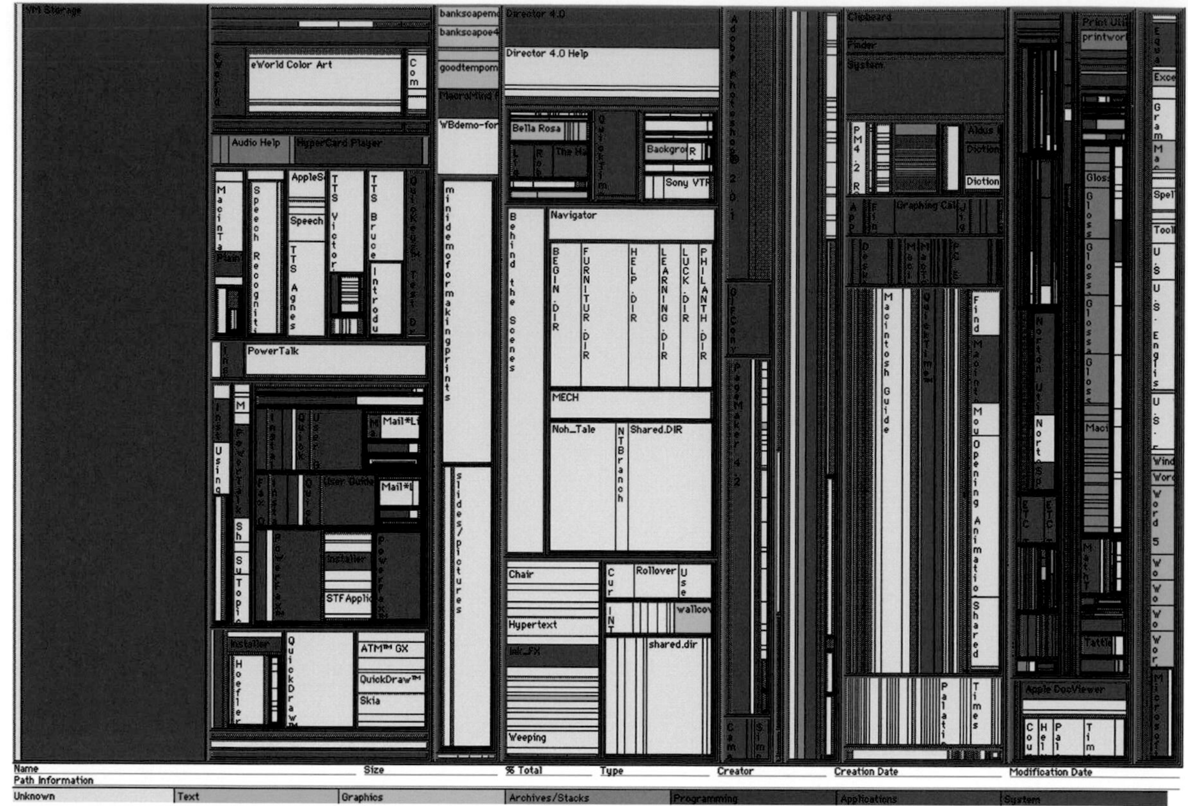

班・施奈德曼 Ben Shneiderman

矩形樹狀圖

1991 年

這幅樹狀圖表現的是電腦硬碟內多層次的巢狀檔案夾結構。1990 年，施奈德曼在嘗試解決硬碟滿載時常會遇到的問題，開始積極想創造出一個結構緊湊的目錄樹狀圖。在嘗試了幾個節點鏈接圖以後，他決定探討利用有限空間來配置樹狀圖的做法。施奈德曼捨棄了會造成空白空間和重疊區域的解決方案，轉而提出一個策略，也就是在瀏覽硬碟中的各種分層目錄時，將螢幕空間分割成縱橫交錯的矩形。雖然以空間為基礎的視覺化呈現已有數十年歷史，施奈德曼的做法引入了遞迴排列演算法，讓樹狀圖的現代視覺化呈現產生徹底的變革。此後，各種不同版本的矩形樹狀圖紛紛浮現，近年來也衍生出許多新的類型，例如圓形樹狀圖和沃羅諾伊樹狀圖。

威克、韋特林、布魯爾斯、胡伊金、漢姆

Jarke J. van Wijk, Huub van de Wetering, Mark Bruls, Kees Huizing, Frank van Ham

SequoiaView 矩形樹狀圖

1999 年（右頁下）

這是運用施奈德曼的樹狀圖演算法，以 SequoiaView 應用程式繪製的硬碟內容視覺化表現。每個矩形代表一個檔案，面積和顏色則代表檔案大小跟類型。為了清楚表現樹狀圖的層級結構，作者運用了兩個技巧：一為「正方形化」演算法（與用來製作下頁上圖〈市場分析圖〉的方法類似），以形成較接近正方形的矩形；另一個技巧為緩衝技術（此處所示），讓每個鄰接的矩形都能呈現出明顯的陰影效果。SequoiaView 應用程式的下載次數已超過 100 萬次，最近更分拆成 MagnaView 公司，進一步將這些概念綜合歸納，以進行商業數據的視覺化。

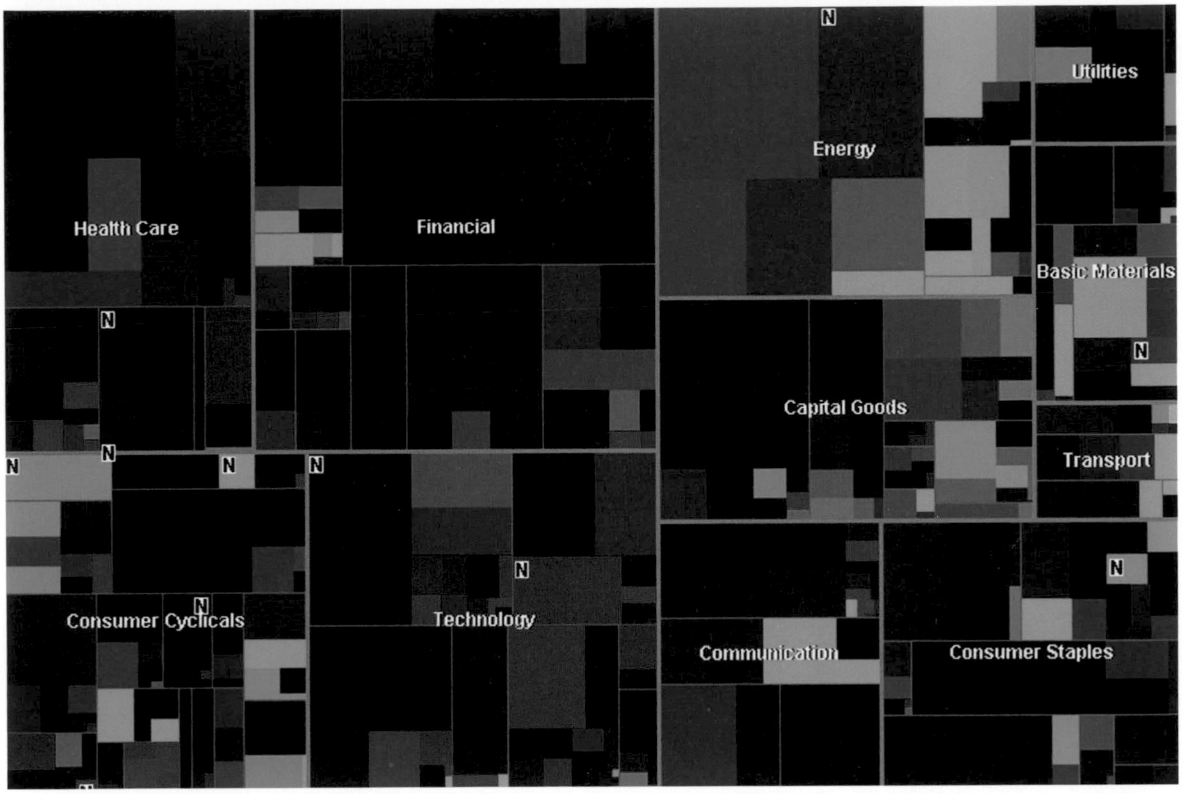

馬丁・沃騰貝格 Martin Wattenberg
市場分析圖 Map of the Market
1998 年

這張出色且歷久不衰的樹狀圖由馬丁・沃騰貝格於 1998 年替 SmartMoney 公司繪製。這張圖不但普及了矩形樹狀圖的技巧，讓其成為財務數據視覺化的標準，也是最早的線上互動式視覺化呈現之一，為許多後繼計畫帶來啟發。這種樹狀圖使用了一種施奈德曼技巧的變體，不過也引進了新的「正方形化」演算法，製作出接近正方形的矩形，從而形成統一易讀的配置，便於互動。每個矩形代表一間上市公司，面積代表市值，顏色代表前次收盤之後的股票價格走向（綠色表示上漲，紅色表示下跌）。所有矩形都被分成不同的類別，如「衛生保健」、「金融」和「科技」等，讓使用者迅速一瞥就能了解特定產業的表現。「市場分析圖」可以說是壽命最長的線上視覺化模型，推出後十五年仍然存在且持續運作。

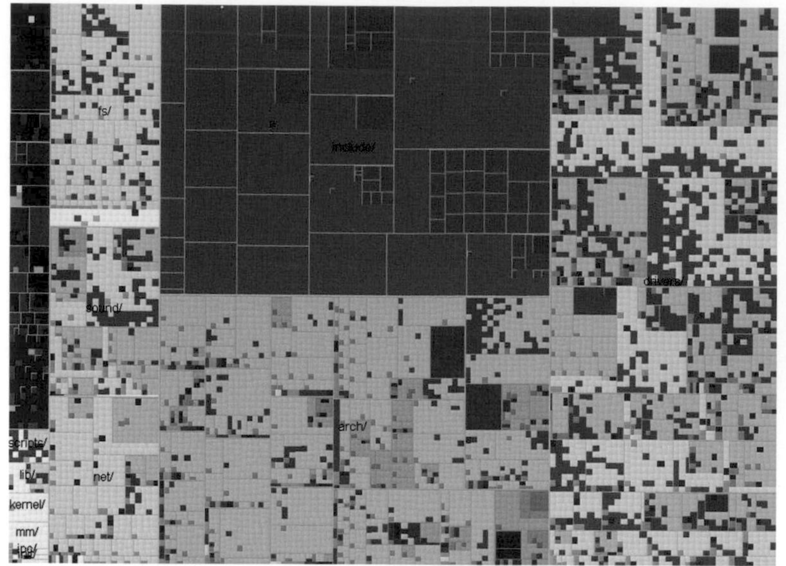

讓－丹尼爾・費克特
Jean-Daniel Fekete
Linux 2.5.33 內核視覺化樹狀圖
2002 年

描繪整個 Linux 內核的矩形樹狀圖——Linux 內核為類 UNIX 操作系統的基礎。矩形代表檔案，其大小與檔案大小成正比。顏色則按副檔名而定：黃色是原始檔案；粉紅色表示標頭檔；深藍色代表純文字檔；淺藍色代表生成檔；紅色代表 Shell 指令碼；綠色代表圖檔；灰色代表具有未註冊檔尾的檔案。大部分的紅色和綠色檔案都很小，每個矩形占據的空間不到一個像素，所以圖中看不到紅色和綠色的區域。

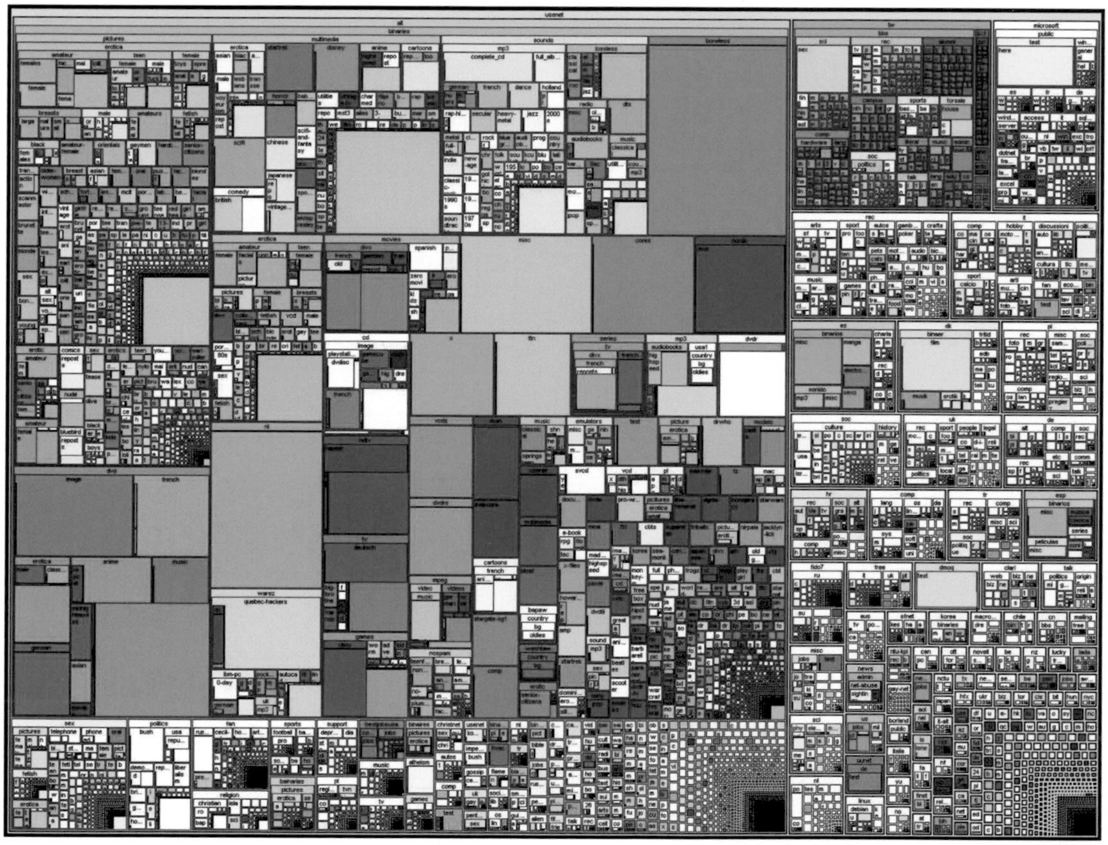

馬克・史密斯 Mark Smith
Netscan Usenet 樹狀圖
2003 年

這幅緻密的樹狀圖由 Netscan 系統繪製，Netscan 是一種微軟研究工具，能分析 Usenet 新聞群組裡的活動和討論串。創於 1979 年的 Usenet 是歷史最悠久的線上討論系統，至今仍然被廣泛使用。這張樹狀圖描繪的是所有 Usenet 新聞群組在一整年內的所有信息。每個矩形代表一個特定的新聞群組，其面積則和接收到的信息量成正比。顏色代表和前一年度的信息量相較之變化：綠色代表數量增加，紅色代表數量下降。

馬科斯・韋斯坎普 Marcos Weskamp

新聞分析圖 Newsmap

2004 年

這張圖是谷歌新聞聚集器每日匯集的文章所形成的線上樹狀圖，每個單獨的矩形代表一組內容類似的新聞報導（或文章），矩形大小表示單一新聞群集內相關文章的數量，顏色則將這些群集分成七大類，包括「世界」、「商業」、「科技」、「體育」等。為了補充全球新聞熱門話題的不足，使用者可以利用國家或專題類別來過濾特定子分類的內容，以更詳盡地瀏覽。繼施奈德曼和沃騰貝格的創新後，韋斯坎普的「新聞分析圖」替矩形樹狀圖帶來了第三波熱潮。

馬丁・沃騰貝格 Martin Wattenberg

顏色代碼 Color Code

2005 年

這幅互動式樹狀圖包含了超過三萬三千個從大型英語詞彙資料庫 WordNet 選出的名詞。每個小矩形可以對應到一個英語單字，矩形的顏色是以該單字在雅虎圖片搜尋引擎上進行搜尋後所得到五十張圖像的平均顏色。這些英語單字按照意義進行分類，綜合在一起形成英語的視覺地圖。

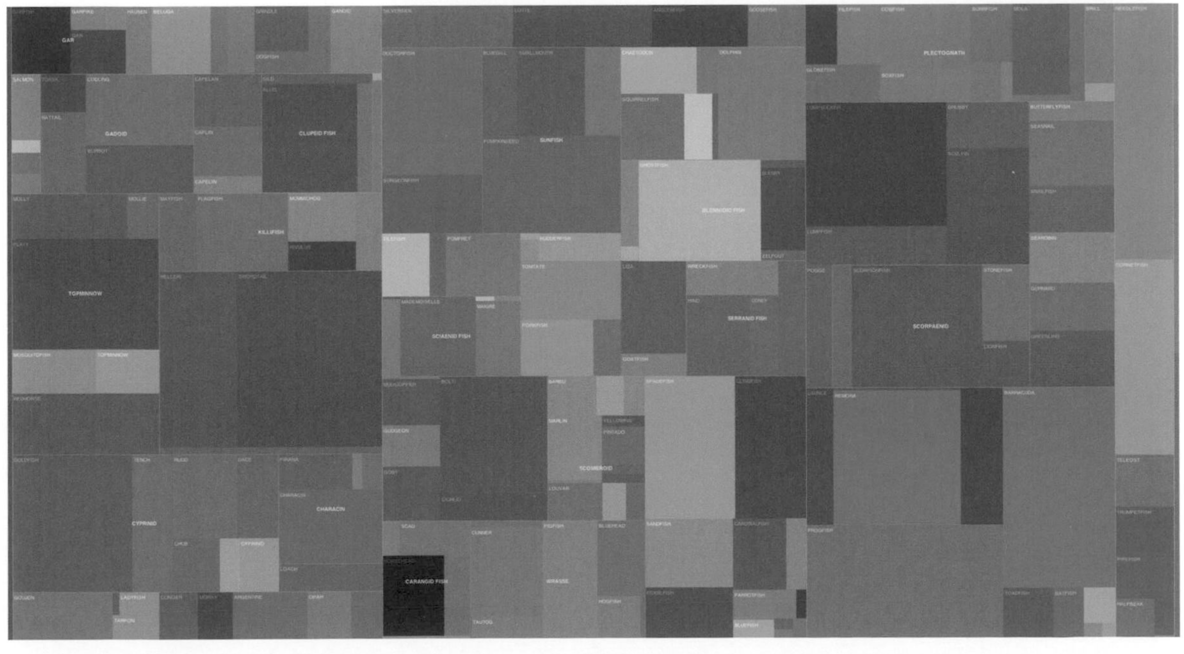

理查・韋特爾 Richard Wettel
米凱勒・朗札 Michele Lanza
代碼城市 CodeCity
2006 年

這張圖出自〈代碼城市：城市軟體系統〉（*Code City: Software Systems as Cities*），一個以城市為喻的軟體視覺化研究專案。透過這種方法，工業規模的軟體系統可以在類似城市布局的三維環境中以視覺化的方式表現。城市區域代表系統組件，建築物代表層級。可見的城市組成屬性反映出可設定的軟體度量：建築物高度和層級方法的數量成正比，建築物的占地面積表示屬性的數量，顏色則反映出代碼行數（代碼行數愈多，藍色調愈深）。

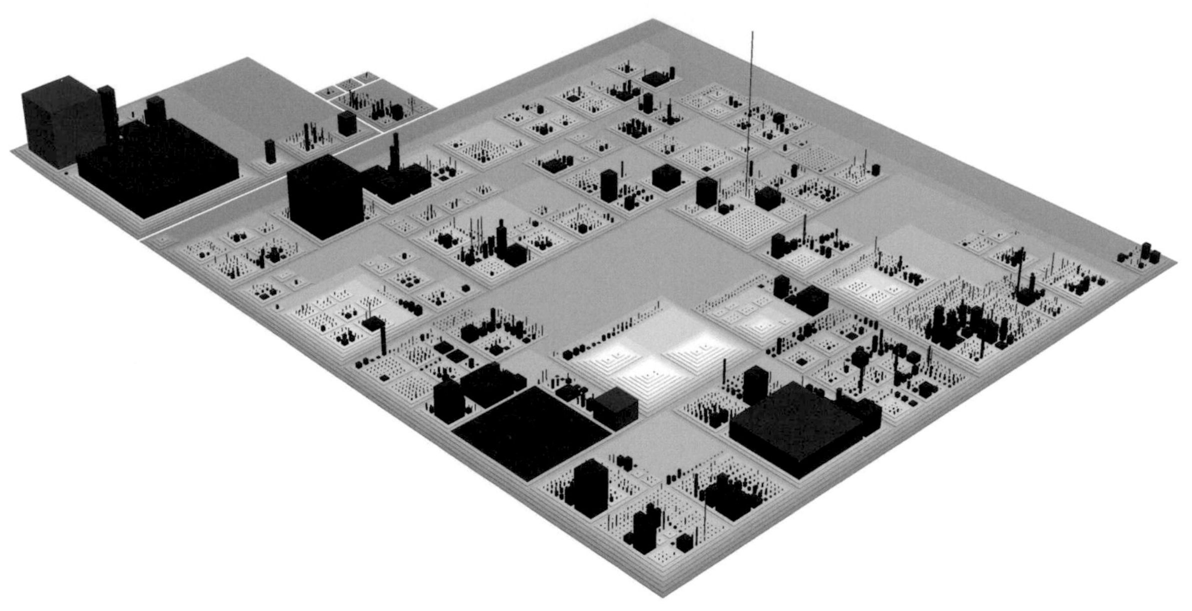

朱利安・貝爾 Julien Bayle
馬賽青年旅館統計數據視覺化呈現
2008 年

此為法國馬賽青年旅館委託製作的樹狀圖，目的在於利用「正方形化」區域圖，按國籍表現出旅客總人數。這張圖於 2008 年在旅館網站和現場展示。

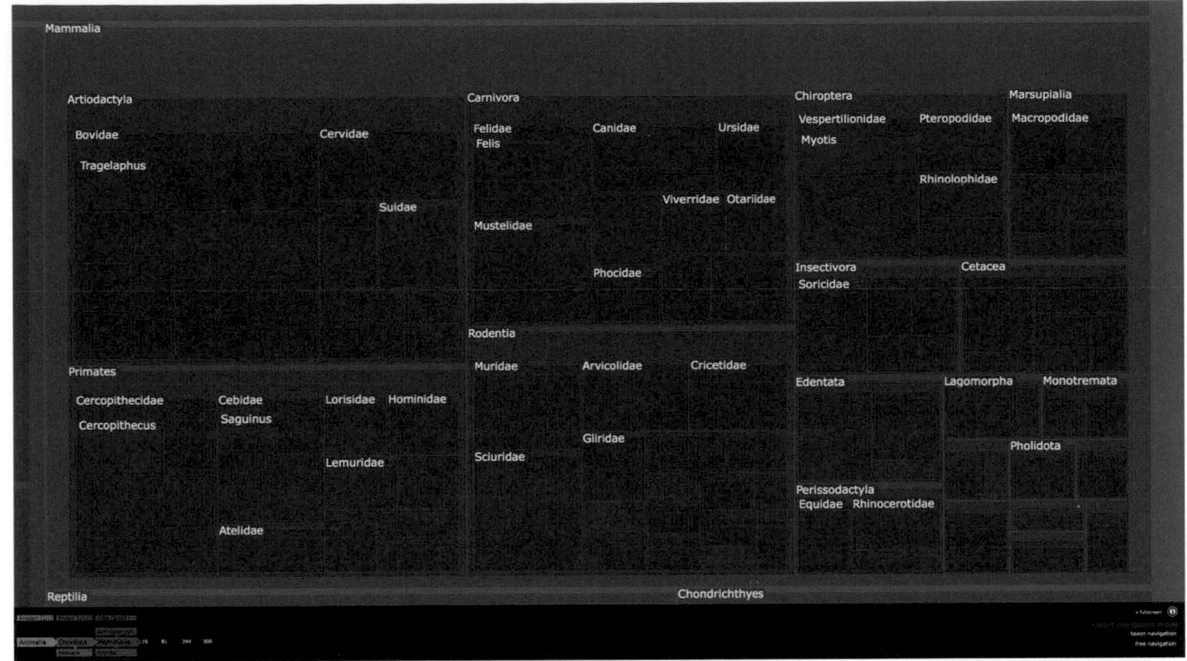

野獸集 Bestiario

生物多樣性樹狀圖

Biodiversity tree

2010 年（上）

這幅樹狀圖描繪的是巴賽隆納自然史博物館愈形擴大的資料庫，其中包含在上個世紀蒐集到的超過五萬筆紀錄。大部分登錄樣本是軟體動物、脊椎動物和節肢動物，採集地遍及世界各地，其中來自伊比利半島和地中海西部的標本較多。這裡的視覺化以巢狀方式來表現蒐集到的所有物種，以現代生物分類系統分為界、門、綱、目、科、屬和種各個層級。

The Hive Group 公司

1990 年以來傷亡最慘重的大地震

2011 年（下）

這幅運用 Honeycomb Rich 軟體繪製的樹狀圖，以概觀方式分析全球自 1990 年以來，世界各國境內傷亡最慘重的地震。

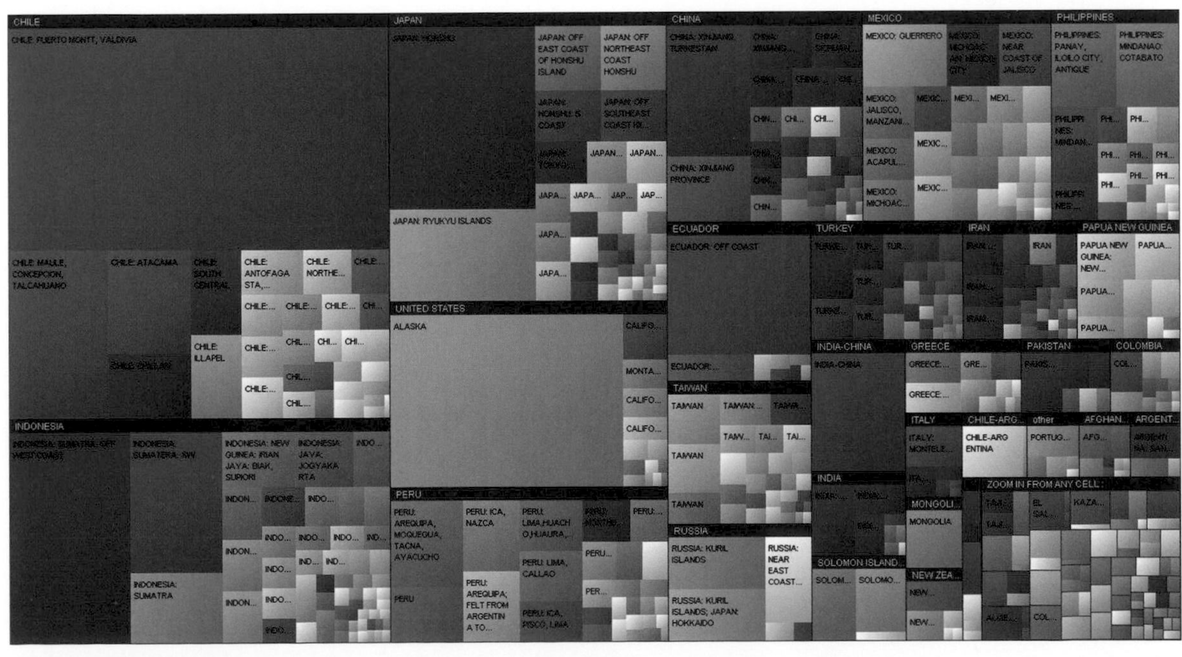

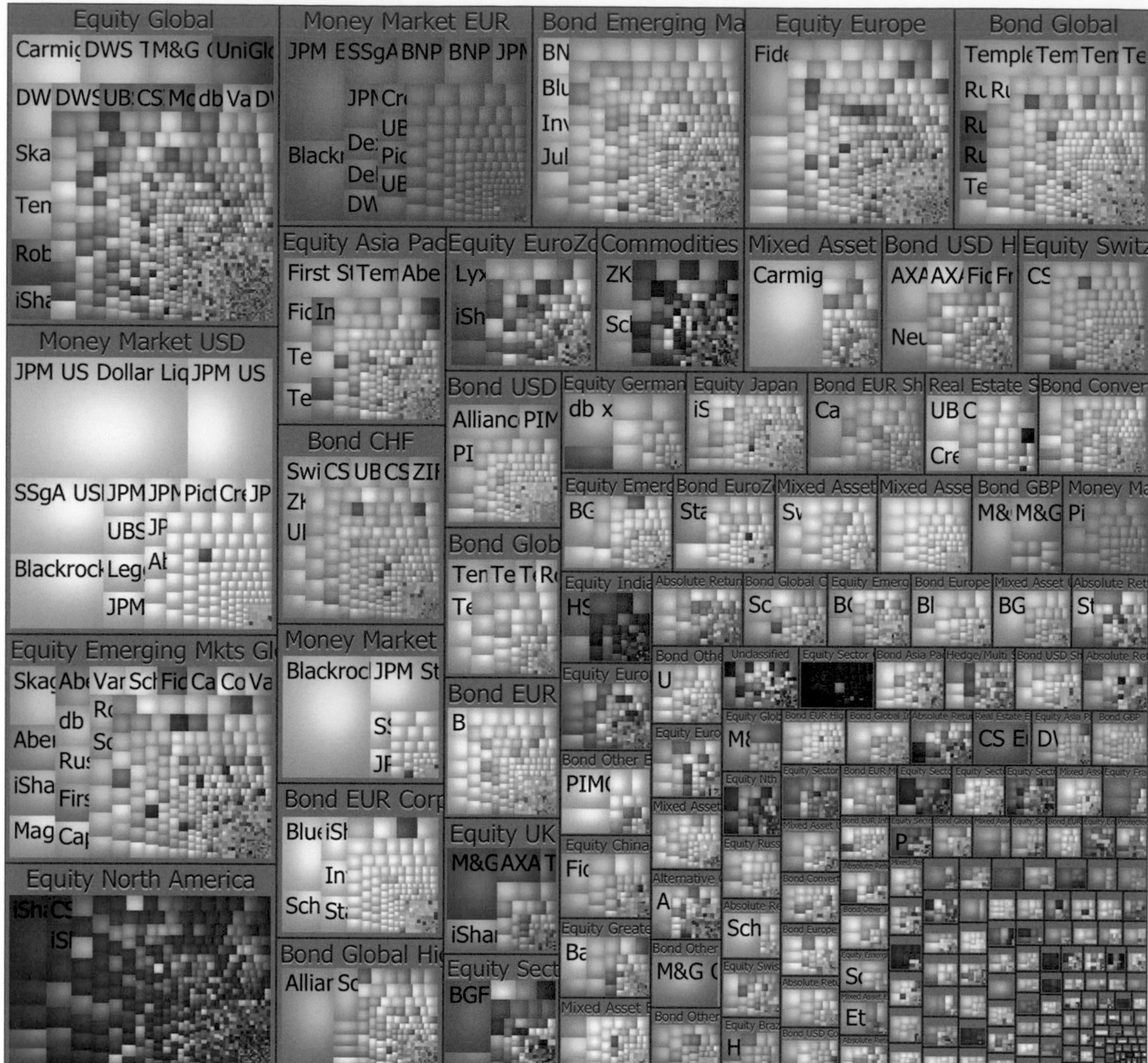

Macrofocus GmbH 公司

理柏基金 Ch120501

2012 年

這幅矩形樹狀圖按類別描繪所有在瑞士境內註冊的投資基金。每個矩形的大小和各基金管理的總資產成正比，顏色代表基金在六個月內的表現，紅色代表虧損，綠色代表盈利。

希奧多・克萊明

Theodor S. Klemming

Panopticon 軟體公司

電信網絡流量與服務品質分析控制盤

2012 年（右頁下）

這幅互動式樹狀圖屬於一個能根據即時回授來分析電信流量表現指標的線上控制盤。營運商可利用這些資訊，有效管理網絡流量。該圖表以國家為單位，概述了各種統計數據，矩形大小代表撥打電話的數量。

彼得・辛普森 Peter Simpson
Panopticon 軟體公司
組合型基金分析控制盤
2012 年（上）

這張互動式樹狀圖屬於一個能突顯出金融產品風險性和波動的線上控制盤，所描繪的是一種組合型基金投資組合，矩形大小代表淨資產，顏色則表現一組可用選項的精選統計結果。

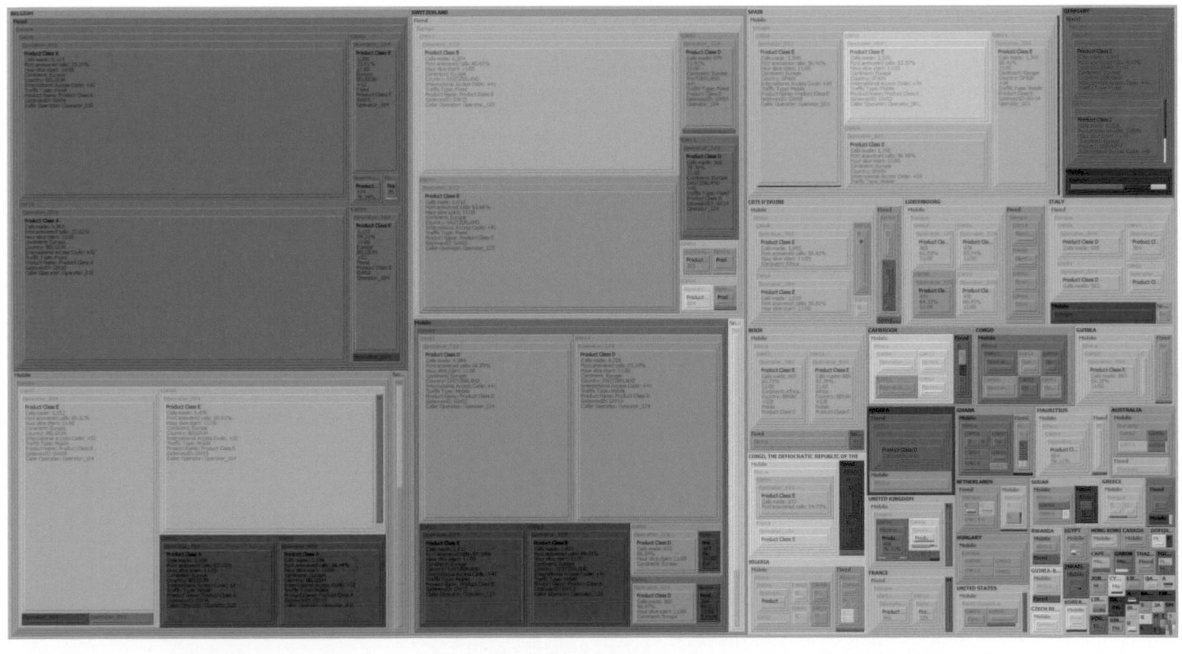

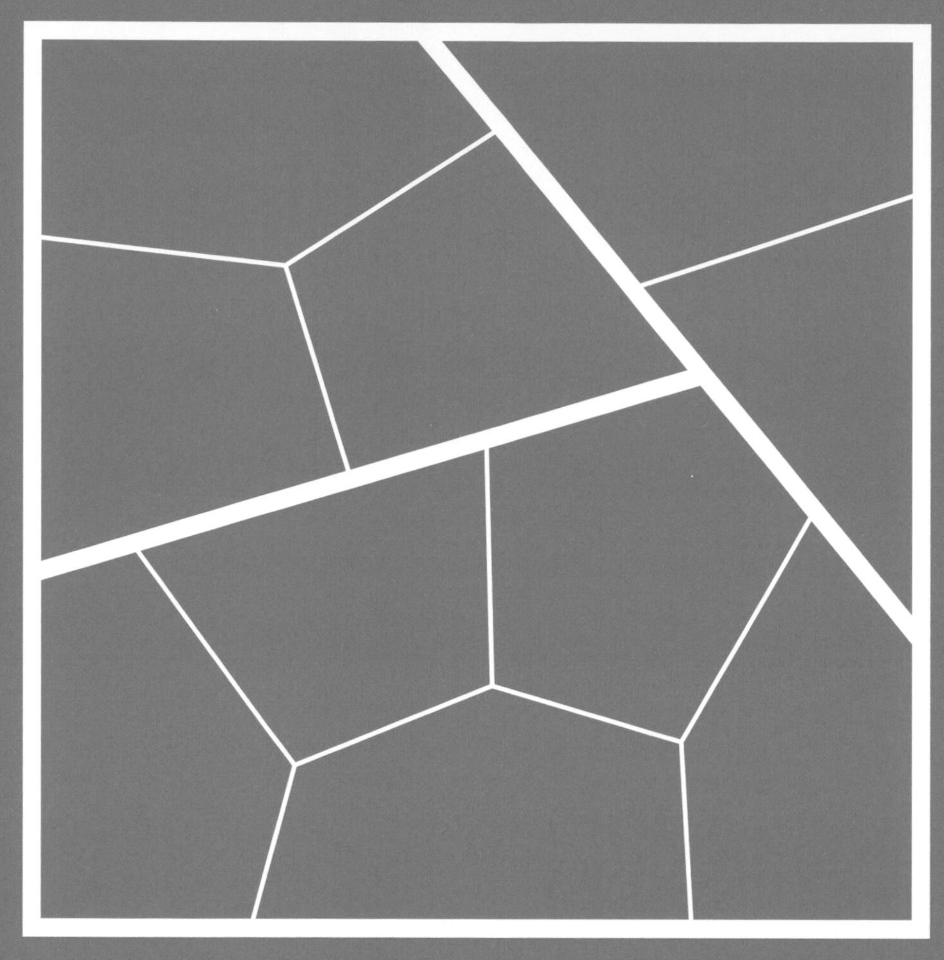

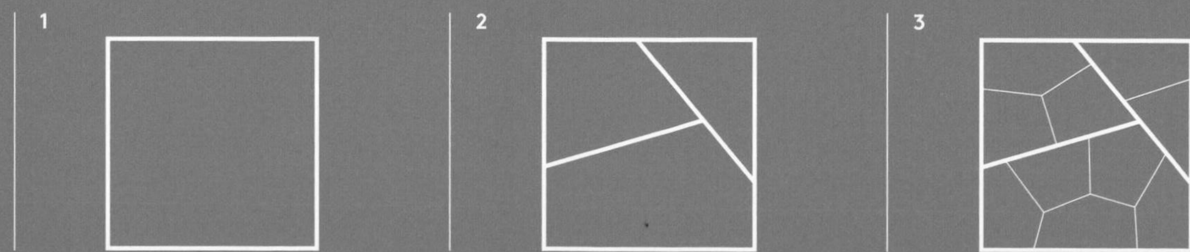

1
2
3

Chapter 08

沃羅諾伊樹狀圖

VORONOI TREEMAPS

沃羅諾伊樹狀圖是近年來新出現的樹狀圖，以笛卡兒的歐幾里得空間數學分割原理為基礎。這種拼貼機制被稱為沃羅諾伊鑲嵌或沃羅諾伊分解，以二十世紀初定義並研究這種靈活格狀結構之特性的烏克蘭數學家格奧爾吉・沃羅諾伊（Georgy Voronoy）為名。一般來說，在一組給定的種子（離散點）中，每個點的周圍都會形成一個多邊形區域。每個區域描述的是最靠近其種子的範圍。這些區域又再分成子單元，如此形成結構完美的連續性層級聚類。雖然沃羅諾伊樹狀圖的遞迴組構和矩形樹狀圖類似，沃羅諾伊樹狀圖內個別多邊形區域的位置和形狀具有極高的適應性和可配置性，使其在特定範圍內能有更佳的細分區域，避免使用類似的形狀和高寬比。由於沃羅諾伊樹狀圖有靈活的組織原則，也讓它以類似於動植物生長般的有機布局聞名，具有豐富多樣的形狀與配置，外觀看來可以像是彩繪玻璃，或是迷人的自然形態。沃羅諾伊樹狀圖已受到廣泛運用，在檔案系統與基因組數據的視覺化呈現尤其受歡迎。

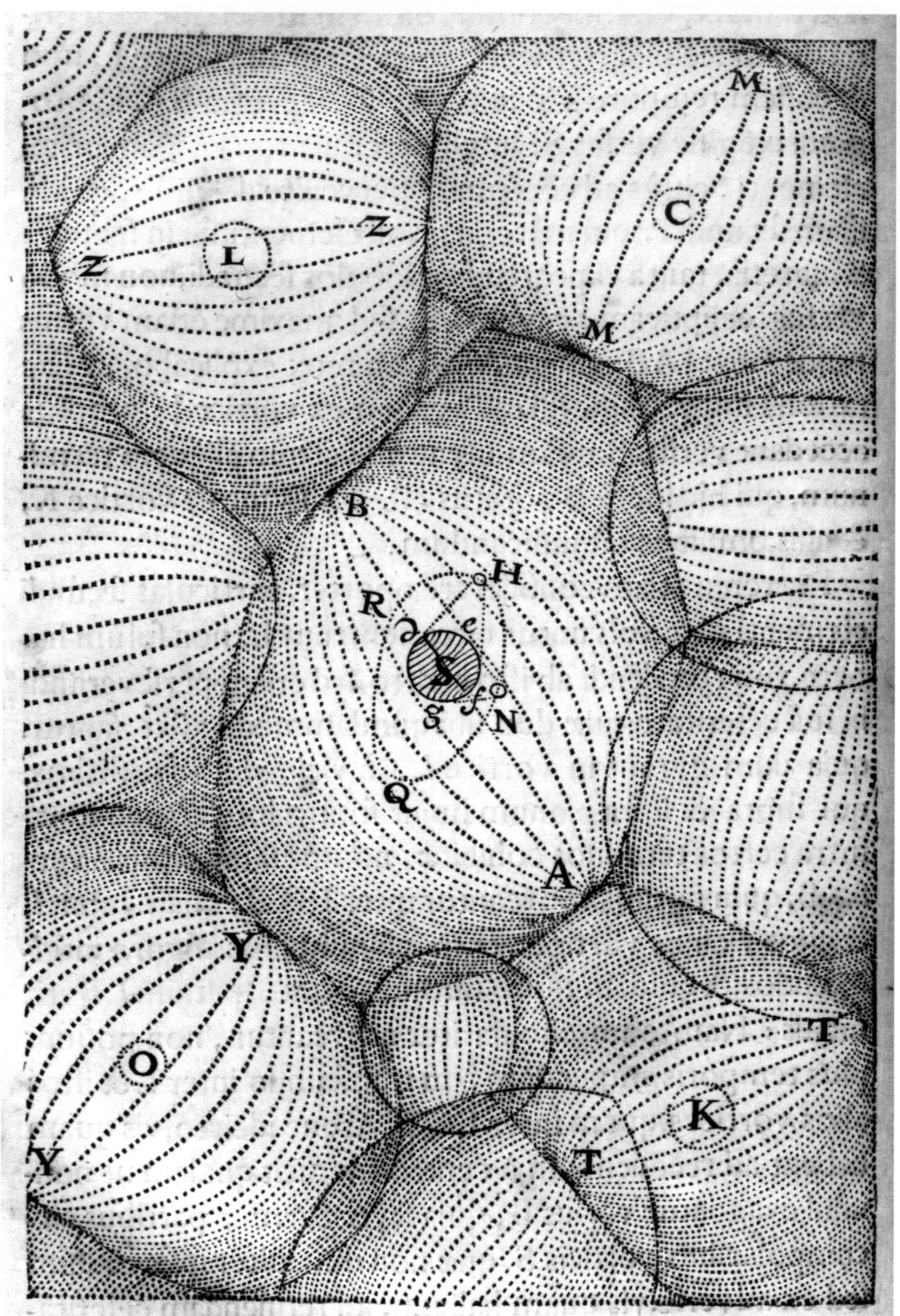

勒內・笛卡兒 René Descartes
漩渦 Vortices
出自《哲學原理》（*Principia Philosophiae*）
1644 年

這張圖的繪製以笛卡兒的漩渦系統為基礎，解釋的是十七世紀一般人廣為接受的宇宙運行原理：稀薄的宇宙空間物質或以太所形成的大型漩渦，因接觸而帶動行星與衛星的運動。笛卡兒在《哲學原理》以和這張圖類似的幾張圖像，來闡述宇宙漩渦的理論。在這張圖中，漩渦帶動行星圍繞著太陽運轉。太陽（圖中的 S）位於中央漩渦（AYBM 四點包圍的區域）的中心，周圍是以 C、K、O、L 四點為中心的相鄰漩渦系統。[1]

麥可・巴爾札 Michael Balzer
沃羅諾伊樹狀圖
2005 年

2005 年，麥可・巴爾札引介了一種以沃羅諾伊鑲嵌演算法來描繪層級結構的方式，來替代傳統的矩形樹狀圖。相對於以矩形分支為基礎的配置演算法，沃羅諾伊樹狀圖的配置演算法是第一個能夠生成靈活多邊形分支的演算法，圖中不再出現類似的形狀與長寬比，也能產生更生動誘人的有機布局。巴爾札大規模改進了沃羅諾伊樹狀圖的配置，更納入邊界、色彩和陰影等元素，繪製出來的樹狀圖不但功能性十足，更有獨特的外觀。這幅沃羅諾伊樹狀圖有 4075 個節點與 10 個層級，圖中顏色較淺處表示層級較低。

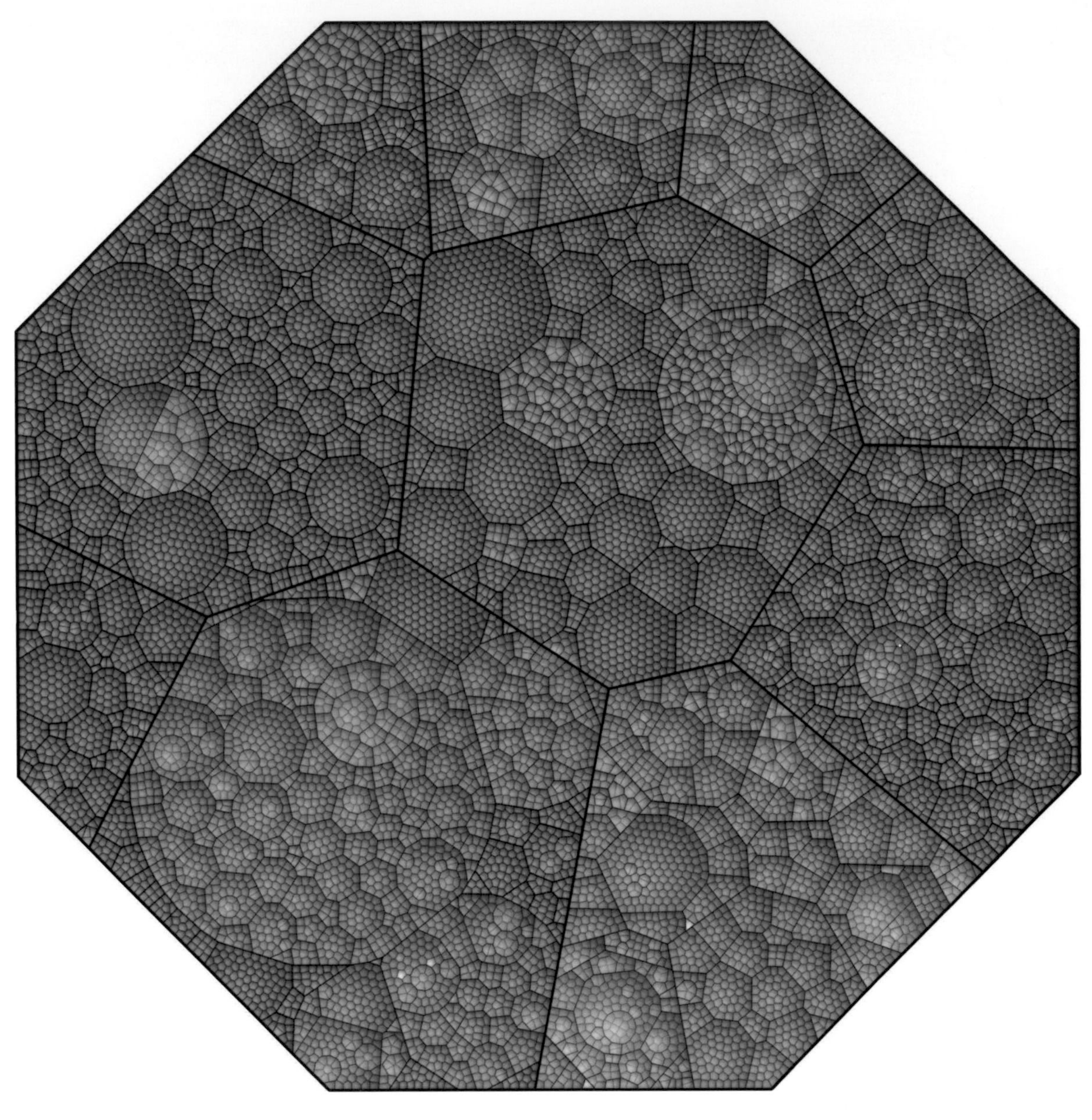

麥可・巴爾札 Michael Balzer

沃羅諾伊樹狀圖

2005 年

這幅沃羅諾伊樹狀圖有 16288 個節點與 7 個層級，圖中顏色較淺處表示層級較低。

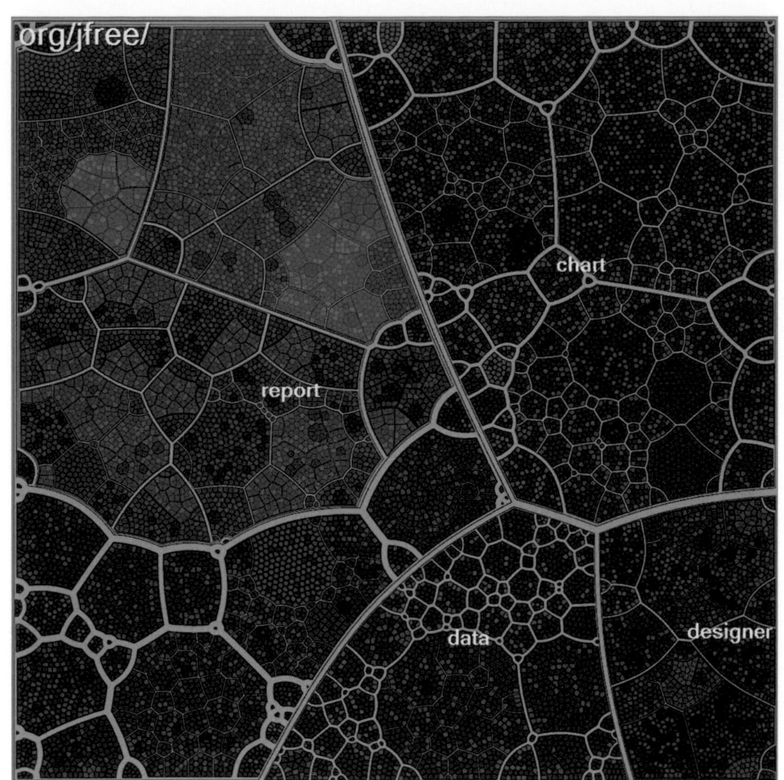

麥可・巴爾札 Michael Balzer
沃羅諾伊樹狀圖
2005 年

這幅沃羅諾伊樹狀圖描繪的是 JFree 系統中套裝軟體、層級、方法和屬性的靜態結構。JFree 系統是針對 Java 平台的免費套裝軟體。

這幅沃羅諾伊樹狀圖描繪的是 JFree 系統所有文件的程式碼行數。就和其他類似方法一樣，層級愈低，區域之間的邊界線愈細（下圖）。

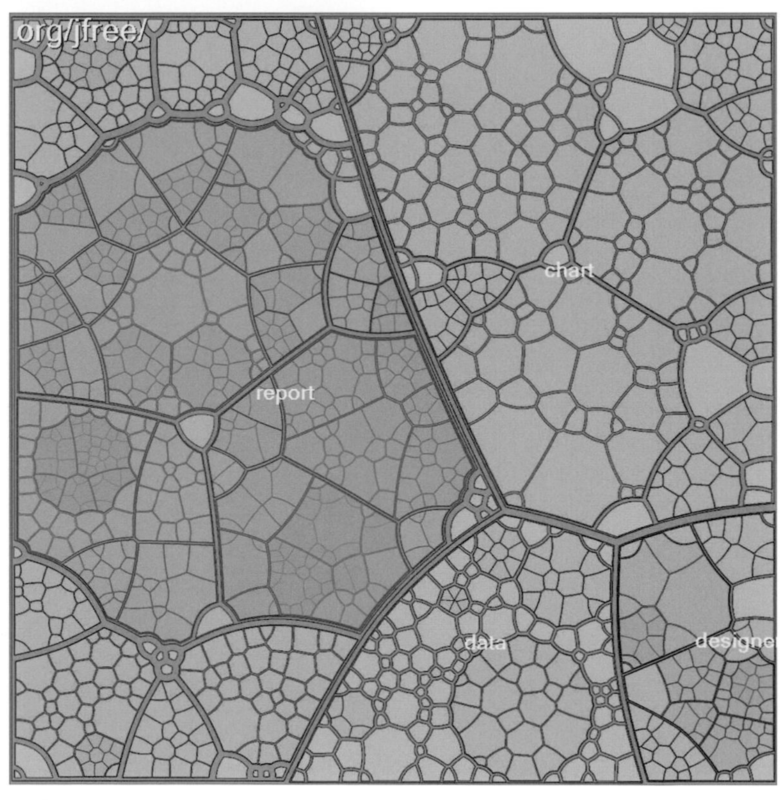

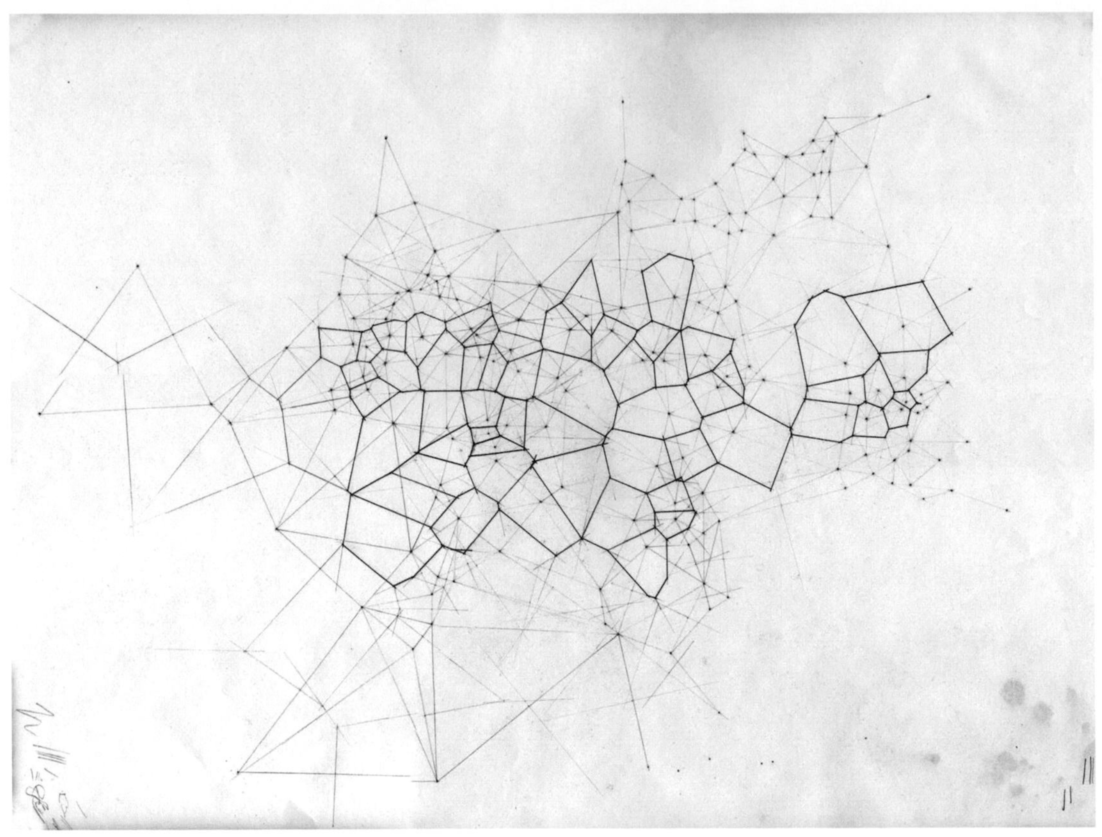

弗雷德・夏爾曼 Fred Scharmen
手繪沃羅諾伊樹狀圖
Artisanal Voronoi
2009 年

這幅樹狀圖運用基本手繪工具和簡單捷思法，以各種模擬輸入生成沃羅諾伊樹狀圖。隨機輸入點（或稱種子）是利用手搖胡椒研磨器在製圖桌上研磨胡椒粒而來，梯度和其他變形效果則是利用磁鐵操縱鋼圈墊格柵而來。接下來，形成的點經過繪製與修飾，生成一系列典型沃羅諾伊鑲嵌的多邊形區域。

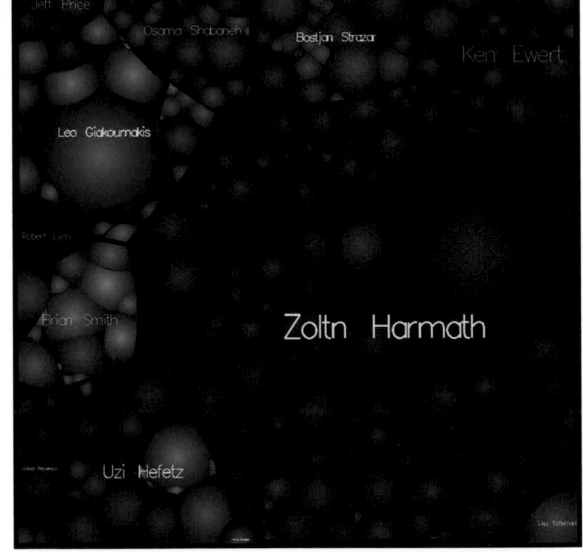

阿夫尼須・蘇德 Avneesh Sud
丹尼爾・費雪 Danyel Fisher
快速動態沃羅諾伊樹狀圖
2009 年

這幅沃羅諾伊樹狀圖表現的是一組織的層級結構，該組織員工人數為十八萬人。每個節點（單元）代表一個經理，節點大小和該經理領導的員工人數成正比。這張圖只展現了該組織最上面的四層。有鑑於沃羅諾伊樹狀圖的計算非常緩慢，本圖繪製者設計了一個以 GPU 為基礎的迭代演算法，以加快計算速度並即時更新。

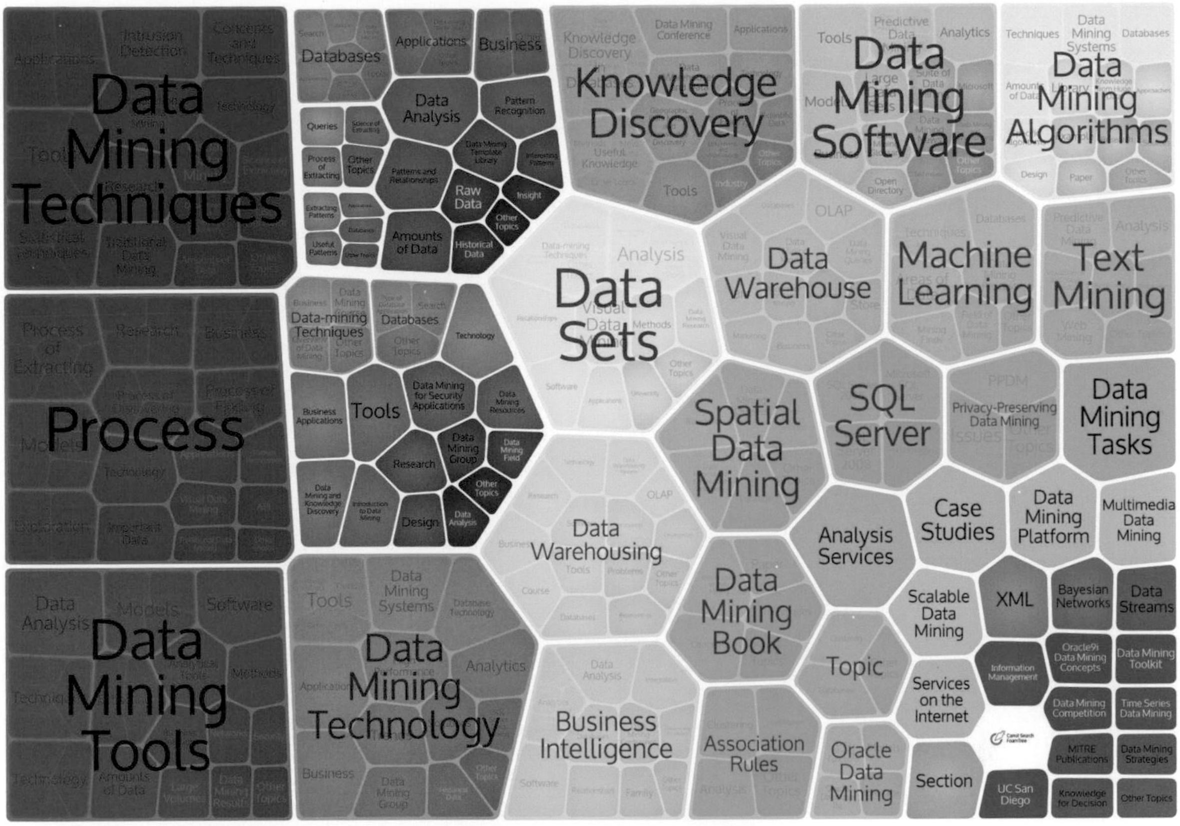

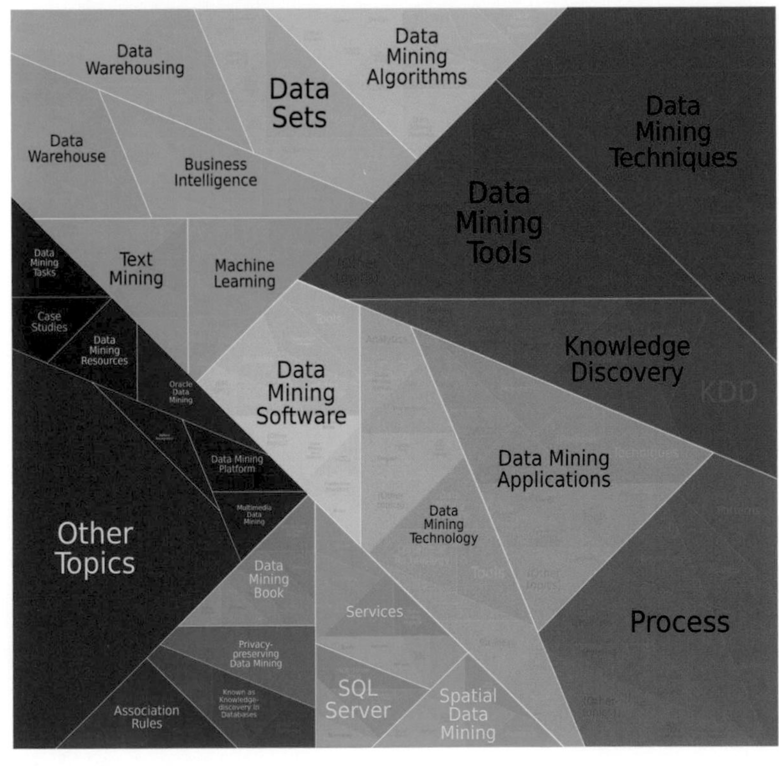

斯塔尼斯拉夫・奧辛斯基
Stanislaw Osinski
戴維・魏斯 Dawid Weiss
Carrot Search 泡泡樹狀圖
FoamTree
2010 年

這幅運用受物理學啟發的布局演算法製作的 JavaScript 沃羅諾伊樹狀圖，為 Carrot Search 公司研發設計的作品。該公司提供許多文字探勘工具，以 Carrot2 最為人所知。Carrot2 是一種開放原始碼搜尋結果群聚引擎，能將各類文件資料（主要為搜尋結果但並不局限於此）按照不同主題類別排列（上圖）。

這張圖的繪製採用了另一種多邊形構造，呈現出原始泡泡樹狀圖的另一種布局變化（左圖）。

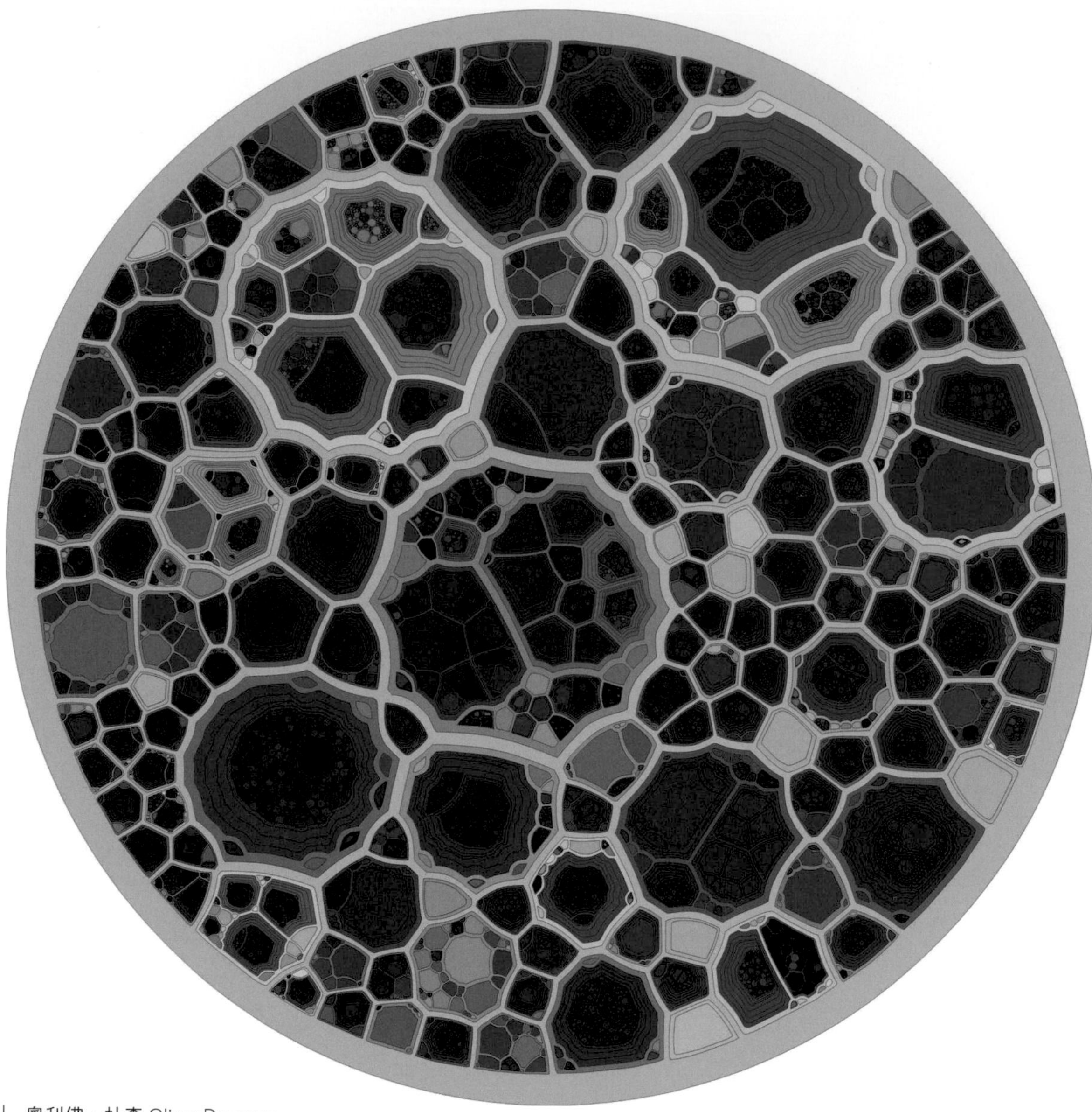

奧利佛・杜森 Oliver Deussen

Eclipse 軟體開發系統的
沃羅諾伊樹狀圖

2010 年

這幅沃羅諾伊樹狀圖是多語言軟體開發系統 Eclipse 的分層檔案結構，共顯示了一萬五千個等級。

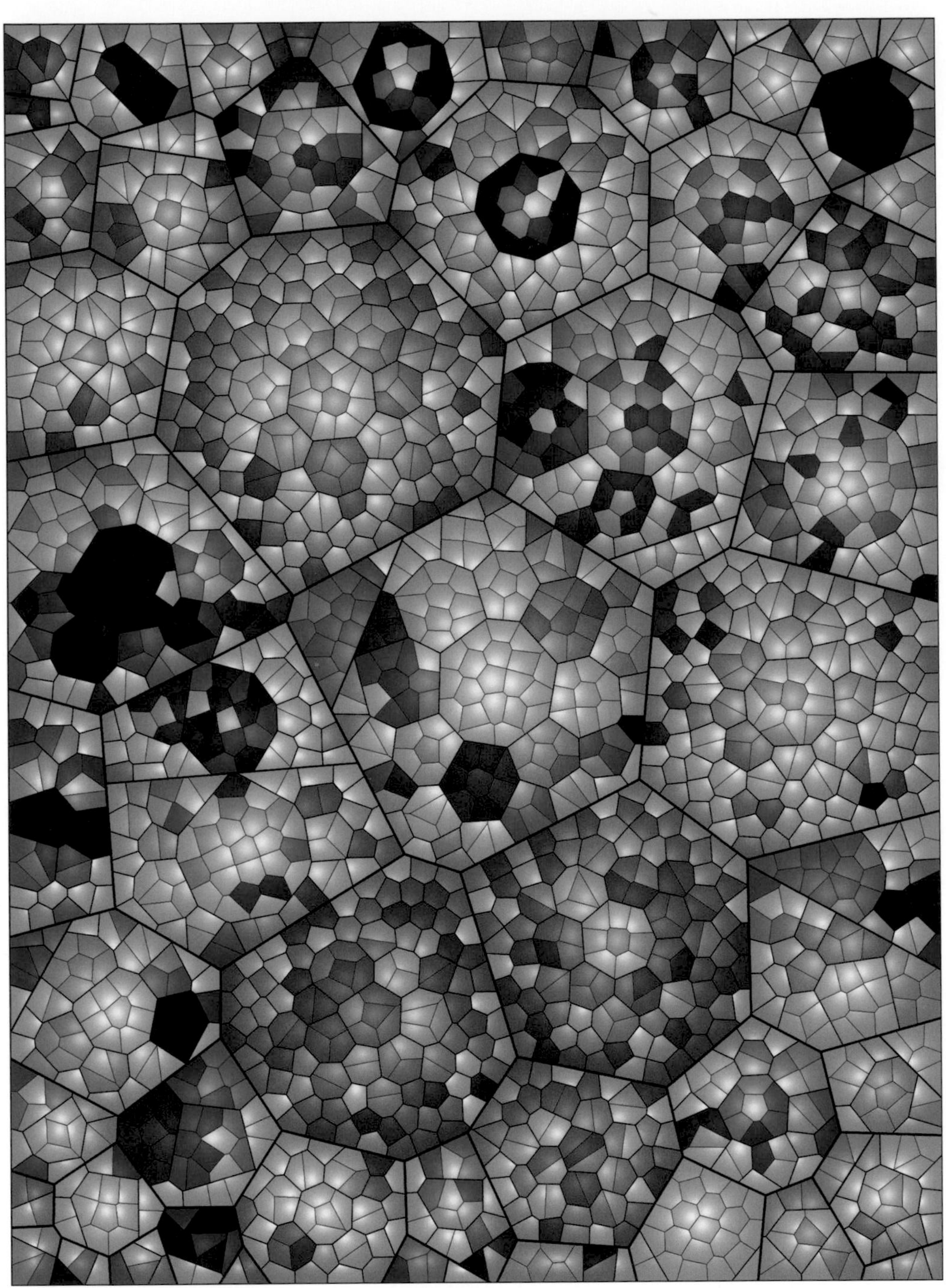

伯恩哈特、西堡、舒勒、梅蘭
Jörg Bernhardt, Juliane Siebourg, Julia Schüler, Henry Mehlan
漩渦（組學數據視覺化樹狀圖
Omics data visualization using treemaps）
2011 年

這幅沃羅諾伊樹狀圖的單元區域代表枯草芽孢桿菌的基因。繼人類基因組測序之後，又出現了「組學」這個新詞，指系統生物學中許多英文以「-omics」（組學）作為後綴的研究領域，例如基因組學（genomics）、蛋白質組學（proteomics）、轉錄組學（transcriptomics）、代謝組學（metabolomics）與金屬組學（metallomics）。大部分組學研究都以基因、分子和蛋白質的功能、行為與交互作用為焦點。這幅樹狀圖顯示在最佳條件下培養出來的枯草芽孢桿菌與缺乏葡萄糖的環境所培養出來的細胞，在基因表現上的差異。約爾格・伯恩哈特和他的團隊已成為沃羅諾伊樹狀圖在生物資訊學運用的強力倡議者，尤其是在繪製與分析蛋白質組方面（蛋白質組是由基因庫、組織、細胞或生物體來表現的蛋白質集合）。

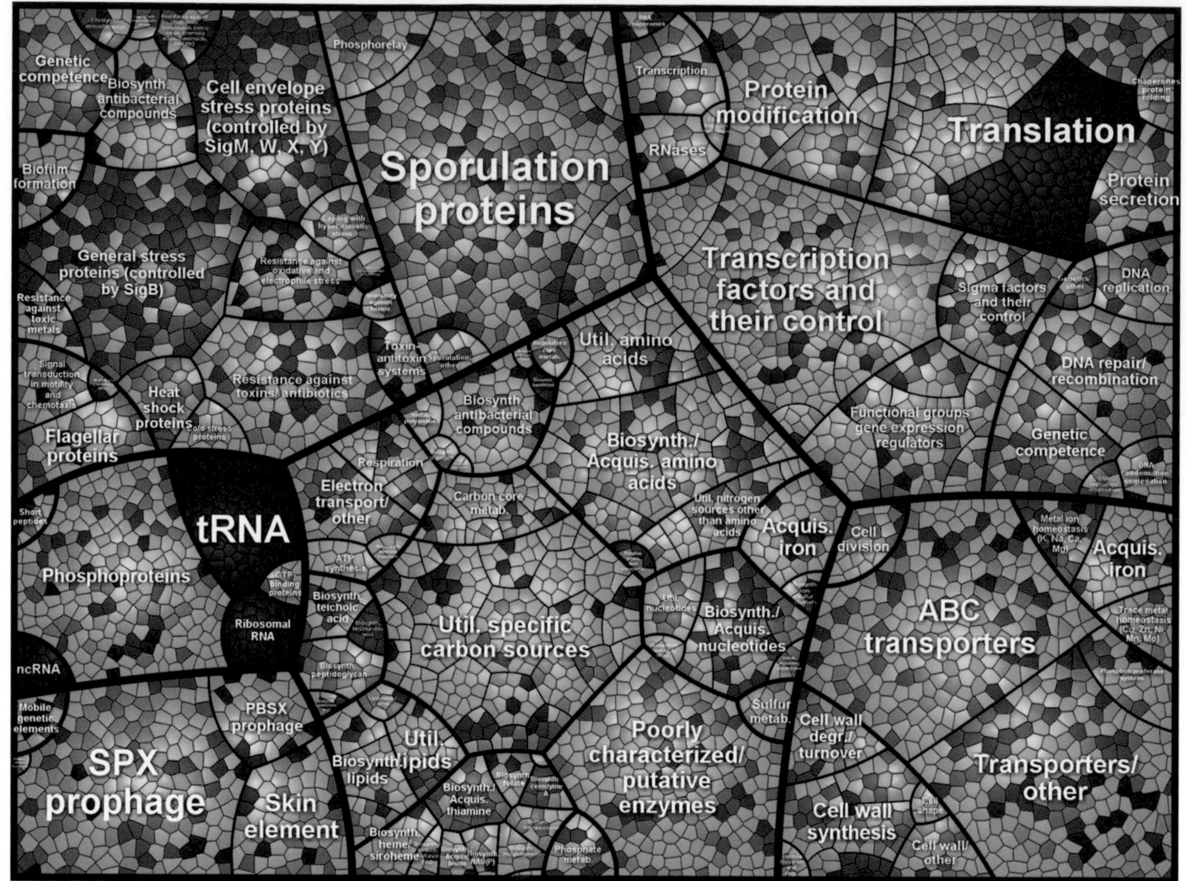

伯恩哈特、西堡、舒勒、梅蘭

Jörg Bernhardt, Juliane Siebourg, Julia Schüler, Henry Mehlan

漩渦（組學數據視覺化樹狀圖

Omics data visualization using treemaps）

2011 年

這幅沃羅諾伊樹狀圖描繪的是一個按功能類別來排列枯草芽孢桿菌的實驗，涉及相同細胞功能的基因會被安置在樹狀圖群集內非常接近的位置。圖中綠色－黃色－紅色的梯度說明基因對於大氣等離子處理與氬等離子處理所產生的不同反應，紅色表示基因對於氬等離子有較強烈的反應，綠色則表示對大氣等離子處理有較強烈的反應

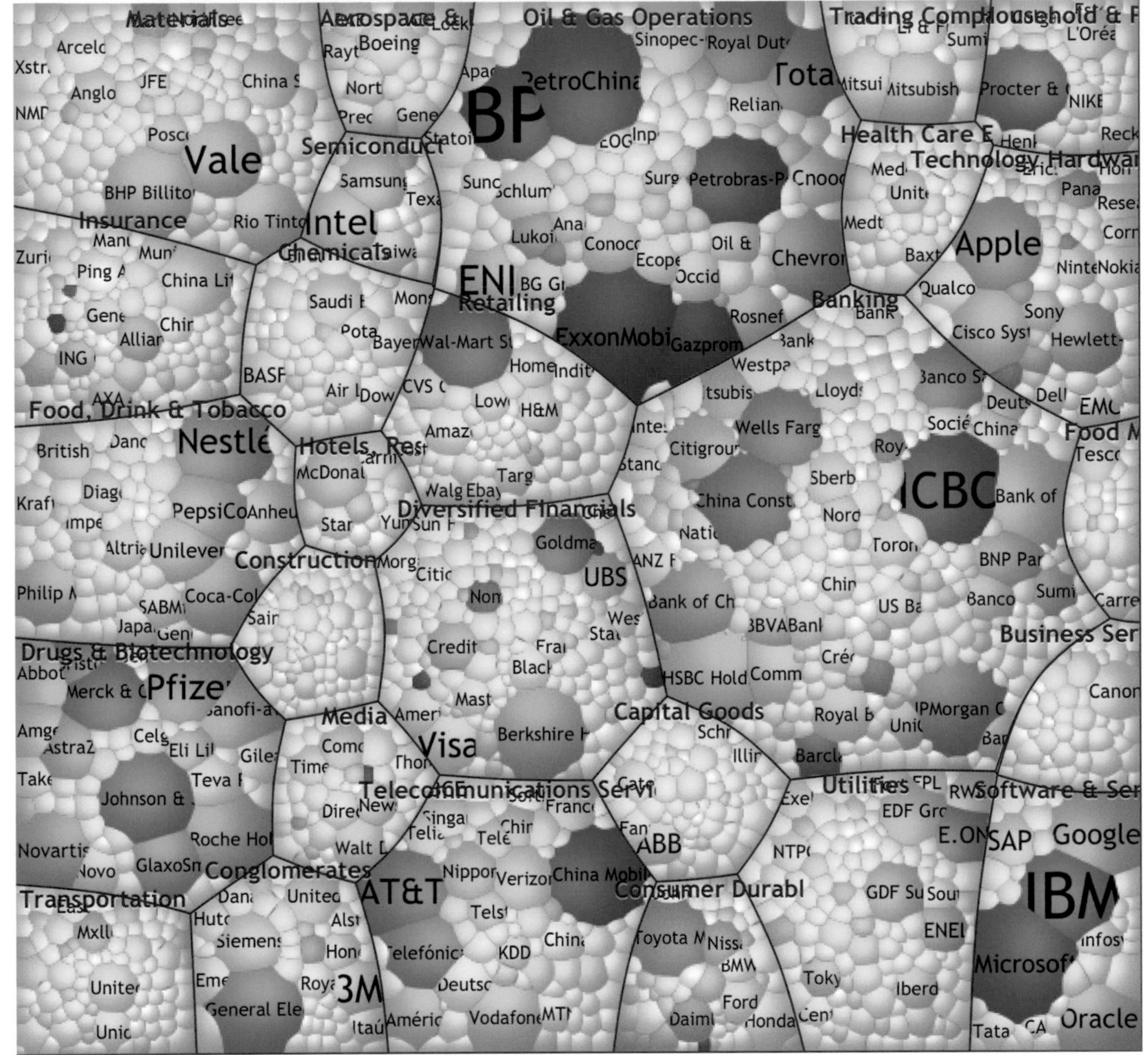

Macrofocus GmbH 公司

Forbes Global 2000–10

2012 年

Macrofocus 公司以全球 2000 大上市公司製作的沃羅諾伊樹狀圖。每個多邊形的大小和公司的市場價值成正比，顏色代表盈利（綠色）或虧損（紅色）。

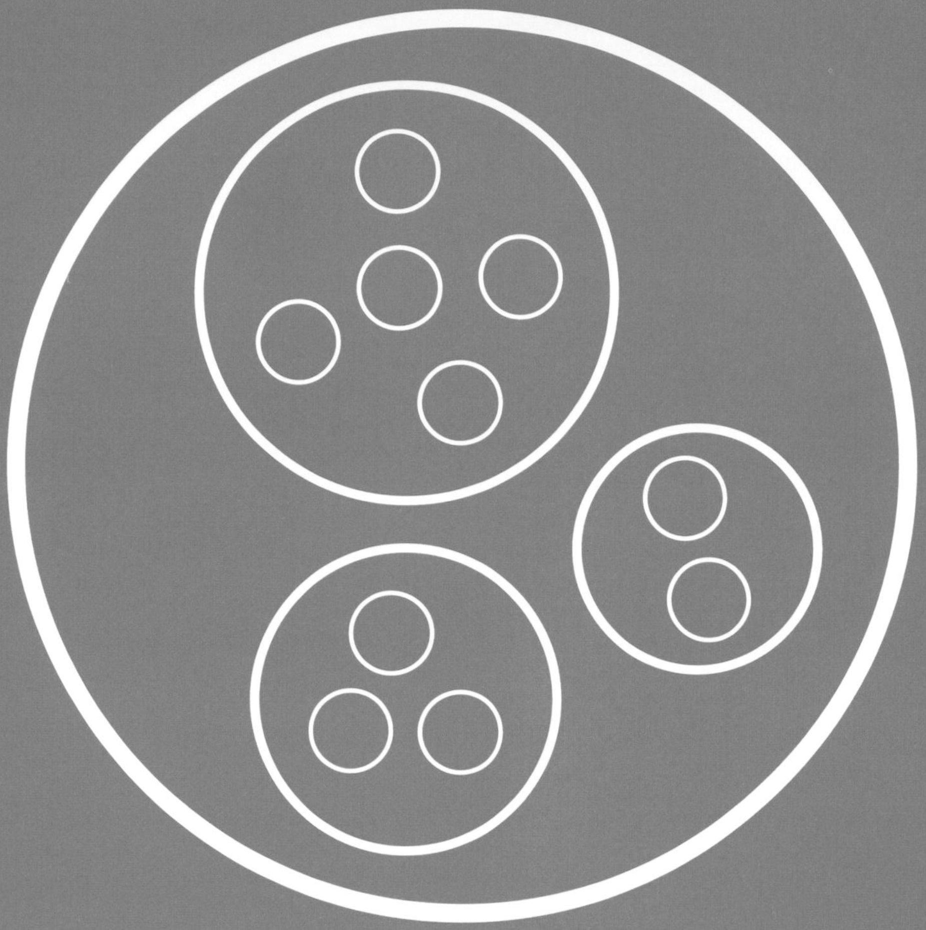

1
2

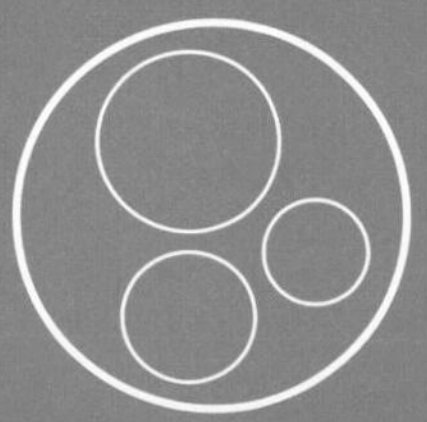

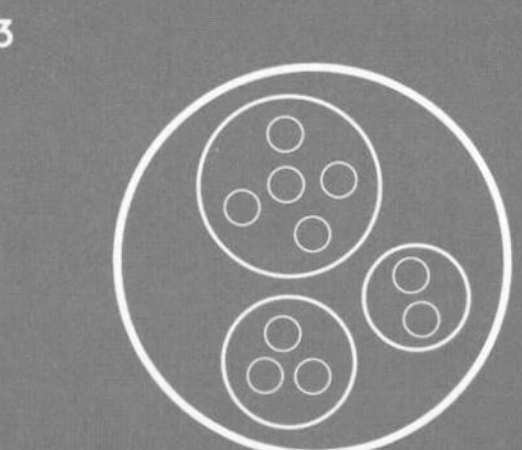
3

Chapter 09

圓形樹狀圖

CIRCULAR TREEMAPS

這是最新出現的一種新型樹狀圖，用圓形代替矩形作為其組構機制。樹狀圖的每個分支或部分都以圓形表示，圓形裡又有代表子分支的更小圓形。如同其他空間填充法，個別圓形的面積可能和特定數量或數據屬性如檔案大小有關，顏色可能用來表示額外的特質或類別，例如檔案類型。雖然圓形樹狀圖的層級結構相當明確，形成的圖案饒富吸引力，各單元區域之間卻浪費了相當的空間，使其成為相當無效率的視覺化技術，在表現大型層次或等級結構時尤其如此。因此，圓形樹狀圖多少仍在實驗階段，應用上並不如其他類型的樹狀圖來得廣泛，幾乎專門用來描繪數位檔案的資料庫和目錄。

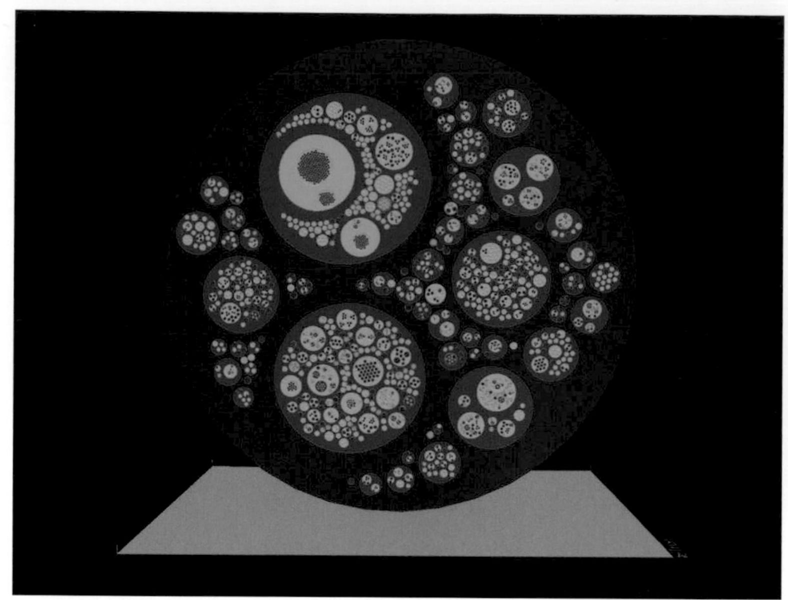

考戴爾、孫力松、史密斯
Thomas P. Caudell, Lisong Sun, Steve Smith
沉浸式網路監控的強制定向遞迴樹形結構
2003 年

這幅樹狀圖運用強制定向遞迴樹形結構法（FROTH）生成，所謂的強制定向遞迴樹形結構法是一種遞增的布局演算法，專門用於即時的沉浸式網路監控。它借助了巢狀樹狀圖結構，不過是以圓形包圍圓形而非更標準的矩形拼接方式來表現。

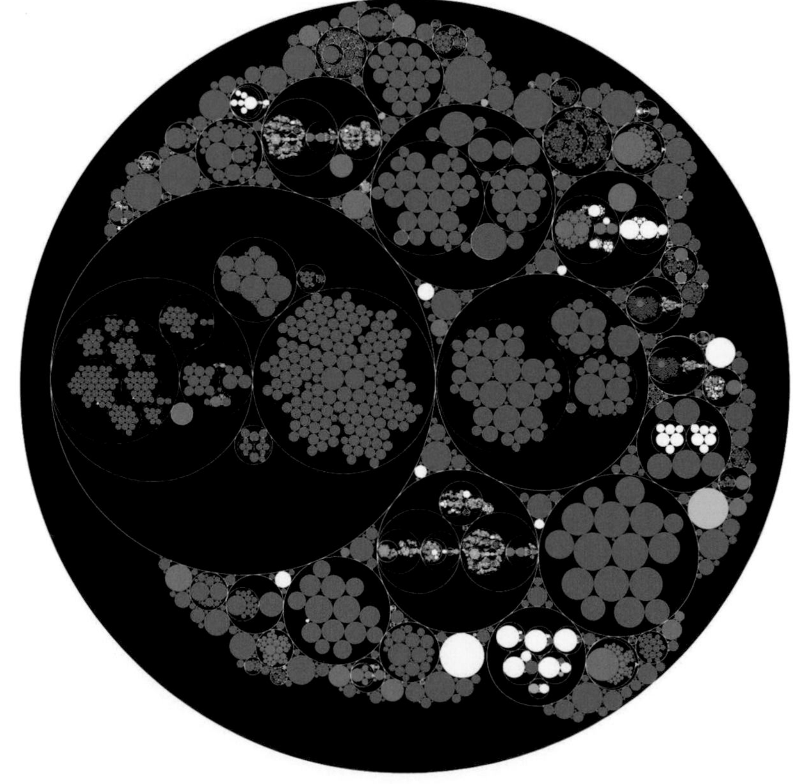

凱伊・韋澤爾 Kai Wetzel
卵石圓形樹狀圖
2003 年

這幅樹狀圖描繪的是大型電腦檔案目錄，不同顏色代表不同檔案類型。它是最早運用巢狀圓形的樹狀圖結構，許多不同的圓形樹狀圖也由此衍生而出。根據韋澤爾的說法，他是在看到一個以圓形結構來表現雙曲線幾何的螢幕保護程式時，有了創作這個模型的想法。韋澤爾第一次提出這個模型時，有鑑於空間填充效率低下，他虛心認為這個模型是演化的死胡同。然而，儘管確實需要改進，這個新穎的視覺化方法還是有其優點，由於縮放時不需要重新計算調整配置，在操作時可以快速放大特定分支。

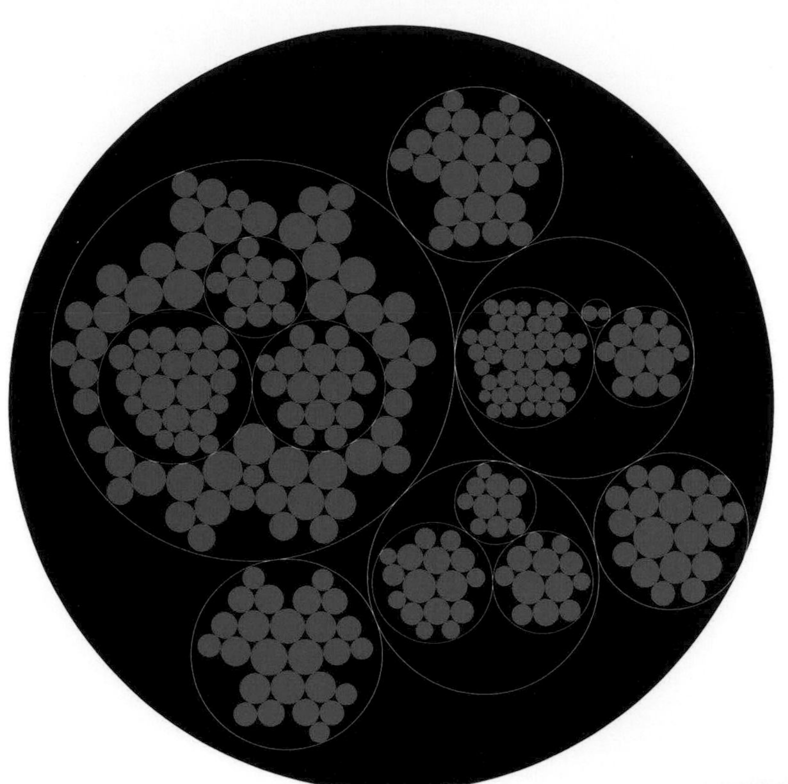

凱伊・韋澤爾 Kai Wetzel
卵石圓形樹狀圖
2003 年

前一幅樹狀圖的局部放大。

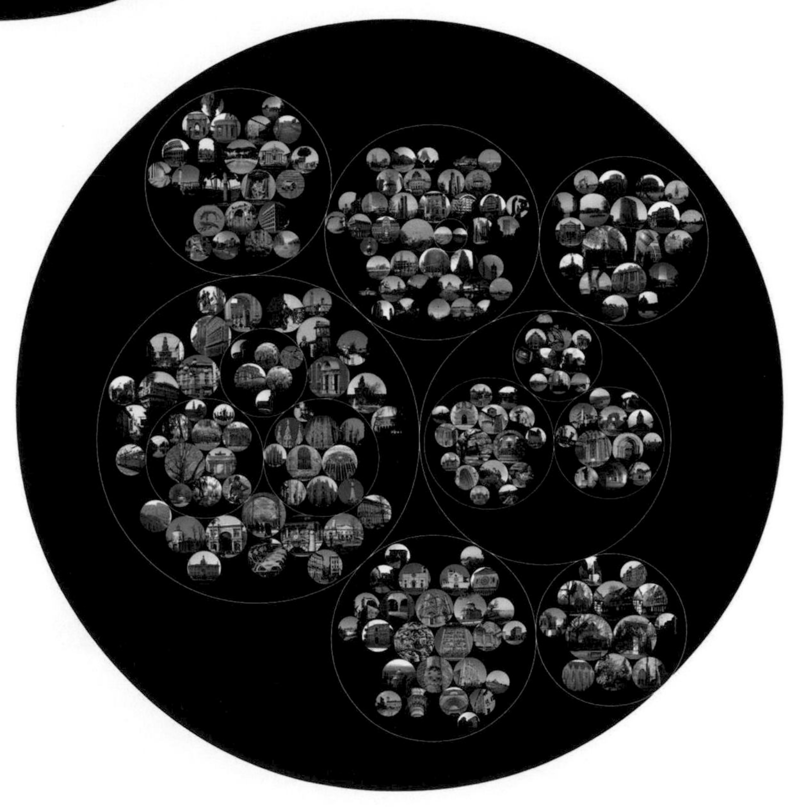

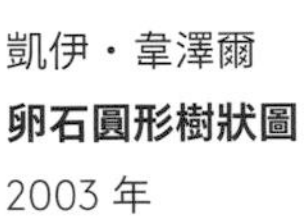

凱伊・韋澤爾
卵石圓形樹狀圖
2003 年

這幅圓形樹狀圖表現的是一個數位圖像目錄，圓形內的圖就是其所代表的圖像檔案。

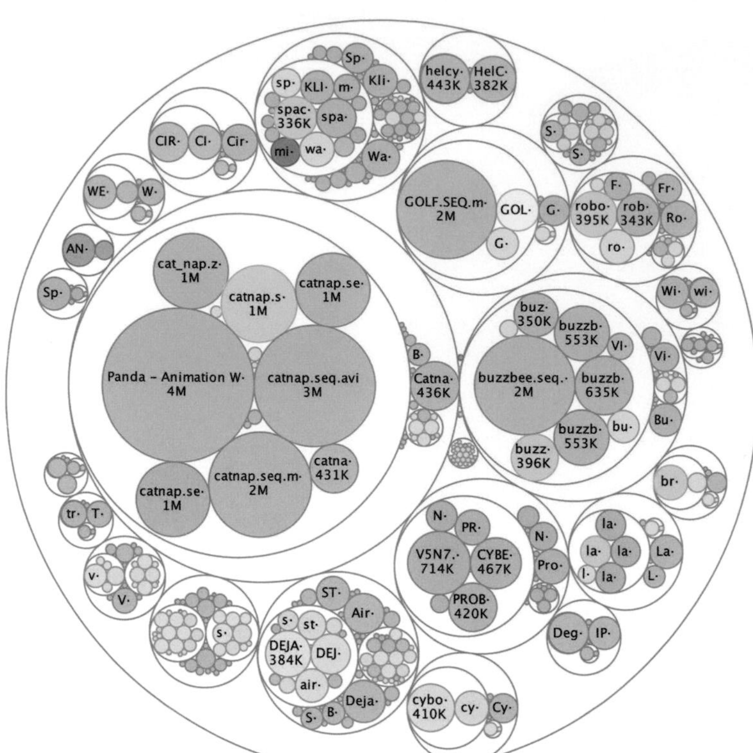

維爾納・蘭德爾舒夫
Werner Randelshofer
Treeviz 圓形樹狀圖
2007 年

這是一幅描繪電腦檔案目錄的圓形樹狀圖。Treeviz（參考第六章第 141 頁）的創建目的，是要辨識一線上學習與檔案分享平台的使用模式，該平台上約有一百萬個檔案資源。這個工具使用包括圓形樹狀圖、矩形樹狀圖、旭日形樹狀圖、冰柱形樹狀圖和雙曲樹狀圖等不同視覺化技術，按檔案夾層級來描述檔案結構。這些視覺化呈現都可以運用不同顏色漸層來表達檔案屬性，例如創建日期和所有權等。圓形樹狀圖和矩形樹狀圖也會運用單元區域的大小來表示檔案占用的儲存空間。

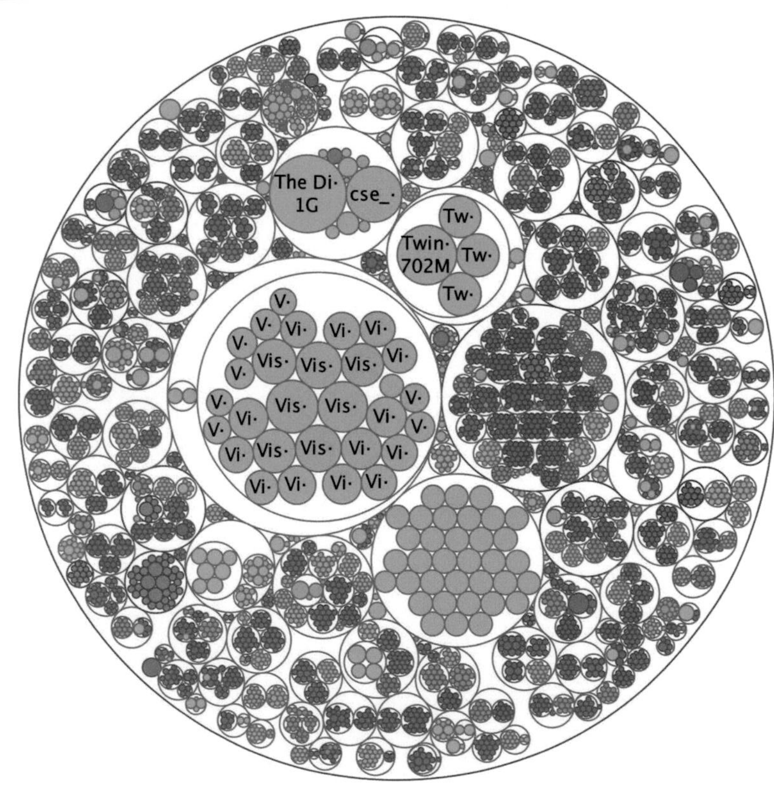

維爾納・蘭德爾舒夫
Werner Randelshofer
Treeviz 圓形樹狀圖
2007 年

以 Treeviz 生成的另一種圓形樹狀圖。

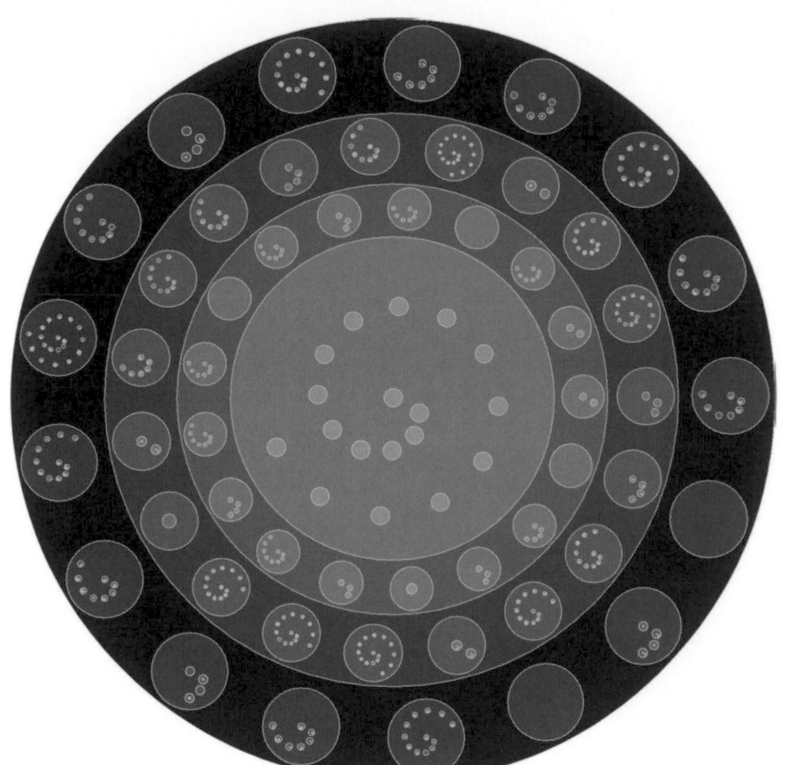

卡塔永・艾特馬
Katayoon Etemad
席拉・卡彭戴爾
Sheelagh Carpendale
Shamseh 圓形樹狀圖
2009 年

這是用來描繪大型層級結構的互動式圓形樹狀圖，其設計受到自然花卉圖案和對稱葉序形態的啟發。這幅樹狀圖使用了不同的圓形填充法，讓各種大小的圓形（與巢狀式群集）排列成一系列同心圓，最早發展的層級（靠近樹的根部）被較晚發展的更大圓圈包圍，愈晚發展者愈靠近邊緣。在處理每個節點的次級分支時，繪製者用螺旋葉序結構（類似植物莖上葉子的排列方式）來表現更次一級的分支。

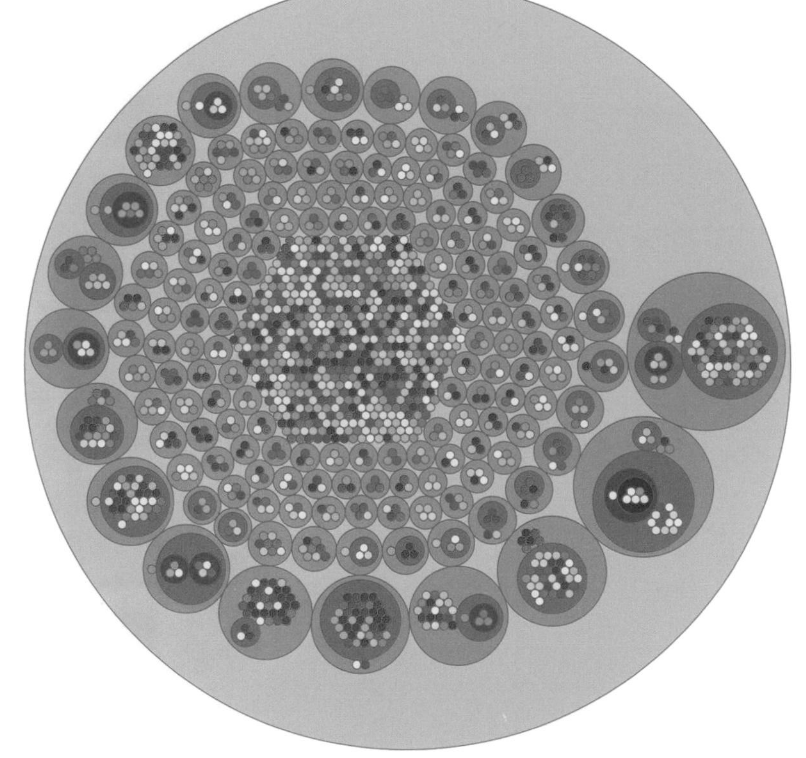

布蘭特・席尼曼 Brent Schneeman
推特幽靈圓形樹狀圖 Tweetgeister
2010 年

這幅樹狀圖是社群網路推特中概念群集的視覺化呈現。推特的每則推文包含 140 個字元，與特定主題（例如會議或演講）相關的推文通常會標記上話題標籤「#」（例如「# 美國大選共和黨辯論」或「# 舊金山暴動」）。「推特幽靈計畫」的目的，是要按照語義的相似性，以圖像表現出不同推文之間的關聯。找出具有語義相關性的推文以後，接下來再將較大的群集分組成次群集。不同群集用 Protovis.js 程式庫提供的圓形填充布局來表現，每個獨立的藍色圓形（代表一個層級）都位於代表較高層級的較大圓形裡，整體布局呈螺旋狀。個別推文以實心圓點表示，並以顏色來表現發文時間（紅色代表最早發布者，綠色代表最近期）。

茱莉亞・德米特里耶娃
Julia Dmitrieva
馮斯・維爾貝克
Fons J. Verbeek
本體視覺化
Ontology visualization
2010 年

本圖是以非傳統包圍法的本體層級結構為基礎來展現的排名結構。作者在三維球體上運用球體填充法，以此代替傳統的二維空間填充技術，並且以語義縮放功能來加強這種視覺化，讓使用者可以控制所分析的細節層次或層級。

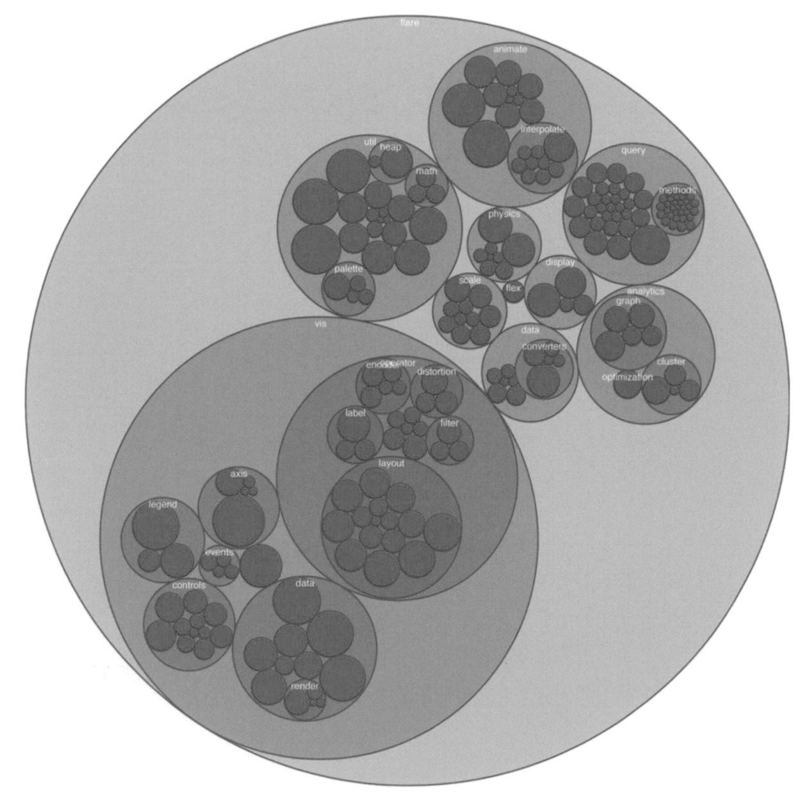

赫爾、保斯托、奧吉耶弗斯基
Jeffrey Heer, Michael Bostock,
Vadim Ogievetsky
Flare 套裝軟體樹狀圖
2010 年

這幅樹狀圖透過典型圓形樹狀圖的一系列包圍式圓形來表現出各個層級和子分類，深入探討開放原始碼軟體套件 Flare 視覺化工具包（參考第二章第 93 頁）的視覺化呈現。

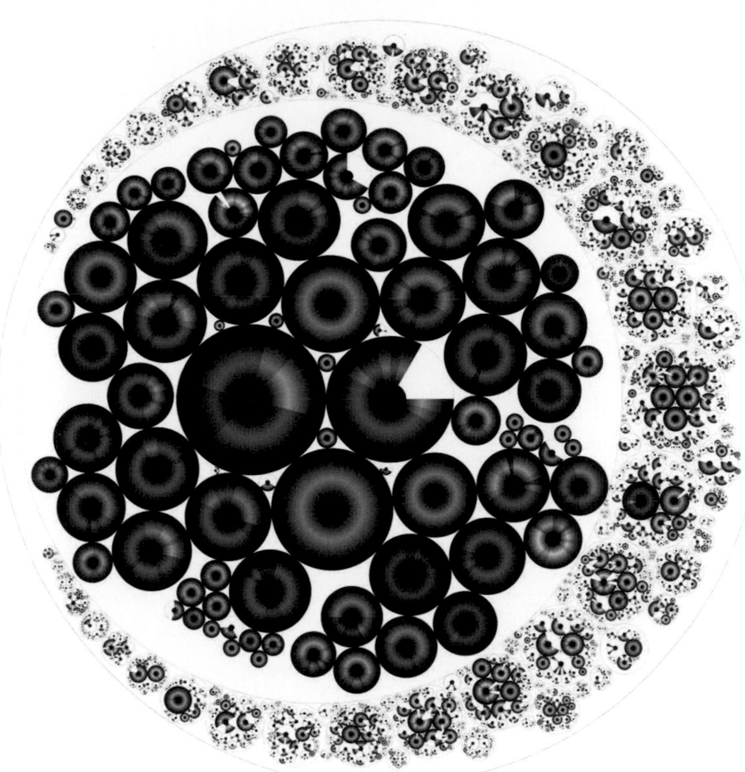

費雪、傅克斯、曼斯曼

Fabian Fischer, Johannes Fuchs, Florian Mansmann

IP 網絡流量分析

出自〈時鐘地圖：以時間序列數據圖標改善圓形樹狀圖〉（*ClockMap: Enhancing Circular Treemaps with Temporal Glyphs for Time-Series Data*）

2012 年

這幅互動式圓形樹狀圖研究的是具有層級性的時間序列數據，顯示了一個大型 IP 網絡的流量，每個圓圈（甜甜圈圖標）表示單一 IP 位址（聚集在甜甜圈外環）或子網絡（以甜甜圈中心較大符號表現）的二十四小時時間順序。使用者可以以局部縮放的方式，進一步將每個子網絡分解成個別 IP 位址。甜甜圈上的切片以小時為單位，每個時段都按網絡流量大小，以從黃到紅的不同顏色表示。

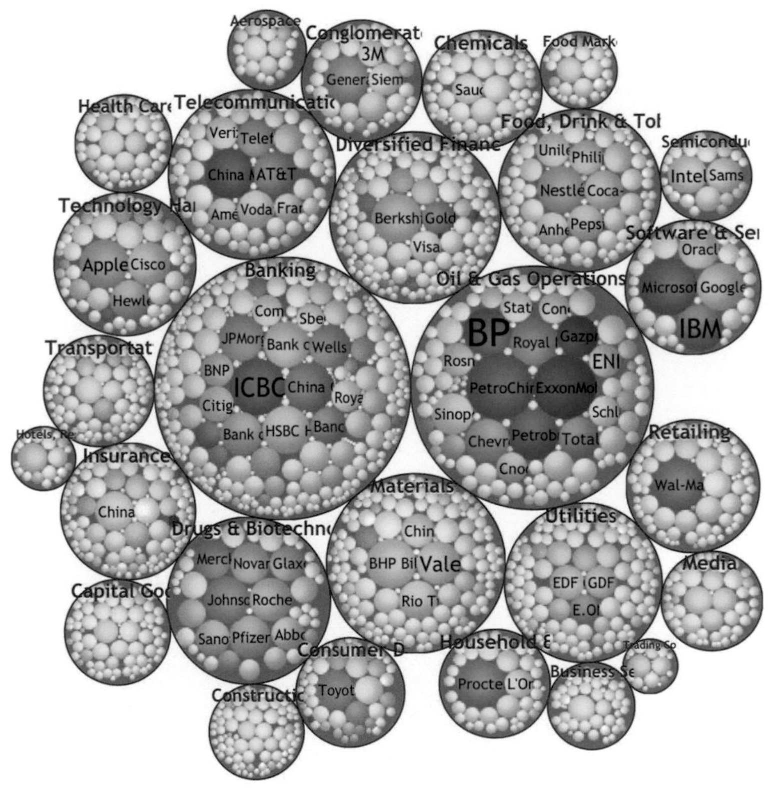

Macrofocus GmbH 公司

Forbes Global 2000–10

2012 年

此為 Macrofocus 製作的圓形樹狀圖（參考第八章第 169 頁）。圓形大小與 2000 大上市企業的市場價值成正比，顏色則用來表示盈利（綠色）或虧損（紅色）。

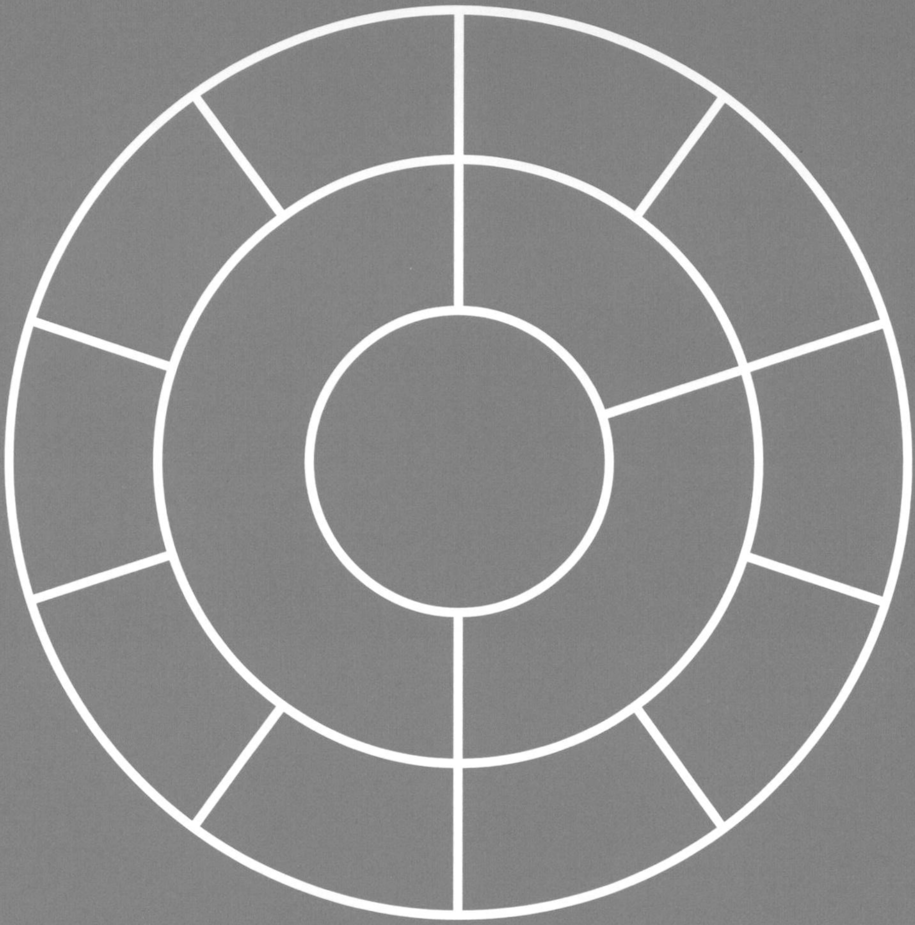

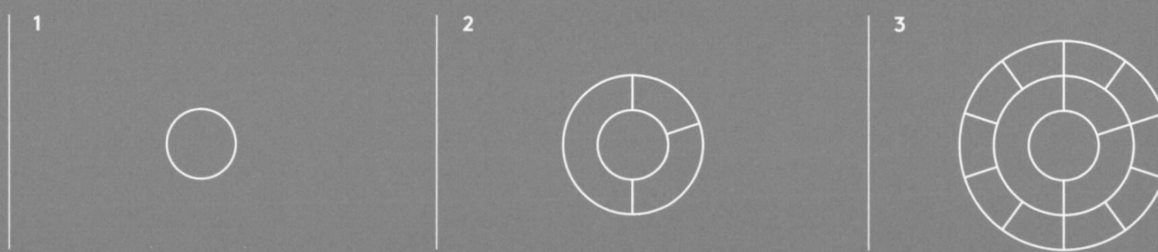
1
2
3

Chapter 10

旭日形樹狀圖
SUNBURSTS

旭日形樹狀圖又稱徑向樹狀圖、環狀樹狀圖、扇形圖或巢狀餅圖，是一種空間填充視覺化技術，使用放射狀布局，而非形式上比較擴散的矩形布局。旭日圖和前面講過的放射樹狀圖類似，通常以位於中心的根部為起點或層級結構的最頂級，其餘層級則依序從中間向外擴展。然而，旭日圖並未使用節點結構，而是一系列環形的分割與並列的單元。就如其他樹狀圖，旭日圖上個別單元的面積通常反映出特定數量或數據屬性，顏色則用來表示其他特性。這種樹狀圖表現層級的方式有二：其一為利用同心圓，從中心往外圍層級逐漸遞減，其二為利用內層母分支同角度往外擴張的區域來表現子分支。由於旭日圖呈放射狀配置，所以適合放在對稱的正方形區域內，不過因為放射畸變差（radial distortion）的緣故，層與層之間的區別比較不明顯。旭日圖最常用於檔案系統與系譜關係的描繪。

聯邦政府年度淨支出分析圖
出自威拉德・布林頓（Willard C. Brinton）《圖示集》（*Graphic Presentation*）
1939 年

這兩幅旭日圖於 1921 年首次發表於《機械工程》（*Mechanical Engineering*）雜誌，描述的是美國聯邦政府自 1910 年至 1919 年的平均年度淨支出。兩張圖都以旭日圖的放射狀配置來分析不同類別的支出。右圖是聯邦政府的總支出，下圖是與軍備支出無關的預算明細，例如公共工程、研究與教育等方面的支出。

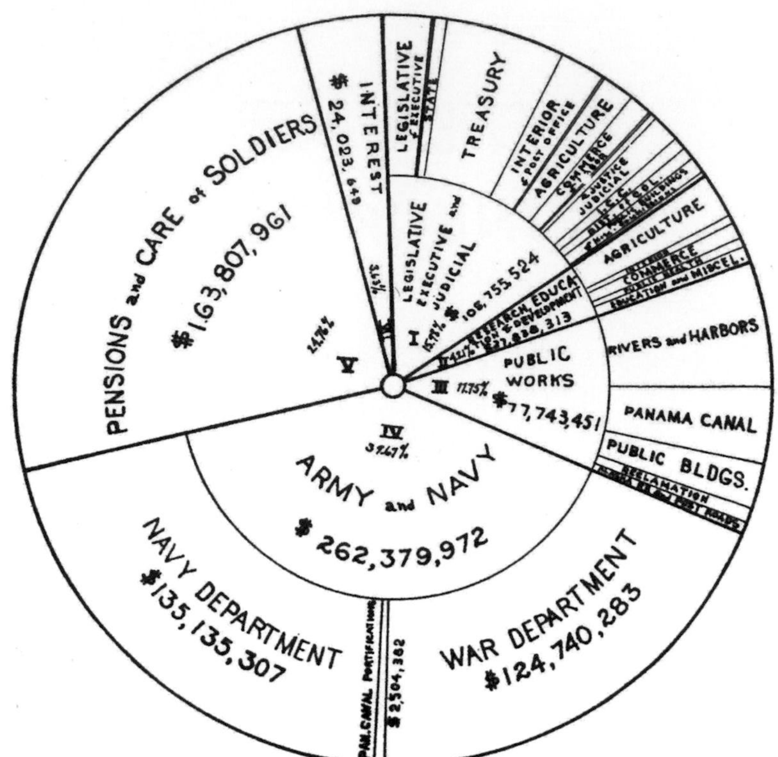

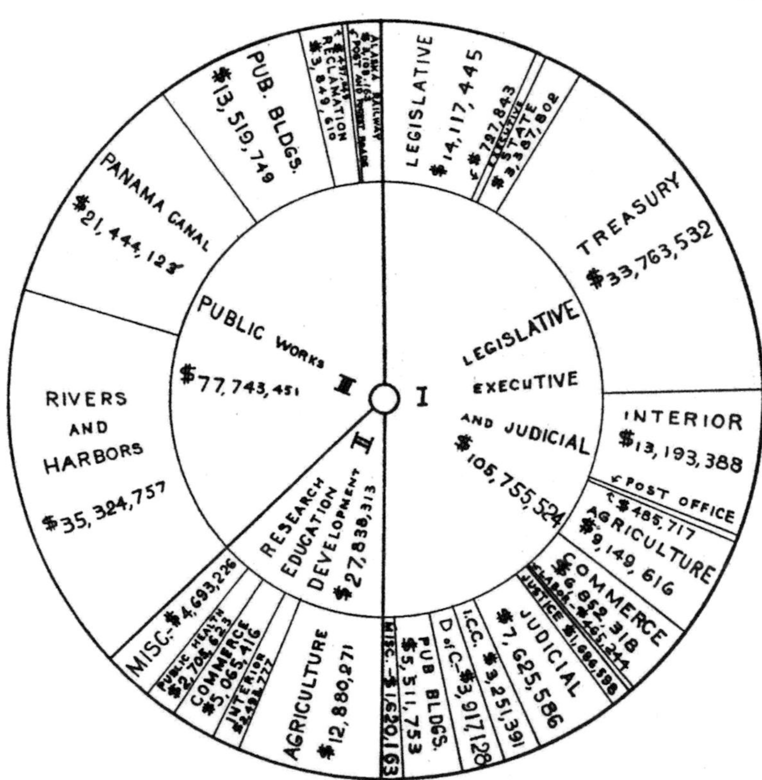

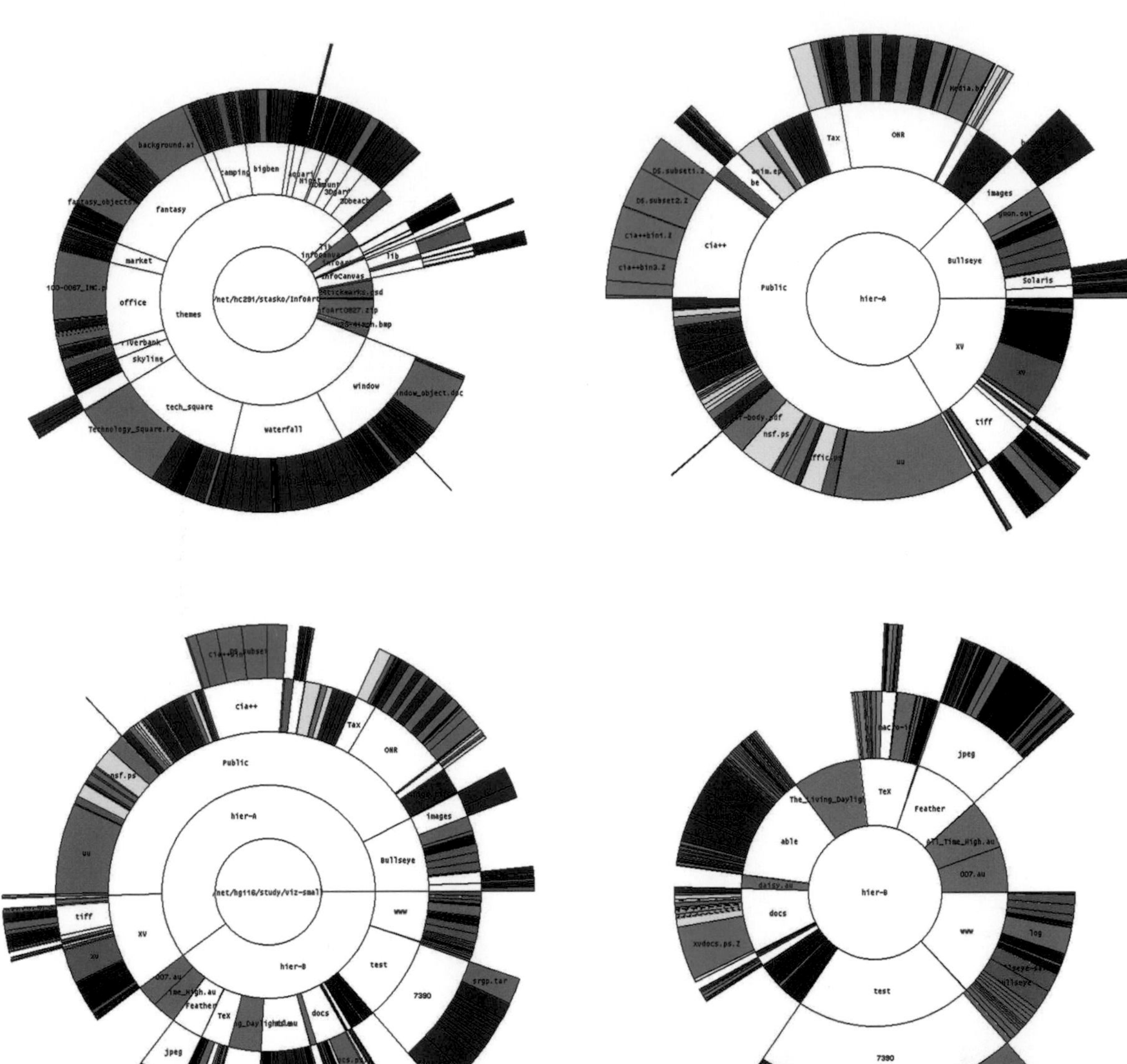

約翰・史塔斯高 John Stasko

旭日圖 SunBurst

2000 年

這是當代最先以電腦生成的旭日圖之一。受到班・施奈德曼矩形樹狀圖技術的啟發，史塔斯高引入了另一種替代性的空間填充法來表現層級資訊，這種方法以巢狀餅圖的概念為基礎，樹根為層級結構的中心，其下的層級或分支則順著一系列分割的環形往外擴散。這裡的四幅樹狀圖描繪的是典型的數位檔案目錄結構，顏色代表檔案類型，單元的扇形角度反映出檔案大小。

科林斯、卡彭戴爾、潘
Christopher Collins, Sheelagh Carpendale, Gerald Penn
DocuBurst 文本分析旭日圖
2008 年

這幅旭日圖藉由比較詞彙資料庫和詞彙在純文字文件中出現的頻率，來分析純文字文件的語意內容。DocuBurst 能展現出下義詞（hyponym）固有的層級結構，所謂下義詞指含義可以歸納到同一類別的特定單詞或短語（例如「bed」（床）是「chair」（椅子）的下義詞，因為兩者在語意上都屬於「家具」類別）。如此製作出來的樹狀圖，會被覆蓋上特定文檔中的單詞出現次數，便能以視覺方式總結出不同層次的細節。互動式文件分析同時有幾何和語義縮放的功能，也能聚焦於特定單詞並鏈接原文。

馬爾欽・伊納克 Marcin Ignac

Carrot2 分析圖

2008 年

這幅互動式旭日圖表現的是 Carrot2 開放原始碼搜尋結果群聚引擎（參考第八章第 165 頁）的一部分搜索結果。最內環代表根群集或分支，按放射狀布局的外層代表不同的子分支。圓環上每個單元的大小表示該群集或類別的檔案數量。這種樹狀圖是互動性的，使用時可以展開次要類別，放大不同群集，深入探討各個層級。

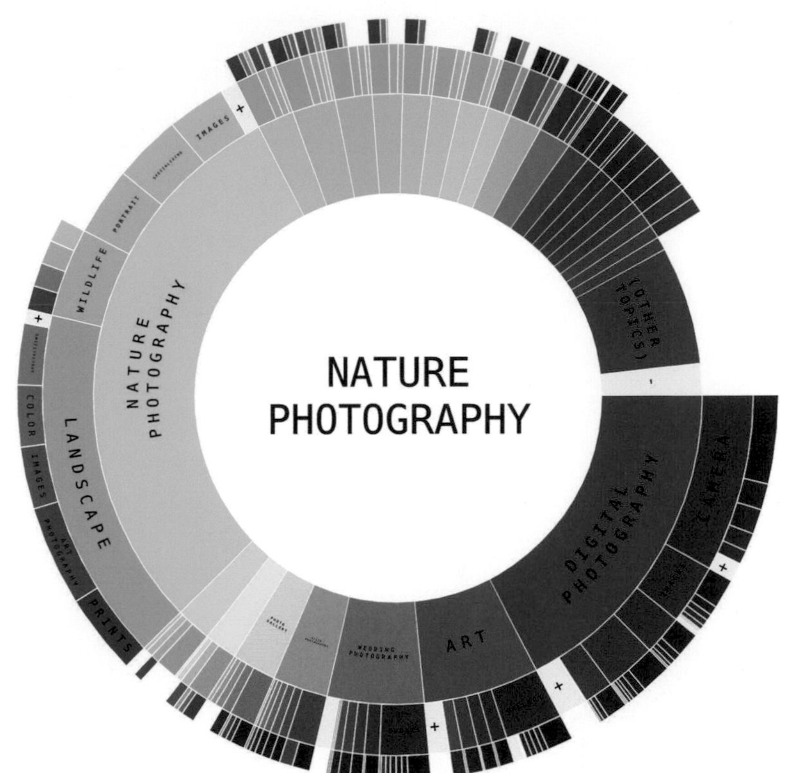

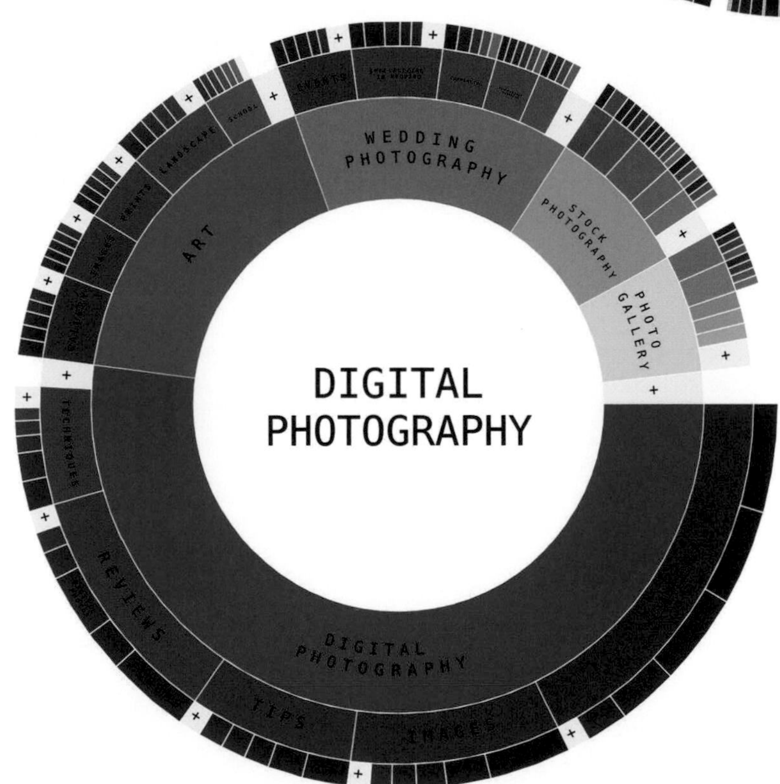

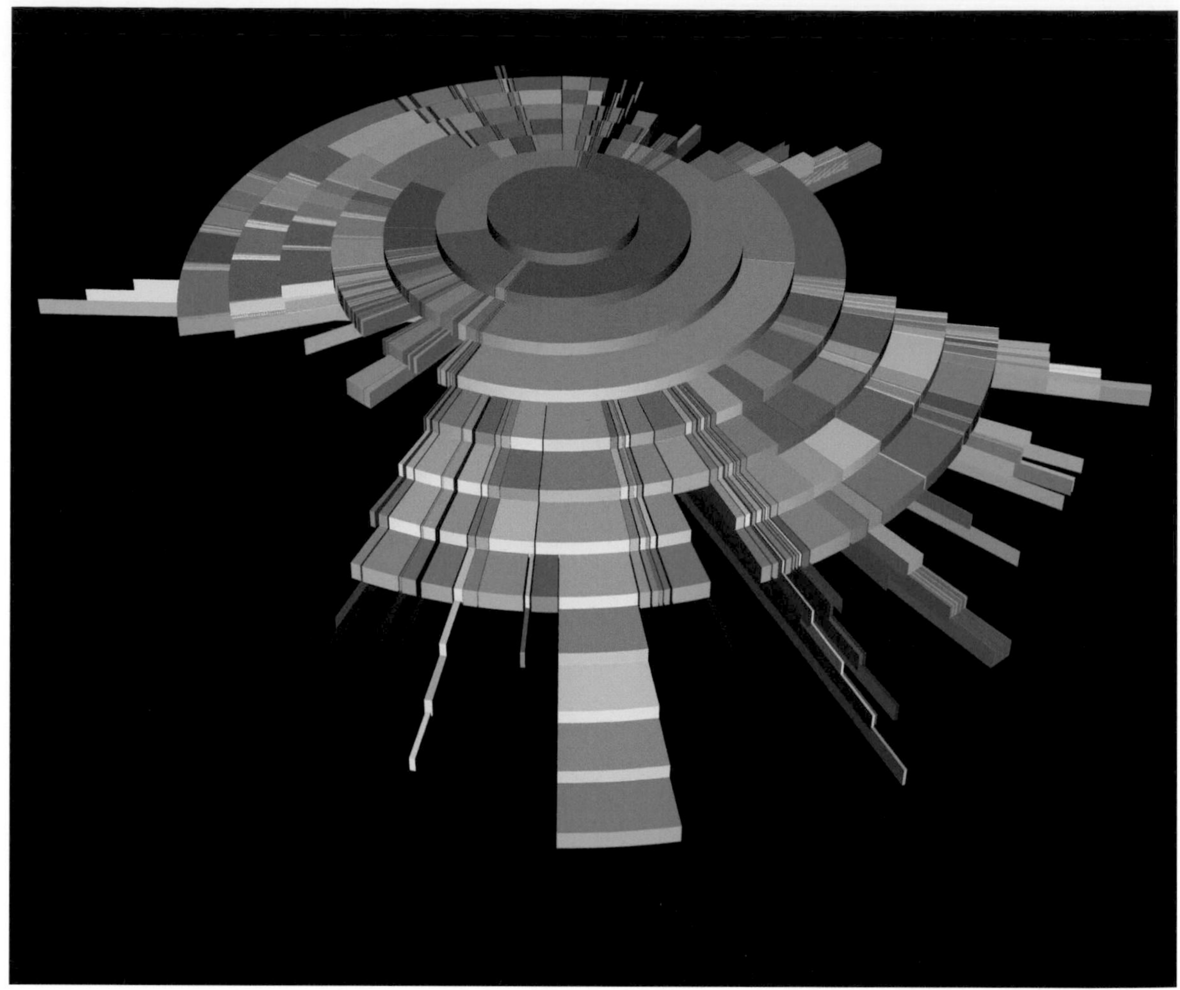

卡亞、薛弗、伊庫耶
Mesut Kaya, Frank Schäffer,
David Ikuye
3D 旭日圖
2009 年

這幅樹狀圖是用 3D Sunburst 旭日圖生成軟體製作，該軟體是用來解決檔案管理系統複雜性的視覺手法。該工具能將任何檔案夾轉成雙色旭日圖，製作出來的圖像可以讓我們以檔案夾內容與結構的二維或三維視覺化形式來查看並使用。檔案夾（黃色）和檔案（藍色）之間的關係，只要觀察圖層片段的位置與角度，便可輕鬆理解。我們也可以選擇特定圖層，將它當成整體，藉此生成包含所有片段與相對應資訊的列表。

托馬斯・鞏札雷茲
Thomas Gonzalez
楔形堆砌樹狀圖
Wedge stack graph
2009 年（右頁下）

這幅旭日圖使用 Axiis 開放原始碼的數據視覺化架構，將 2008 年北京奧運期間各國所獲得的獎牌數之分析資訊視覺化。

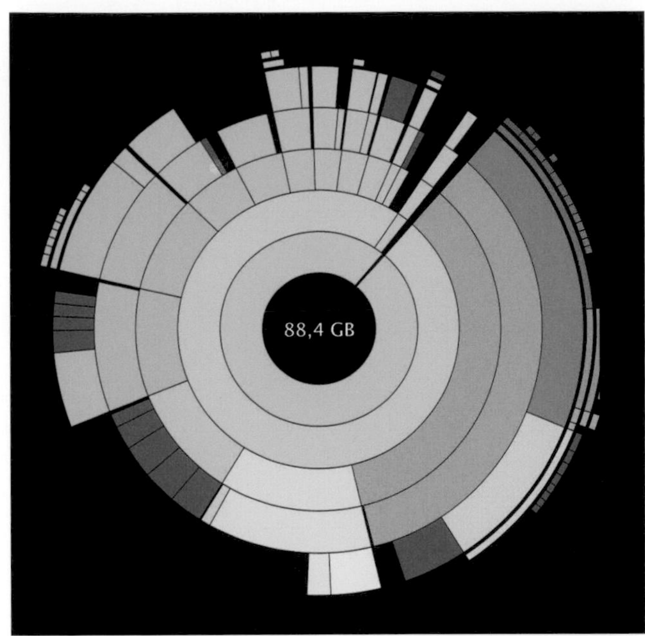

布里奇斯基 Taras Brizitsky
克魯普諾夫 Oleg Krupnov
DaisyDisk 旭日圖
2009 年

這幅互動式旭日圖以麥金塔作業系統的應用程式 DaisyDisk 製作，該程式可以掃描硬碟，分析硬碟的空間分配。生成的旭日圖讓使用者可以輕鬆瀏覽檔案和檔名、檔案描述與檔案內容，並且以簡單的拖放操作刪除異常大的檔案。和其他展現硬碟空間分布的旭日法一樣，也是用顏色來表現檔案類型，每個單元區域的角度則代表檔案大小。

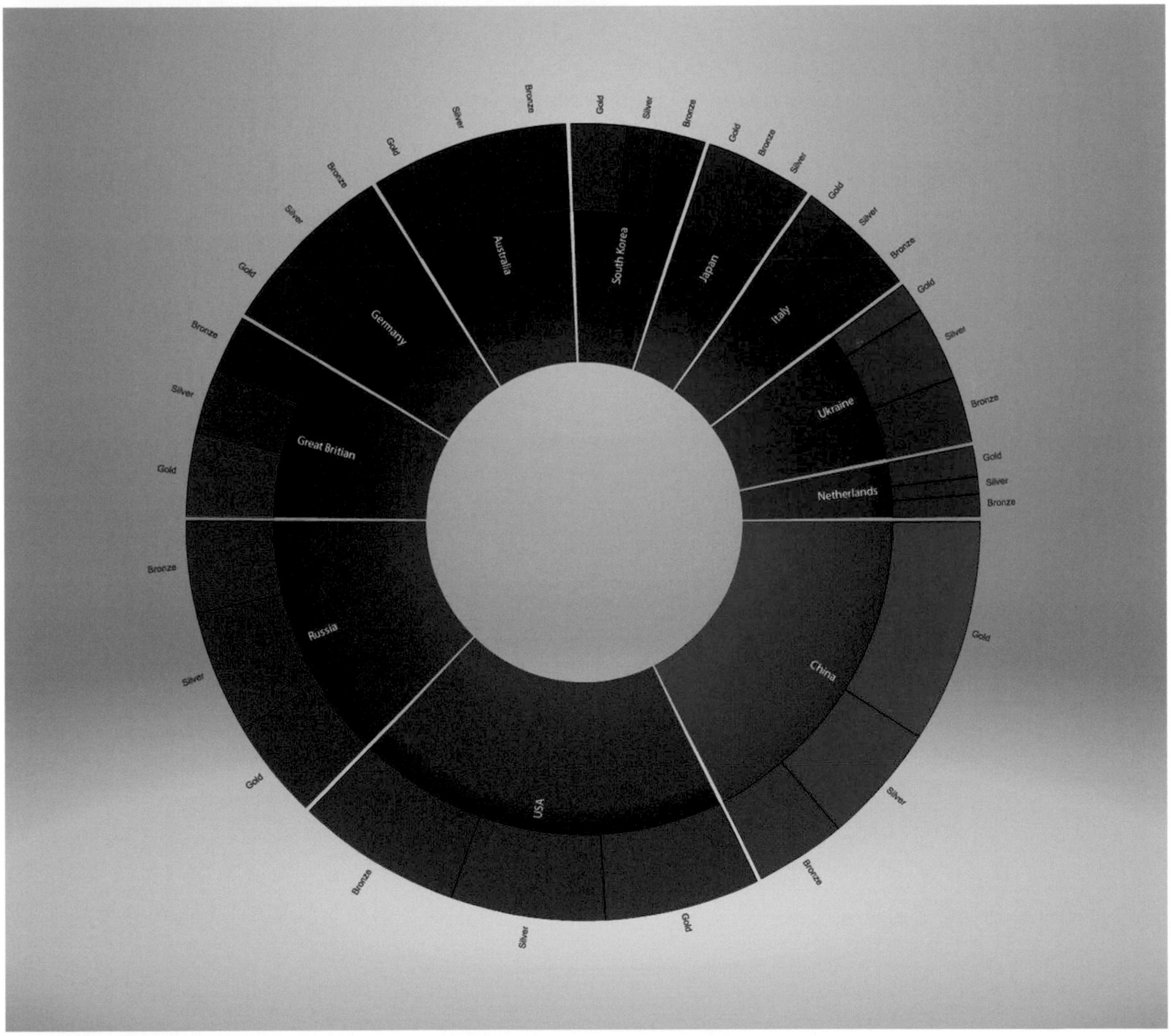

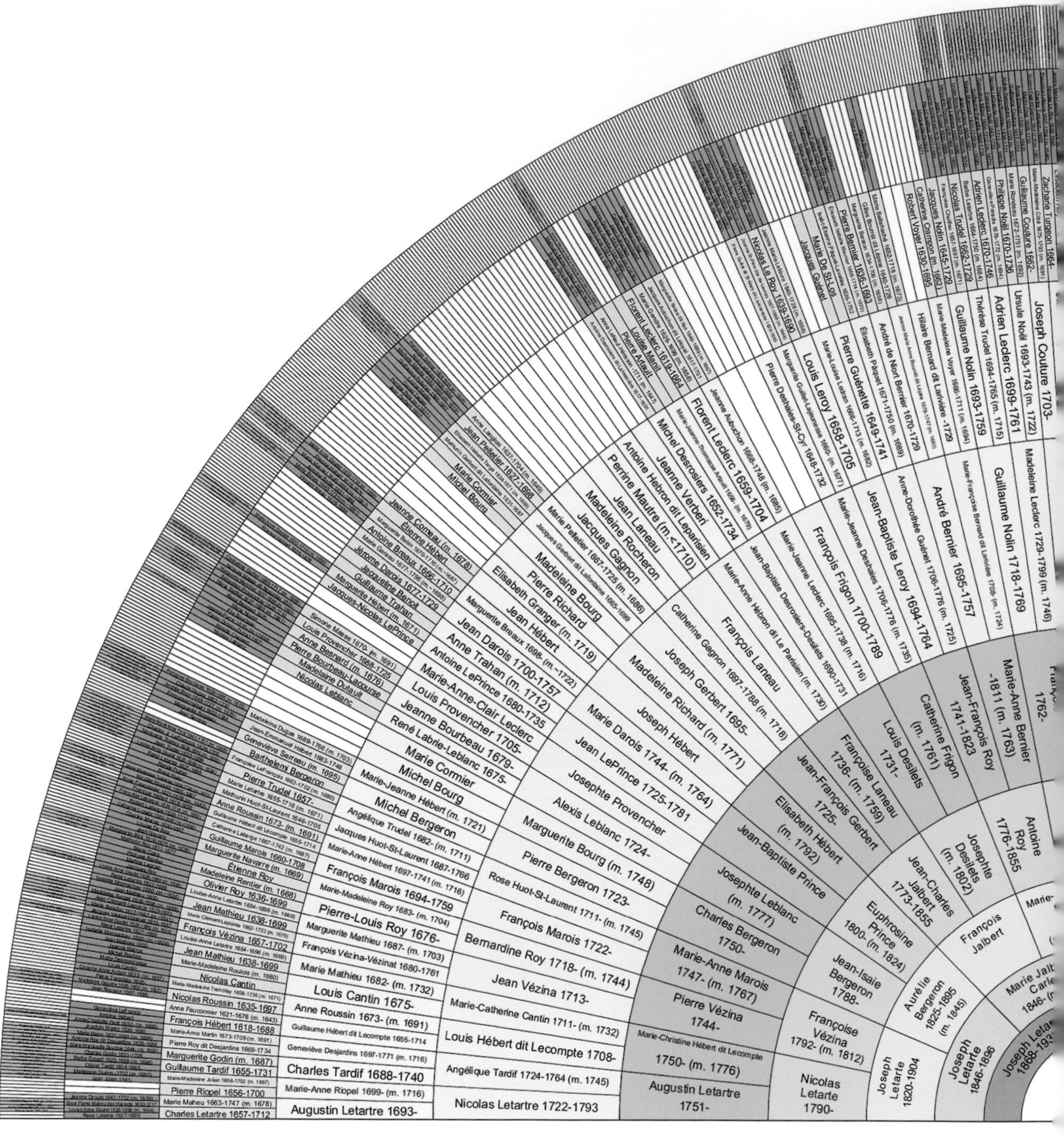

丹尼爾・賽金 Daniel Seguin

GenoPresse 系譜繪製軟體

2010 年

這幅系譜旭日圖或扇形圖是以 GenoPresse 軟體演算輸出而成，呈現的是 1909 年出生的奧維拉・雷塔特（Ovila Letarte）後十代人的家譜。

Jean Chastenay 1640-1707
Nicolas Lupien-Baron
Louis Pinard 1634-1695
Catherine Chastenay (m. 1722)
Jean-Baptiste Lupien
Marie-Anne Fafard 1700-1783 (m. 1720)
Antoine Pinard dit Laforce 1683-1753
Marie Jutras 1686-1750 (m. 1708)
Claude Girardeau
Jeanne Bourgeois
Louis Trotochaud
Anne Raphese
Jacques Caillé
Catherine Choret
Jacques Legendre
Ignace Lemay 1665-1728
Jacques Gauthier 1647-1715
Michel Lemay 1660-1712
Jean Hamel 1652-1707
Joseph Houde 1678-1749
François Biron 1665-1720
Gervais Houde 1664-1716
François Laroche 1668-1741
Jean-Baptiste Lupien
Antoinette Pinard 1727-1801 (m. 1750)
Laurent Girardeau 1712-
Marie-Anne Trotochaud (m. 1738)
Alexis Caillé 1725-1783
Suzanne Legendre 1731- (m. 1750)
Augustin Gauthier 1729-1796
Gervais Biron 1737-
Louis Hamel 1692-1767
Étienne Biron 1704-1773
Pierre Brosseau 1679-1748
Charles Auclair 1690-
Madeleine Dery (m. 1712)
François Marois 1694-1759
Germain Auclair 1715-
Joseph Moisan
Marie-Agnès Meunier
Jean-Nicolas Durand 1653-1740
Charles Langelier 1670-1717
Charles Pelletier 1671-1748
Thérèse Ouellet (m. 1697)
Pierre St-Pierre 1643-1725
Sébastien Langelier
Jean Pelletier 1627-1698
René Ouellet 1635-1722
Michel St-Pierre
Françoise Egrand
1757-1836 (m. 1780)
Pierre Girardeau
Josephine Cayet 1750- (m. 1783)
Joseph Gauthier 1763-
Marie-Amable Biron 1769- (m. 1788)
Jean Baker 1772-1859
Félicité Auclair 1783- (m. 1802)
Joseph Durand 1732-
Marie-Joseph Pelletier 1730- (m. 1757)
Louis Lemieux
Pierre Auclair 1750-
Marie Moisan 1755- (m. 1779)
François Durand 1697-1750
Joseph Pelletier 1702-1756
Pierre Lemieux
Geneviève Thibault (m. 1761)
Pierre-Augustin Lemieux 1707-
Jean-François Thibault 1709-
Geneviève Cloutier (m. 1736)
Robert Vaillancourt 1678-1749
Jean-Baptiste Pelletier 1689-1769
Louis Rognon 1683-
Charles Croteau 1683-1745
Pierre Demers 1663-1714
René Demers 1667-1729
Anne Dubois 1673-1712 (m. 1694)
Jean-Baptiste Huard 1672-1751
François Caron
Pierre Lamy 1646-1726
Jean Pelletier 1663-1739
René Ouellet 1635-1722
Pierre Grenon 1646-1712
Vincent Croteau 1644-1709
Philippe Dion 1638-1693
Louis Houde 1617-1712
Jean Baudet 1648-1714
Jean Demers 1632-1708
Antoine Pouillot 1644-1675
Louis Houde 1617-1712
Antoine Bisson 1644-1705
Jean Demers 1632-1708
Jean Huard 1641-1708
Guillaume Jourdain 1653-1724
Ludivine Girardeau 1790- (m. 1814)
Jean-Baptiste Gauthier
Marie Baker 1798- (m. 1823)
Basile Durand 1769-1824
Marie-Geneviève Lemieux 1782- (m. 1799)
Marie-Françoise Vaillancourt (m. 1781)
Louis Rognon dit Laroche 1735-
Ignace-Marie Vaillancourt 1729-1785
Clothilde Pelletier -1785 (m. 1752)
Louis-Joseph Rognon 1708-1754
Rose-De-Lima Gauthier 1826- (m. 1839)
Joseph Durand 1802-1867
Louis-Joseph Rognon-Laroche 1761-1828
Marie-Josephte Houde-Desruisseaux 1728-1775 (m. 1758)
Joseph Houde-Desrochers 1700-1740
Marie-Anne Demers 1703-1764 (m. 1726)
Charles Houde-Desrochers 1736-
Charles-François Bergeron 1706-1775
Marie-Françoise Bergeron 1737-1816 (m. 1758)
Marie-Louise Huard 1710-1781 (m. 1733)
Lumina Durand 1849-1931 (m. 1867)
Flavie Laroche -1867 (m. 1824)
Victoire Houde-Desrochers -1835 (m. 1803)
Théodora Robidas 1919 (m. 1896)

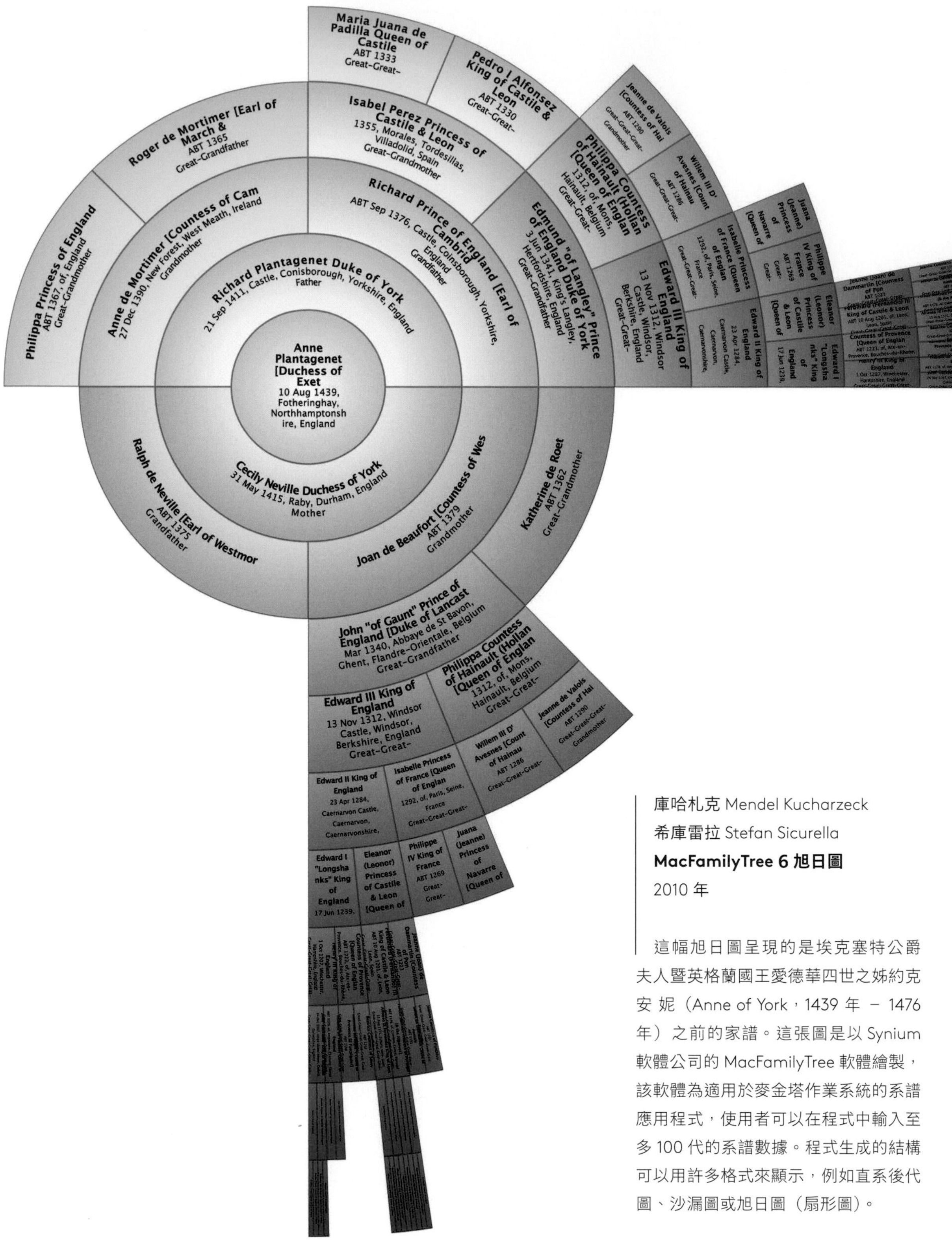

庫哈札克 Mendel Kucharzeck
希庫雷拉 Stefan Sicurella
MacFamilyTree 6 旭日圖
2010 年

這幅旭日圖呈現的是埃克塞特公爵夫人暨英格蘭國王愛德華四世之姊約克安妮（Anne of York，1439 年 – 1476 年）之前的家譜。這張圖是以 Synium 軟體公司的 MacFamilyTree 軟體繪製，該軟體為適用於麥金塔作業系統的系譜應用程式，使用者可以在程式中輸入至多 100 代的系譜數據。程式生成的結構可以用許多格式來顯示，例如直系後代圖、沙漏圖或旭日圖（扇形圖）。

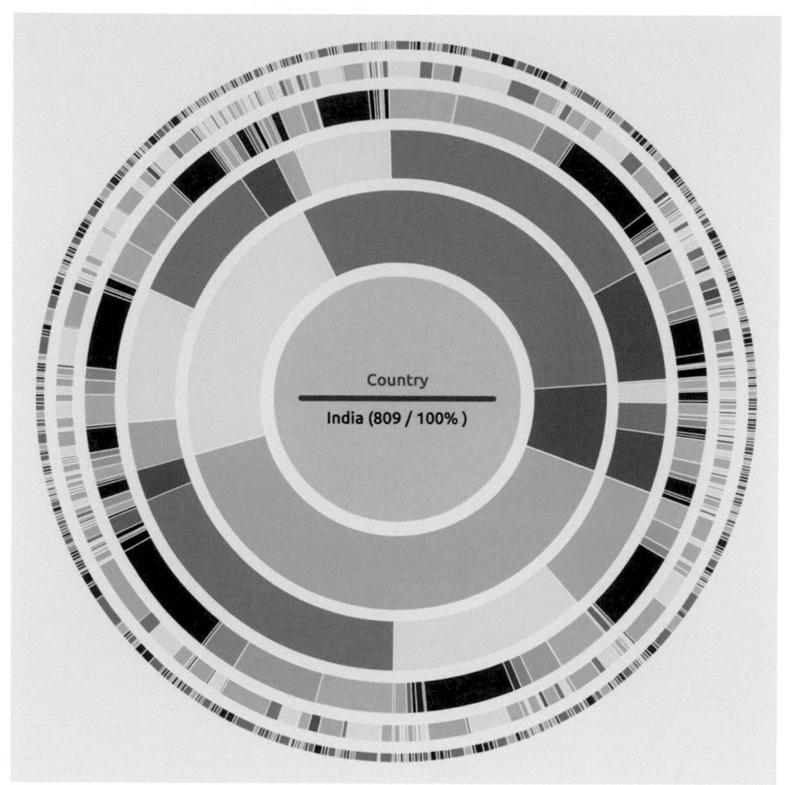

伯斯、艾普斯坎普、赫爾米克、容（FrontWise 公司）
Dennis de Beurs, Simon Epskamp, Werner Helmich, Richard Jong（FrontWise）
聯合國全球脈動計畫數據分析圖
UN Global Pulse data flower
2011 年

這幅旭日圖呈現的是印度對於 2010 年聯合國全球脈動計畫的反應。該計畫對來自烏干達、伊拉克、烏克蘭、印度與墨西哥等五國的 3794 位居民進行問卷調查，參加者會被問及兩個多重選擇題和三個開放式問題，藉此了解他們的經濟觀點，獲得的數據組成為「透過數據與設計讓弱勢族群發聲」(Giving Voice to the Vulnerable through Data and Design) 此一視覺化呈現競賽的原始資料。FrontWise 資訊設計小組提出了量身打造的互動式數據瀏覽器，按國別來呈現調查資料。圖上的五個環分別代表五個問題：每一環都根據前一個問題的結果來分類，並根據預定義的反應替結果標記顏色。這個方法能顯示出不同答案之間的條件性關聯，可以用來探討民眾面對經濟不確定性、感知生活品質和未來發展的方法。

德魯瓦・佩拉札 Deroy Peraza（Hyperact 公司）
NBA 冠軍球隊旭日圖
The Champions Ring
2012 年

這幅樹狀圖描繪的是 2009 年 NBA 季後賽的結果，最外環是 16 支參賽隊伍，往內陸續遞減到冠軍賽的兩支隊伍，即洛杉磯湖人隊和奧蘭多魔術隊，樹狀圖的最中央為最終冠軍隊洛杉磯湖人隊。每支球隊隨著時間推移的表現，以顏色來顯示。

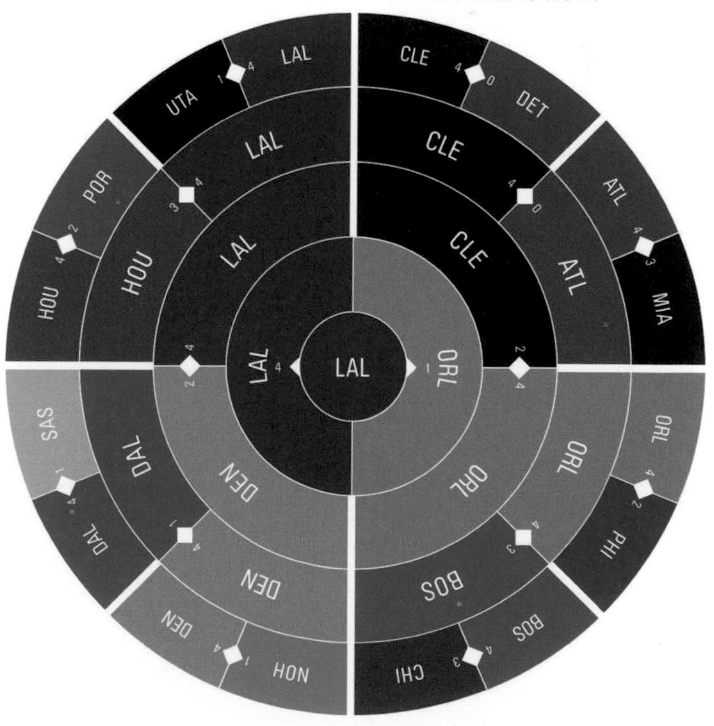

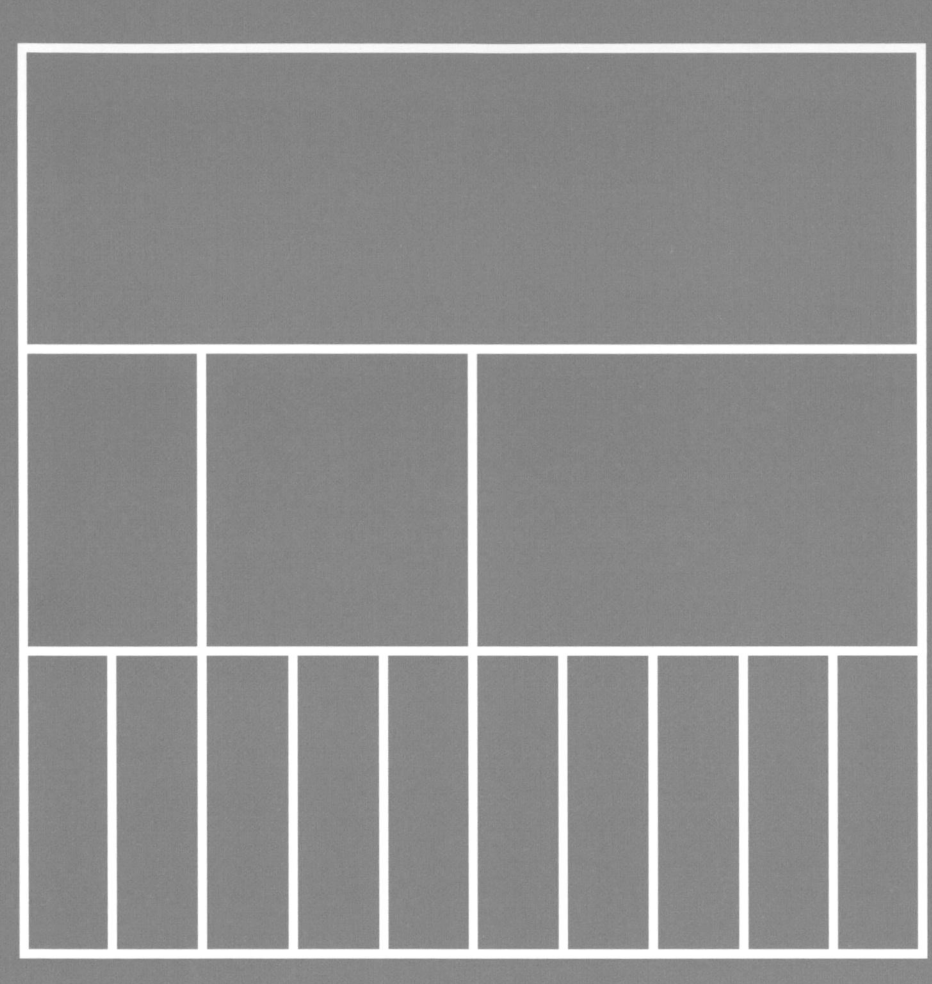

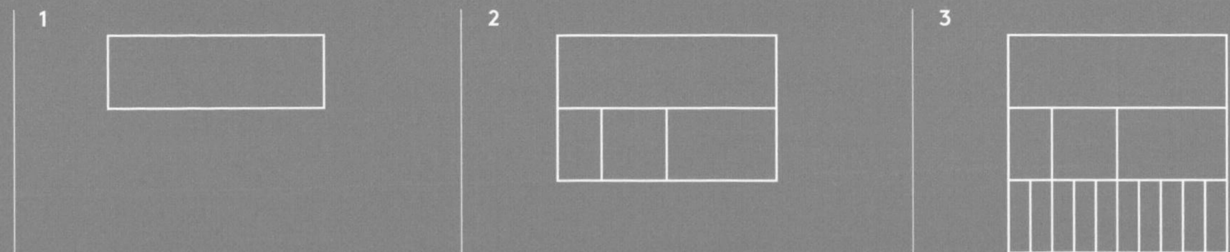

1
2
3

Chapter 11

冰柱形樹狀圖

ICICLE TREES

冰柱形樹狀圖是統計學家畢特・克萊納（Beat Kleiner）、約翰・哈提根（John Hartigan）、約瑟夫・克魯斯克爾（Joseph Kruskal）與詹姆斯・蘭德威爾（James Landwehr）於 1980 年代的研發成果，又稱冰柱圖，大體上與縱向和橫向樹狀圖類似，不過它不採用節點鏈接結構，而是運用區域鄰接的方法，以一系列並置的矩形來代表層級結構。冰柱圖不會受到空間布局的限制，可以是由上到下的縱向結構，也可以是由左到右的橫向結構。就如大多數空間填充視覺化模型，冰柱圖每個單元的面積可以用來表示特定數量或數據屬性，同一層級的所有單元會被集中在一起，子分支長度或寬度（取決於冰柱圖的方向）的加總為其母分支的長度或寬度。由於冰柱圖並不使用巢狀機制來表現層次結構，其空間使用效率並不如其他樹狀圖或空間填充技術，因此有時可能會過寬或過高。儘管冰柱圖的應用很廣，不過和圓形樹狀圖一樣，比較少用來表現層級結構。

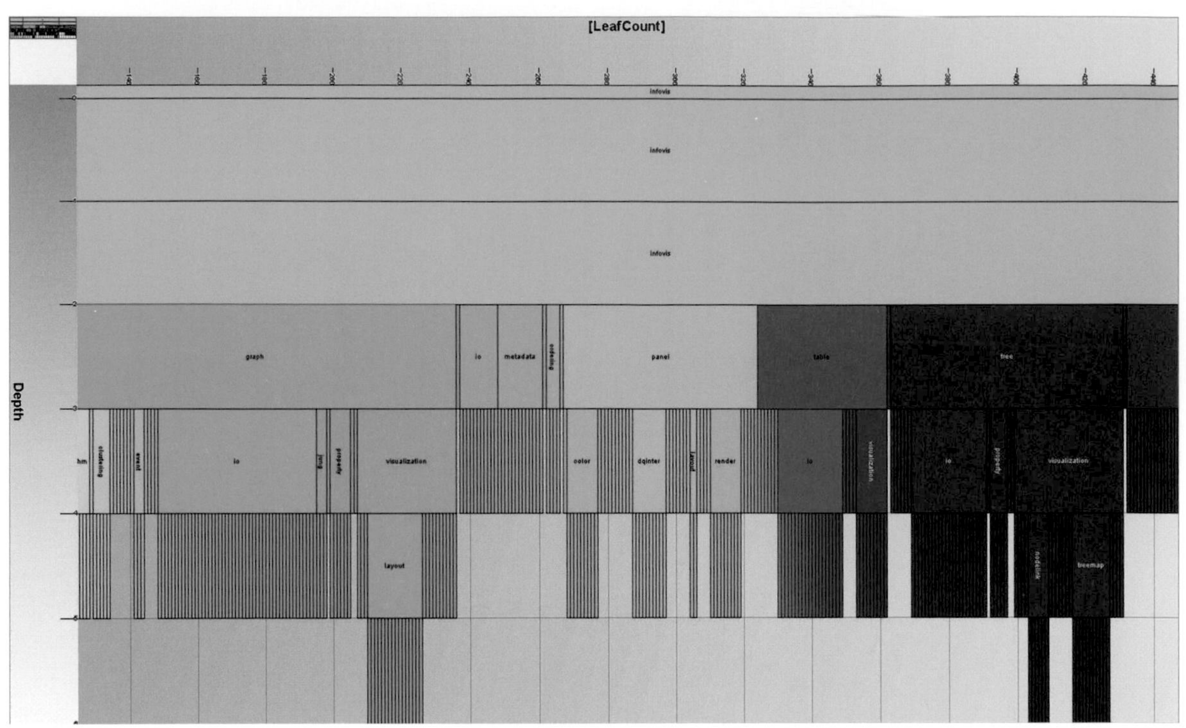

讓－丹尼爾・費克特
Jean-Daniel Fekete
InfoVis 工具箱
2005 年

這幅冰柱圖表現的是 InfoVis 工具箱數位檔案的目錄。這個用 Java 編寫的早期互動式圖形工具箱可以製作好幾種樹狀圖，以及其他更傳統的模型圖如散布圖和時間序列圖。

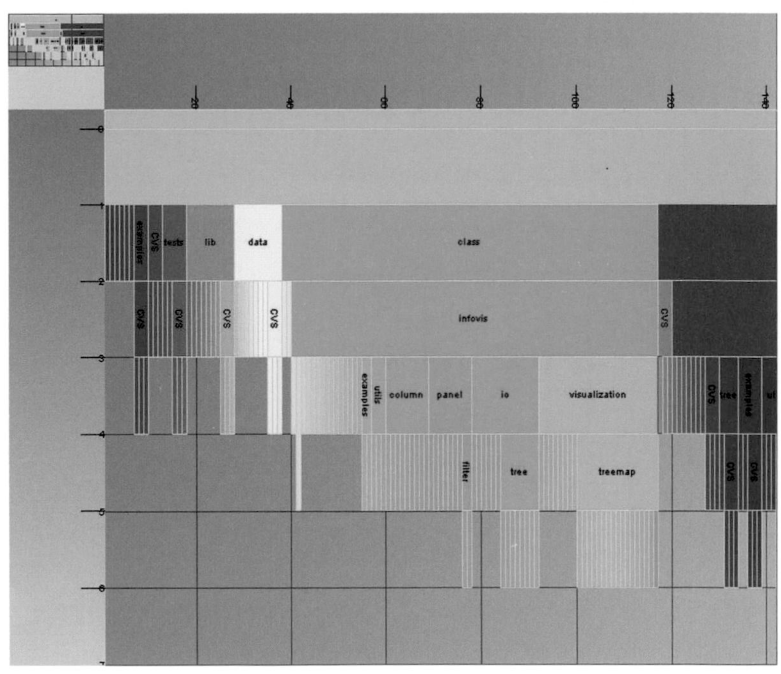

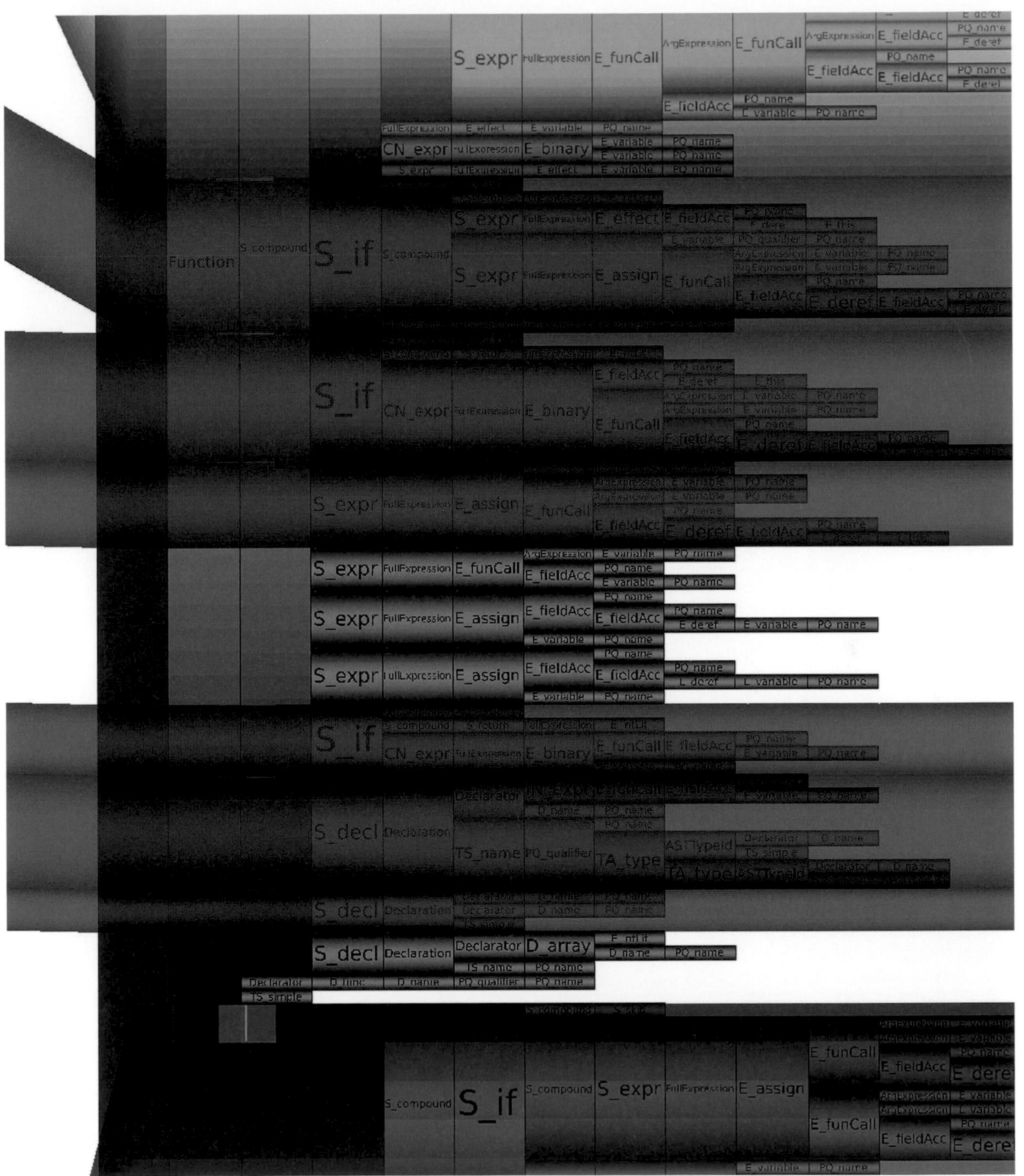

特萊亞、奧柏、舍瓦利耶
Alexandre Telea, David Auber,
Fanny Chevalier

原始碼結構視覺化 Visualization of source code structure

出自〈代碼流程：原始碼結構演化的視覺化〉(*Code Flows – Visualizing Structural Evolution of Source* Code)

2007 年

這張圖是視覺化呈現的細節，表現的是電腦程式原始碼結構的演變以及隨著時間的變化。製作這幅樹狀圖時，作者群從程式原始代碼檔案（儲存在儲存庫裡）的連續修訂中提取出抽象語法樹，利用樹形匹配演算法在相連樹中找到類似的結構，最後才繪製出這張冰柱圖。顏色代表代碼的語法結構類型，例如函數、級別、迭代語法和聲明。

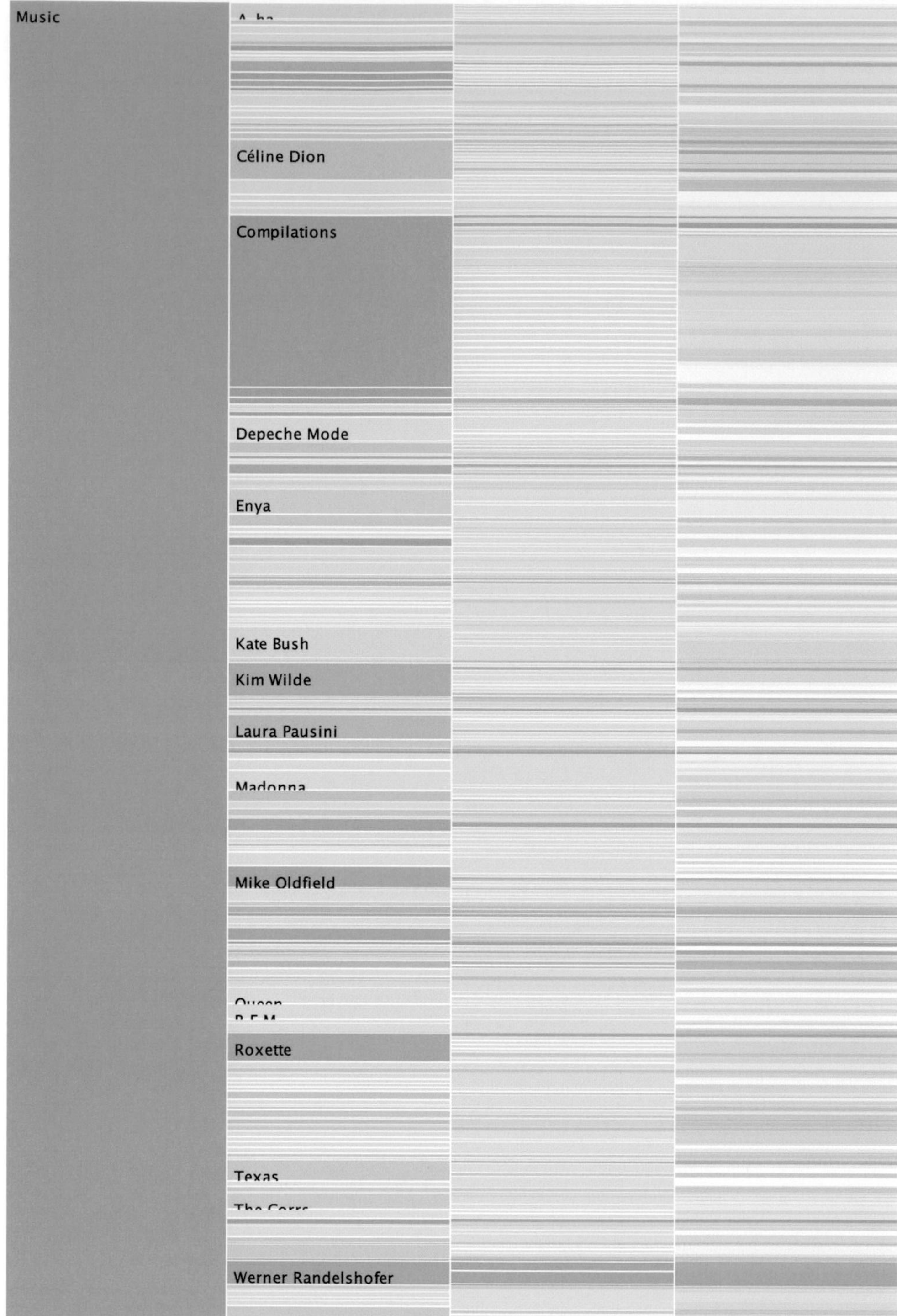

維爾納・蘭德爾舒夫
Werner Randelshofer
Treeviz 冰柱圖
2007 年

此為以 Treeviz（參考第九章第 174 頁）製作的冰柱圖，描繪的是一個按照音樂類型、音樂家、專輯和樂曲等一般層級結構來排列的大型音樂資料庫。

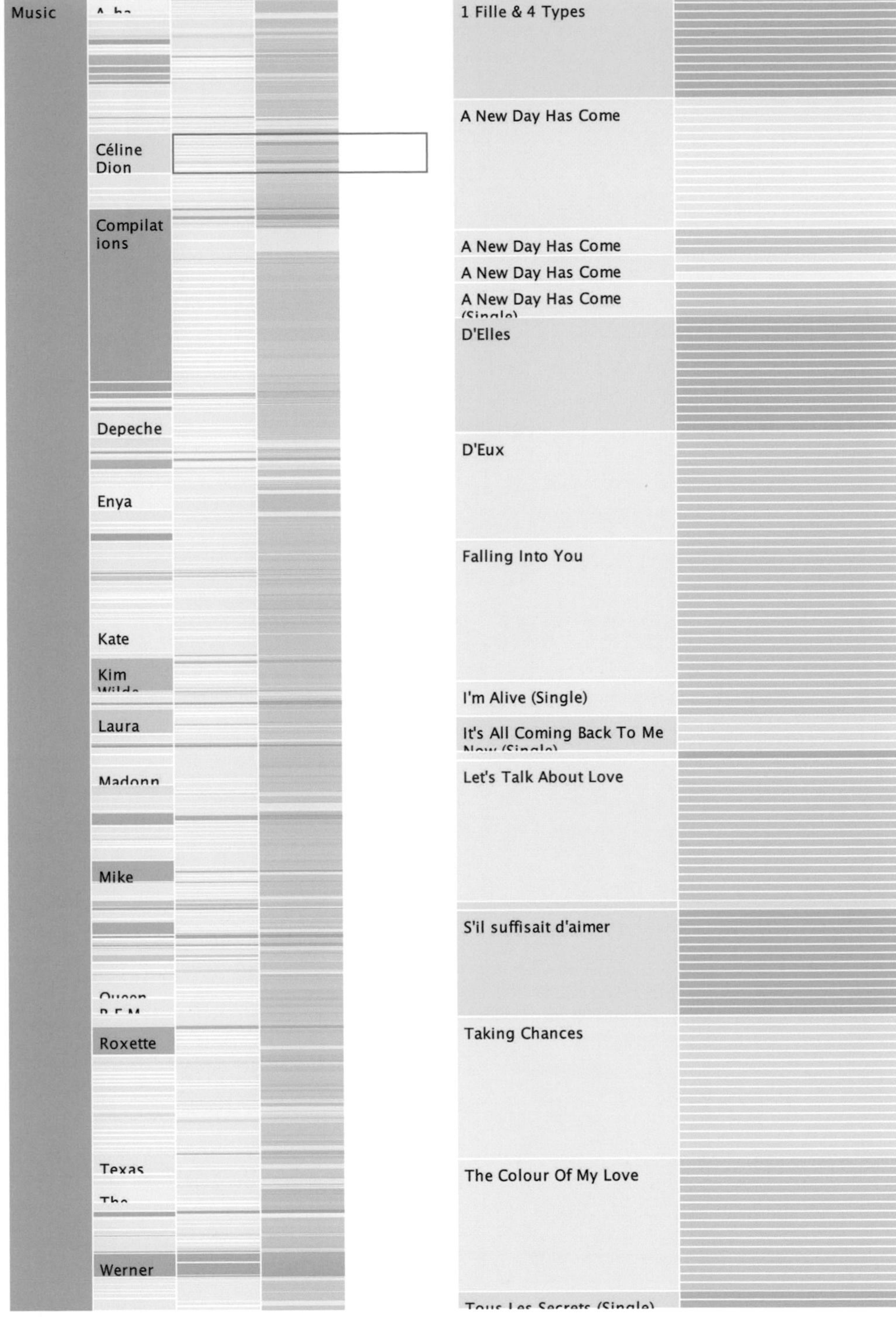

維爾納・蘭德爾舒夫
Werner Randelshofer
Treeviz 冰柱圖
2007 年

這是以 Treeviz 製作的另一幅冰柱圖，描繪內容與前一張樹狀圖所展現的相同。右側圖突顯的是歌手席琳・狄翁（Céline Dion）的專輯和歌曲。

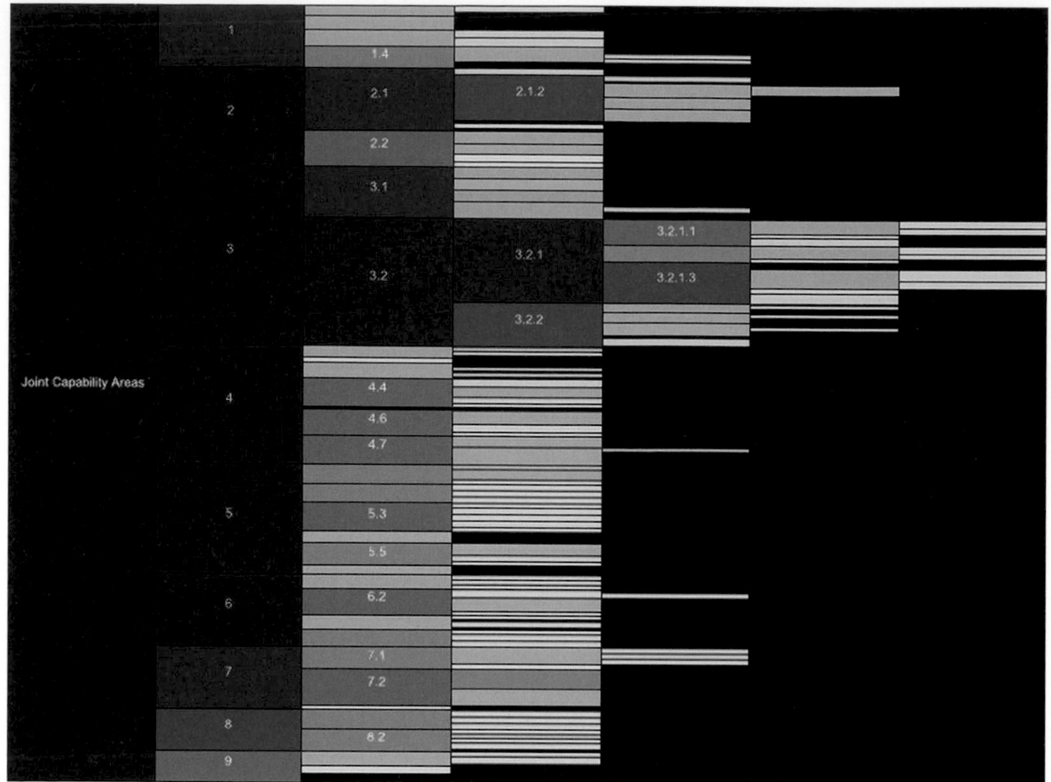

羅伯・謝爾 Rob Shell
聯戰能力領域層級分析
2010 年

這幅冰柱圖描繪的是美國國防部聯戰能力領域（Joint Capability Areas，簡稱 JCAs）之間的層級關係。聯戰能力領域主要是按功能來描述美國國防部各項活動的範圍，用以支持能力分析、戰略發展、投資決策、能力組合管理，以及能力取向的軍事發展與行動規劃。該計畫的目的在於展現九種最高層級的聯戰能力領域（層級一）與其次級層級（層級二至六）。名為「聯戰能力領域」的根節點位於左側，子節點在右側。每個矩形的大小和顏色代表能力（子節點）數量。

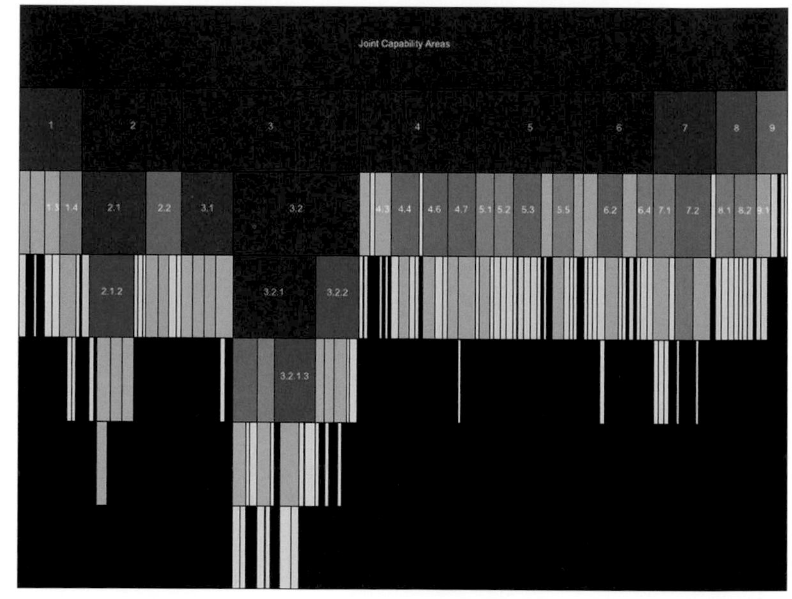

羅伯・謝爾
聯戰能力領域層級分析
2010 年

這是根據上圖繪製的倒置冰柱圖。在這樣的配置中，根節點出現在畫面最上方，子節點位於下方。這張圖展現了冰柱圖能夠適應各種布局限制和要求的靈活性。

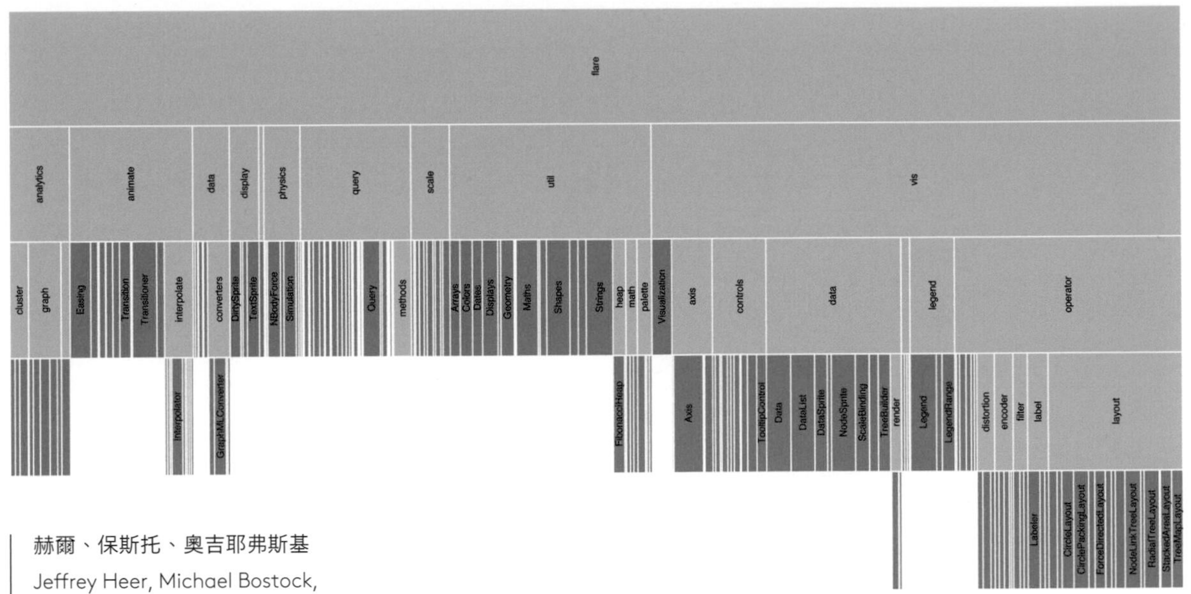

赫爾、保斯托、奧吉耶弗斯基
Jeffrey Heer, Michael Bostock, Vadim Ogievetsky

Flare 套裝軟體樹狀圖

2010 年

這幅冰柱圖利用一系列並置的矩形來展現 Flare 視覺化工具包（參考第二章第 93 頁）各個層級結構。

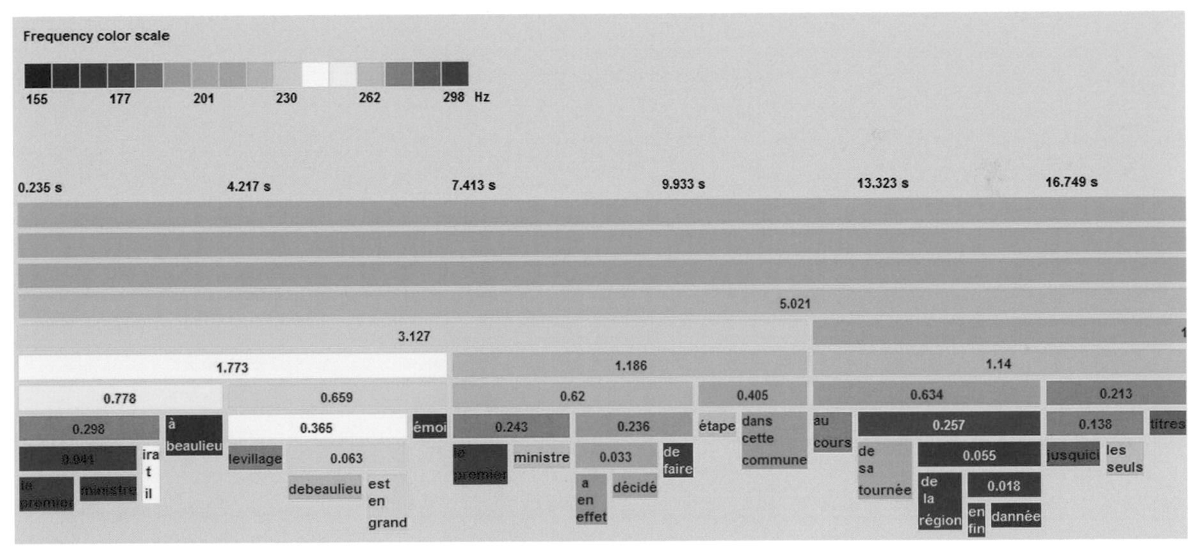

席琳・德・洛奧茲 Céline De Looze

ADoReVA 語域變化自動檢測

2010 年

這幅分層冰柱圖描繪的是口語的語域變化。在社會語言學中，語域（或音高）和語速的變化有助於了解說話者的身分和社會情緒狀態。作者開發了一種稱為 ADoReVA 的聚類演算法，能夠檢測到說話者的語域和語速變化，替連續的語音單元分組，並根據語域等級和跨度將之分配到層級性的巢狀結構中。每個單元的顏色代表語域等級（赫茲頻率）：色調愈暖，頻率愈高。

注譯

NOTES

序

1 班・施奈德曼（Ben Shneiderman）、柯蒂・鄧尼（Cody Dunne）、普尼特・夏馬（Puneet Sharma）與王萍（Ping Wang），《資訊視覺化的創新軌跡：樹狀圖、錐形樹與雙曲樹的比較》（*Innovation Trajectories for Information Visualizations: Comparing Treemaps, Cone Trees, and Hyperbolic Trees*）

自序

1 曼努埃爾・利馬，《視覺繁美：資訊視覺化方法與案例解析》（*Visual Complexity: Mapping Patterns of Information*）

2 麥可・弗蘭德里（Michael Friendly），《主題製圖、統計圖表與數據視覺化歷史的里程碑：圖解創新年表》（*Milestones in the History of Thematic Cartography, Statistical Graphics, and Data Visualization: An Illustrated Chronology of Innovations*）

引言

1 《聖經》欽定版《啟示錄》第 22 章第 2 節與《創世記》第 3 章第 22 節。

2 菲爾波特（J. H. Philpot）《宗教與神話中的聖樹》（*The Sacred Tree in Religion and Myth*），第 11 頁。（引用多佛版本）

3 同 2，第 88 頁。

4 同 2，第 38 頁。

5 曼努埃爾・利馬，《視覺繁美：資訊視覺化方法與案例解析》，第 25 頁。

6 讓・保羅・李希特（Jean Paul Richter），《達文西的筆記本》（*The Notebooks of Leonardo da Vinci*）第一卷第 205 頁。

7 傑夫・瓦倫（Jeff Warren）、蓋博・史梅德雷斯曼（Gabe Smedresman）等，〈論視覺釋經〉（On Visual Exegesis）。

8 瑪麗・卡魯瑟斯（Mary Carruthers），《記憶之書：中世紀文化中的記憶研究》（*The Book of Memory: A Study of Memory in Medieval Culture*），第 7 頁。

9 海華斯（P. L. Heyworth）編輯，《傑克・班尼特的中世紀研究：在他七十歲的那一年》（*Medieval Studies for J. A. W. Bennett: Aetatis Suae LXX*），第 216 頁。

10 瑪麗・富蘭克林－布朗（Mary Franklin-Brown），《閱讀世界：學術時代的百科寫作》（*Reading the World: Encyclopedic Writing in the Scholastic Age*），第 141 頁。

11 查爾斯・達爾文（Charles Darwin），書信編號 2465。

12 西奧多・皮奇（Theodore W. Pietsch），《生命之樹：視覺化的演化史》（*Trees of Life: A Visual History of Evolution*），第 87 頁。

重要人物時間軸

1 法蘭西斯・培根，《培根隨筆集》（*Francis Bacon: The Major Works*）第 175 頁。

2 同 1，第 189 頁。

3 勒內・笛卡兒，《哲學原理：翻譯與注釋》（*Principles of Philosophy: Translation with Explanatory Notes*），華倫泰・羅傑・米勒（Valentine Rodger Miller）與莉絲・米勒（Reese P. Miller）翻譯，第 24 頁。

4 查爾斯・達爾文，《物種起源》第 171 頁。

具象樹狀圖

1 曼努埃爾・利馬，《視覺繁美：資訊視覺化方法與案例解析》第 31 頁。

2 傑夫・瓦倫、蓋博・史梅德雷斯曼等，〈美德之樹與罪惡之樹〉（*The Tree of Virtues & The Tree of Vices*）

橫向樹狀圖

1 瑪麗・富蘭克林－布朗，《閱讀世界：學術時代的百科寫作》，第 137 頁。

多向樹狀圖

1 讓－巴蒂斯特・皮金（Jean-Baptiste Piggin），〈偉大的家譜：基督前時期古典時代晚期圖表編年史〉（The Great Stemma: A Late Antique Diagrammatic Chronicle of Pre-Christian Time.）

2 瑪麗・富蘭克林－布朗，《閱讀世界：學術時代的百科寫作》，第 151 頁。

雙曲樹狀圖

1 約翰・蘭平、拉瑪納・拉奧與彼得・皮羅里〈以雙曲幾何為根據的大型層級結構視覺化技術「焦點和脈絡」〉（A Focus+Context Technique Based on Hyperbolic Geometry for Visualizing Large Hierarchies.）

沃羅諾伊樹狀圖

1 I・貝爾納・寇恩（I. Bernard Cohen），《從達文西到拉瓦節，1450 年－ 1800 年》（*From Leonardo to Lavoisier, 1450-1800.*）《科學專輯》（*Album of Science*）第二卷第 54 頁。

參考書目

BIBLIOGRAPHY

Alexander, Christopher. *Notes on the Synthesis of Form*. Cambridge, MA: Harvard University Press, 1964.

Bacon, Francis. *Francis Bacon: The Major Works*. Oxford World's Classics. Edited by Brian Vickers. New York: Oxford University Press, 2008. First published 2002.

Bates, Brian. *The Real Middle Earth: Exploring the Magic and Mystery of the Middle Ages, J.R.R. Tolkien, and The Lord of the Rings*. New York: Palgrave Macmillan, 2004. First published 2002 by Sidgwick & Jackson.

Bertin, Jacques. *Semiology of Graphics: Diagrams, Networks, and Maps*. Translated by William J. Berg. Madison, WI: University of Wisconsin Press, 1984.

Best, Steven, and Douglas Kellner. *Postmodern Theory: Critical Interrogations*. New York: Guilford, 1991.

Bohnacker, Hartmut, Benedikt Groß, Julia Laub, and Claudius Lazzeroni. *Generative Design: Visualize, Program, and Create with Processing*. New York: Princeton Architectural Press, 2012. Originally published 2009 as *Generative Gestaltung: Entwerfen Programmieren Visualisieren* by Verlag Hermann Schmidt Mainz.

Borges, Jorge Luis. *Collected Fictions*. Translated by Andrew Hurley. New York: Penguin, 1999. First published 1998 by Viking.

Brinton, Willard C. *Graphic Methods for Presenting Facts*. New York: Engineering Magazine Company, 1914.

——. *Graphic Presentation*. New York: Brinton Associates, 1939.

Brown, Lloyd A. *The Story of Maps*. New York: Dover, 1980. First published 1949 by Little, Brown.

Burkert, Walter. *Creation of the Sacred: Tracks of Biology in Early Religions*. Cambridge, MA: Harvard University Press, 1996.

Butler, Jill, Kritina Holden, and William Lidwell. *Universal Principles of Design: 100 Ways to Enhance Usability, Influence Perception, Increase Appeal, Make Better Design Decisions, and Teach Through Design*. Beverly, MA: Rockport, 2007. First published 2003.

Card, Stuart K., Jock D. Mackinlay, and Ben Shneiderman. *Readings in Information Visualization: Using Vision to Think*. San Francisco: Morgan Kaufmann, 1999.

Carruthers, Mary. *The Book of Memory: A Study of Memory in Medieval Culture*. Cambridge, MA: Cambridge University Press, 1990.

Carruthers, Mary, and Jan M. Ziolkowski. *The Medieval Craft of Memory: An Anthology of Texts and Pictures*. Philadelphia: University of Pennsylvania Press, 2004.

Chambers, Ephraim. *Cyclopædia, or, An universal dictionary of arts and sciences: containing the definitions of the terms, and accounts of the things signify'd thereby, in the several arts, both liberal and mechanical, and the several sciences, human and divine: the figures, kinds, properties, productions, preparations, and uses, of things natural and artificial: the rise, progress, and state of things ecclesiastical, civil, military, and commercial: with the several systems, sects, opinions, etc: among philosophers, divines, mathematicians, physicians, antiquaries, criticks, etc: the whole intended as a course of antient and modern learning*. London: J. and J. Knapton, 1728. Accessed January 8, 2013. http://digital.library.wisc.edu/1711.dl/HistSciTech.Cyclopaedia01.

Chi, Ed H. *A Framework for Visualizing Information*. Dordrecht, Netherlands: Kluwer Academic Publishers, 2002.

Christ, Karl. *The Handbook of Medieval Library History*. Edited and translated by Theophil M. Otto. Rev. ed. Metuchen, NJ: Scarecrow Press, 1984.

Cohen, I. Bernard. *From Leonardo to Lavoisier, 1450–1800*. Vol. 2 of *Album of Science*. New York: Scribner, 1980.

Cooper, J. C. *An Illustrated Encyclopedia of Traditional Symbols*. London: Thames & Hudson, 1987.

Crosby, Alfred W. *The Measure of Reality: Quantification in Western Europe, 1250–1600*. Cambridge, UK: Cambridge University Press, 1997.

Crump, Thomas. *A Brief History of Science*. New York: Carroll & Graf, 2002. First published 2001 by Constable.

Dackerman, Susan, Claudia Swan, Suzanne Karr Schmidt, and Katharine Park. *Prints and the Pursuit of Knowledge in Early Modern Europe*. Cambridge, MA: Harvard Art Museums, 2011.

Darwin, Charles. *The Origin of Species*. New York: Gramercy, 1995. First published 1859 by John Murray.

——. "Letter no. 2465." Darwin Correspondence Project Database. Accessed January 9, 2013. http://www.darwinproject.ac.uk/entry-2465/.

Descartes, René. *Principles of Philosophy: Translation with Explanatory Notes*. Translated by Reese P. Miller and Valentine Rodger Miller. Dordrecht, Netherlands: Kluwer Academic, 1991.

DeVarco, Bonnie and Eileen Clegg. "ReVisioning Trees." *Shape of Thought* (blog). Accessed November 16, 2012. http://shapeofthought.typepad.com/shape_of_thought/revisioning-trees/.

Dickinson, Gordon Cawood. *Statistical Mapping and the Presentation of Statistics*, 2nd ed. London: Hodder Arnold, 1973.

Diderot, Denis. "Encyclopedia." In *The Encyclopedia of Diderot & d'Alembert Collaborative Translation Project*. Translated by Philip Stewart. Ann Arbor, MI: Scholarly Publishing Office at the University of Michigan Library, 2002. Originally published as "Encyclopédie." In *Encyclopédie ou Dictionnaire raisonné des sciences, des arts et des métiers*. Paris: Briasson, 1751. Accessed December 7, 2013. http://hdl.handle.net/2027/spo.did2222.0000.004.

Edson, Evelyn. *Mapping Time and Space: How Medieval Mapmakers Viewed Their World*. Vol. 1 of *The British Library Studies in Map History*. London: British Library Board, 1998.

Eloy, Christophe. "Leonardo's Rule, Self-

Similarity, and Wind-Induced Stresses in Trees." *Physical Review Letters* 107, 258101 (2011).

FAMSI—Foundation for the Advancement of Mesoamerican Studies. Accessed November 5, 2012. http://www.famsi.org/.

Fergusson, James. *Tree and Serpent Worship*. London: W. H. Allen and Co., 1868.

Foskett, Douglas John. *Classification and Indexing in the Social Sciences*. Washington, DC: Butterworths, 1963.

Franklin-Brown, Mary. *Reading the World: Encyclopedic Writing in the Scholastic Age*. Chicago: University Of Chicago Press, 2012.

Friendly, Michael. "Milestones in the history of thematic cartography, statistical graphics, and data visualization: An Illustrated History of Innovations." Department of Mathematics and Statistics, York University, Toronto, Canada, August 24, 2009. Accessed October 1, 2012. http://www.math.yorku.ca/SCS/Gallery/milestone/milestone.pdf.

Gayford, Martin and Karen Wright, eds. *The Grove Book of Art Writing: Brilliant Words on Art from Pliny the Elder to Damien Hirst*. New York: Grove Press, 2000.

Gerli, E. Michael, ed. *Medieval Iberia: An Encyclopedia*. New York: Routledge, 2002.

Ghent University Library, *Liber Floridus*. Accessed October 28, 2012. http://www.liberfloridus.be/index_eng.html.

Gombrich, E. H. *The Image and the Eye: Further Studies in the Psychology of Pictorial Representation*. London: Phaidon, 1994.

Gontier, Nathalie. "Depicting the Tree of Life: the Philosophical and Historical Roots of Evolutionary Tree Diagrams." *Evolution, Education and Outreach* 4, no. 3 (September 2011): 515–38.

Hageneder, Fred. *The Living Wisdom of Trees: Natural History, Folklore, Symbolism, Healing*. London: Duncan Baird, 2005.

Harris, Michael H. *History of Libraries of the Western World*. Lanham, MD: Scarecrow Press, 1999.

Harvey, P. D. A. *The History of Topographical Maps: Symbols, Pictures and Surveys*. London: Thames & Hudson, 1980.

Heer, Jeffrey, Michael Bostock, and Vadim Ogievetsky. "A Tour Through the Visualization Zoo." *Communications of the ACM* 53, no. 6 (June 2010): 59–67. Accessed December 9, 2013. http://hci.stanford.edu/jheer/files/zoo/.

Heyworth, P. L., ed. *Medieval Studies for J. A. W. Bennett: Aetatis Suae LXX*. New York: Oxford University Press, 1981.

Hobbins, Daniel. *Authorship and Publicity Before Print: Jean Gerson and the Transformation of Late Medieval Learning*. Philadelphia: University of Pennsylvania Press, 2009.

The Holy Bible: King James Version. Dallas, TX: Brown Books, 2004.

Hort, W. Jillard. *The New Pantheon; or an Introduction to the Mythology of the Ancients*. London: Longman, Hurst, Rees, Orme, Brown & Green, 1825.

J. Paul Getty Museum. "Loyset Liédet." Accessed November 2, 2012. http://www.getty.edu/art/gettyguide/artMakerDetails?maker=1055.

James, E. O. *The Tree of Life: An Archaeological Study*. Leiden, Netherlands: E. J. Brill, 1966.

Jung, Carl Gustav. *Man and His Symbols*. New York: Dell, 1968.

Kemp, Martin. *Visualizations: The Nature Book of Art and Science*. Berkeley: University of California Press, 2001.

Kerren, Andreas, John Stasko, Jean-Daniel Fekete, and Chris North, eds. *Information Visualization: Human-Centered Issues and Perspectives*. New York: Springer, 2008.

Klapisch-Zuber, Christiane. *L'ombre des ancêtres*. Paris: Fayard, 2000.

Korzybski, Alfred. "A Non-Aristotelian System and its Necessity for Rigour in Mathematics and Physics." Paper presented before the American Mathematical Society at a meeting of the American Association for the Advancement of Science, New Orleans, Louisiana, December 28, 1931.

Kramer, Samuel Noah. *History Begins at Sumer: Thirty-Nine Firsts in Recorded History*, 3rd ed. Philadelphia: University of Pennsylvania Press, 1988.

Lamping, John, Ramana Rao, and Peter Pirolli. "A Focus+Context Technique Based on Hyperbolic Geometry for Visualizing Large Hierarchies," CHI Proceedings. Accessed December 19, 2012. http://www.sigchi.org/chi95/Electronic/documnts/papers/jl_bdy.htm.

Lecointre, Guillaume, and Hervé Le Guyader. *The Tree of Life: A Phylogenetic Classification*. Translated by Karen McCoy. Cambridge, MA: Belknap, 2007.

Lewis, Peter. *Maps and Statistics*. London: Methuen, 1977.

Lima, Manuel. *Visual Complexity: Mapping Patterns of Information*. New York: Princeton Architectural Press, 2011.

Mazza, Riccardo. *Introduction to Information Visualization*. London: Springer, 2009.

Miller, Merle. *Plain Speaking: An Oral Biography of Harry S. Truman*. New York: Berkley, 1974.

Moles, Abraham A. *Information Theory and Esthetic Perception*. Champaign: University of Illinois Press, 1969.

Mullen, Chris. "The Family Tree and Other Metaphors." *The Visual Telling of Stories*. Accessed December 9, 2013. http://www.fulltable.com/vts/s/si/ft.htm.

Murdoch, John E. *Antiquity and the Middle Ages*. Vol. 5 of *Album of Science*. New York: Scribner, 1984.

Padovan, Richard. *Proportion: Science, Philosophy, Architecture*. London: Taylor & Francis, 1999.

Philpot, J. H. *The Sacred Tree in Religion and Myth*. New York: Dover, 2004. Originally published as *The Sacred Tree*. London and New York: Macmillan, 1897.

Pietsch, Theodore W. *Trees of Life: A Visual History of Evolution*. Baltimore, MD: The Johns Hopkins University Press, 2012.

Piggin, Jean-Baptiste. "The Great Stemma: A Late Antique Diagrammatic Chronicle of Pre-Christian Time." *Studia Patristica* 62 (2013): 259-78.

Playfair, William. *The Commercial and Political Atlas and Statistical Breviary*.

Cambridge, UK: Cambridge University Press, 2005.

Pollack, Rachel. *The Kabbalah Tree: A Journey of Balance & Growth*. Woodbury, MN: Llewellyn Worldwide, 2004.

Pombo, Olga. University of Lisbon. "Combinatória e Enciclopédia em Rámon Lull." Accessed October 16, 2009. http://www.educ.fc.ul.pt/hyper/enciclopedia/cap3p2/combinatoria.htm.

——. *Unidade da Ciência: Programas, Figuras e Metáforas* (Unity of science: programs, figures, and metaphors). Lisbon, Portugal: Edições Duarte Reis, 2006.

Porteous, Alexander. *The Forest in Folklore and Mythology*. New York: Dover, 2002. Originally published 1928 as *Forest Folklore, Mythology, and Romance* by Macmillan.

Preus, Anthony and John P. Anton, eds. *Essays in Ancient Greek Philosophy V: Aristotle's Ontology*. Albany: State University of New York Press, 1992.

Randelshofer, Werner. "Tree Visualization." Accessed December 9, 2013. http://www.randelshofer.ch/treeviz/index.html.

Rendgen, Sandra. *Information Graphics*. Cologne, Germany: Taschen, 2012.

Rhie, Marilyn M., and Robert Thurman. *Worlds of Transformation: Tibetan Art of Wisdom and Compassion*. New York: Tibet House, 1999.

Richter, Jean Paul. *The Notebooks of Leonardo da Vinci, Vol. 1*. New York: Dover, 1970.

Robinson, Arthur H. *Early Thematic Mapping in the History of Cartography*. Chicago: University of Chicago Press, 1982.

Rosenberg, Daniel, and Anthony Grafton. *Cartographies of Time: A History of the Timeline*. New York: Princeton Architectural Press, 2010.

Rossi, Paolo. *Logic and the Art of Memory: The Quest for a Universal Language*. Translated by Stephen Clucas. London: Continuum, 2006. Originally published 1983 as *Clavis Universalis: Arti Della Memoria E Logica Combinatoria Da Lullo A Leibniz* by Societa editrice il Mulino.

Schulz, Hans-Jörg. "treevis.net—A Visual Bibliography of Tree Visualization 2.0." *Computer Graphics and Applications, IEEE* 31, no. 6. Accessed December 9, 2013. http://www.informatik.uni-rostock.de/~hs162/treeposter/poster.html.

Shaw, Artie. *The Trouble with Cinderella: An Outline of Identity*. New York: Farrar, Straus and Young, 1952.

Shneiderman, Ben. "Treemaps for space-constrained visualization of hierarchies." University of Maryland Department of Computer Science. Accessed October 25, 2012. http://www.cs.umd.edu/hcil/treemap-history/.

Shneiderman, Ben, Cody Dunne, Puneet Sharma, and Ping Wang, "Innovation Trajectories for Information Visualizations: Comparing Treemaps, Cone Trees, and Hyperbolic Trees." *Information Visualization* 11, no. 2 (2011): 87–105.

Smith, W. H. *Graphic Statistics in Management*. New York: McGraw-Hill, 1924.

Sowa, John F. "Building, Sharing, and Merging Ontologies." Accessed October 12, 2009. http://www.jfsowa.com/ontology/ontoshar.htm.

The Speculum Theologiae. Yale University Beinecke Rare Book and Manuscript Library Archive. 2006. Accessed October 4, 2012. http://brbl-archive.library.yale.edu/exhibitions/speculum/index.html.

Staley, David J. *Computers, Visualization, and History: How New Technology Will Transform Our Understanding of the Past*. Armonk, NY: M. E. Sharpe, 2002.

Stasko, John. School of Interactive Computing at Georgia Tech Information Interfaces Group website. "SunBurst." Accessed November 19, 2012. http://www.cc.gatech.edu/gvu/ii/sunburst/.

Studtmann, Paul. "Aristotle's Categories." In *Stanford Encyclopedia of Philosophy*, Stanford University. Article published September 7, 2007. Accessed November 30, 2009. http://plato.stanford.edu/archives/fall2008/entries/aristotle-categories/.

Thomas, James J., and Kristin A. Cook. *Illuminating the Path: The Research and Development Agenda for Visual Analytics*. Richland, WA: National Visualization and Analytics Center, 2005.

Thomas, Peter. *Trees: Their Natural History*. Cambridge, UK: Cambridge University Press, 2000.

Thrupp, Sylvia Lettice, ed. *Change in Medieval Society: Europe North of the Alps, 1050–1500*. London: Owen, 1965.

Tidwell, Jenifer. *Designing Interfaces: Patterns for Effective Interaction Design*. Sebastopol, CA: O'Reilly, 2005.

Tufte, Edward R. *The Visual Display of Quantitative Information*, 2nd ed. Cheshire, CT: Graphics Press, 2001.

Van de Mieroop, Marc. *A History of the Ancient Near East ca. 3000–323 BC*. Malden, MA: Blackwell, 2006.

Van Doren, Charles. *A History of Knowledge: Past, Present, and Future*. New York: Ballantine, 1992. First published 1991 by Carol Publishing Group.

Ware, Colin. *Information Visualization: Perception for Design*, 2nd ed. San Francisco: Morgan Kaufmann, 2004.

Warren, Jeff, Gabe Smedresman, et al. "On Visual Exegesis." *The Speculum Theologie in Beinecke MS 416*. Accessed May 21, 2013, http://brbl-archive.library.yale.edu/exhibitions/speculum/v-exegesis.html.

——. "The Tree of Virtues & The Tree of Vices." *The Speculum Theologie in Beinecke MS 416*. Accessed June 25, 2013. http://brbl-archive.library.yale.edu/exhibitions/speculum/3v-4r-virtues-and-vices.html.

Weigel, Sigrid. "Genealogy: On the Iconography and Rhetorics of An Epistemological Topos." Accessed October 1, 2012. http://www.educ.fc.ul.pt/hyper/resources/sweigel/.

Woodward, David, ed. *Art and Cartography: Six Historical Essays*. Chicago: University of Chicago Press, 1987.

Wurman, Richard Saul, David Sume, and Loring Leifer. *Information Anxiety 2*. Indianapolis: Que, 2001.

圖片來源

IMAGE CREDITS

Courtesy of Jose Aguirre (Bestiario) 155T; Courtesy of Amber Akkermans 74B; © The Árni Magnússon Institute, Reykjavík. From AM 738 4to, f. 44r, 1680. Photographer: Jóhanna Ólafsdóttir 22L; Reproduced with permission of AT&T Labs. All Rights Reserved. 120–21; Awesome Art 25 all; Michael Balzer 161–63; Courtesy of Bayerische Staatsbibliothek München. From Clm 13031, fol. 102v. 34; Courtesy of Julien Bayle (http://julienbayle.net) 154B; Courtesy of Beinecke Rare Book and Manuscript Library 28B, 100; Courtesy of Jörg Bernhardt 167–68; Courtesy of Biblioteca Pública del Estado en Palma de Mallorca 28R, 37; Courtesy of Bibliothèque nationale de France back cover L, 35, 51l, 53, 55, 59, 60, 82–86, 112–13; Courtesy of Olaf Bininda-Emonds 129; Courtesy of Philip Bjorge 143; Courtesy of Bernard Bou 137B, 138; © Trustees of the British Museum. All rights reserved. 17 all, 18L, 20 all, 21, 23 all, 30T, 52, 57 all, 61, 87L; Courtesy of Taras Brizitsky 185T; Reprinted from F. D. Ciccarelli, T. Doerks, C. von Mering, C. J. Creevey, B. Snel, and P. Bork, "Toward Automatic Reconstruction of a Highly Resolved Tree of Life," Science 311, no. 5765 (March 2006): 1283–87, with permission from AAAS. Courtesy of Francesca Ciccarelli 128; Courtesy of Andrea Clemente 74T; Courtesy of Christopher Collins 92B, 182; Courtesy of Carla Maria Dal Sasso Freitas 137T; Courtesy of David Rumsey Historical Map Collection 88, 104T, 146–47, 148T; Courtesy of Céline De Looze 197B; Courtesy of Oliver Deussen 166; Courtesy of Julia Dmitrieva 176T; Courtesy of Douglas H. Gordon Collection, University of Virginia Library 101; Courtesy of Johannes Eichler 188; Courtesy of Katayoon Etemad 175T; Reproduced by permission of Jean-Daniel Fekete 152T, 192 all; Courtesy of Fabian Fischer 177T; Courtesy of Danyel Fisher 164B; Courtesy of Michael Freedman 127; Courtesy of the Ghent University Library. From BHSL-HS-0092 98–99; Courtesy of Luc Girardin 156, 169, 177B; Reproduced under the GNU Free Documentation License. Courtesy of futurist.se/gldt 108; Courtesy of Thomas Gonzalez 185B; Reproduced by permission of Chris Harrison 105; Reproduced by permission of Jeffrey Heer 92–93, 130, 176b, 197T; Courtesy of Hugh Heinsohn 157 all; Courtesy of Werner Helmich 189T; Reproduced by permission of Ken Hilburn 106; Courtesy of Marcin Ignac 183 all; Courtesy of David Ikuye 184; Courtesy of the International Center for Joachimist Studies 50; Courtesy of Roman Kennke 140; Courtesy of Oli Laruelle 118–19; Courtesy of Julia Laub and Verlag Hermann Schmidt Mainz 133B; Reprinted from Jui-Cheng Liao, Chun-Chin Li, and Chien-Shun Chiou, "Use of a Multilocus Variable-Number Tandem Repeat Analysis Method for Molecular Subtyping and Phylogenetic Analysis of Neisseria meningitidis Isolates," BMC Microbiology 6, no. 44 (2006), under the terms of the Creative Commons Attribution License. 115T; Courtesy of the Geography and Map Division, Library of Congress 67; Courtesy of the Prints and Photographs Division, Library of Congress front cover L, 69, 70 all; Courtesy of the Rare Book Collection, Lillian Goldman Law Library, Yale Law School 2, 33 all, 51R, 54, 58 all, 66T 87R; Manuel Lima 109 all; Reproduced by permission of Jessica Lipnack 139; Courtesy of David McCandless 116B; © National Library of Portugal. From E. 909 A. 62; Courtesy of Felix Nyffenegger 104B; Reproduced by permission of Juan Osborne back cover R, 75 all; Reprinted from Norman R. Pace, "A Molecular View of Microbial Diversity and the Biosphere," Science 276, no. 5313 (May, 1997): 734–40, with permission from AAAS. 114; Courtesy of Deroy Peraza 189B; Courtesy of Stefanie Posavec 116T, 117; Courtesy of Werner Randelshofer 141–42, 174 all, 194–95; Reproduced by permission of Ramana Rao 136 all; Courtesy of Severino Ribecca 131; © Rubin Museum of Art / Art Resource, New York 24, 64; Courtesy of Marcel Salathé 115B; Courtesy of Fred Scharmen 164T; Drawing by Linda Schele, © David Schele, courtesy of the Foundation for the Advancement of Mesoamerican Studies, Inc., www.famsi.org 22R; Courtesy of Brent Schneeman 175B; Reprinted from Gary D. Schnell, "A Phenetic Study of the Suborder Lari (Aves) II. Phenograms, Discussion, and Conclusions," Oxford Journal of Systematic Biology 19, no. 3: 264–302, with permission from Oxford University Press. 103; Reproduced by permission of Daniel Seguin 186–87; Courtesy of Rob Shell 196 all; Reproduced by permission of Ben Shneiderman 150; Reproduced by permission of Marc Smith 152B; Courtesy of Steve Smith 172T; Reprinted from John Stasko, Richard Catrambone, Mark Guzdial, and Kevin McDonald, "An Evaluation of Space-Filling Information Visualizations for Depicting Hierarchical Structures," International Journal of Human-Computer Studies 53, no. 5: 663–94. Copyright 2000, with permission from Elsevier 181; Courtesy of Moritz Stefaner 76, 132; Courtesy of Joe Stone. All characters © and TM Marvel 95; Courtesy of Dan Struebel 155b; Courtesy of Alexandru Telea 193; Courtesy of Jesse Thomas front cover R, 77; Courtesy of University of Chicago: ARTFL Encyclopédie Project 65; Courtesy of the University of Wisconsin Digital Collections 102B; © U.S. Army Research Laboratory 71B; Courtesy of Wouter Van den Broeck 133T; Courtesy of Hans van der Riet 73B; Courtesy of Jarke J. van Wijk 72 all, 151B; Courtesy of Fernanda Viégas 107; Reprinted from Marle R. Walter, "Five Generations of Short Digits," Oxford Journal of Heredity 29, no. 4: 143–44, with permission from Oxford University Press. 126; Courtesy of Walters Art Museum 31, 80; Reproduced by permission of Martin Wattenberg 151T, 153M, 153B; Courtesy of Dawid Weiss 165 all; Courtesy of Marcos Weskamp 153T; Courtesy of Richard Wettel 154T; Courtesy of Kai Wetzel 172B, 173 all; Courtesy of World Digital Library 56; Courtesy of Tomoko Yaguchi 73T.

THE BOOK OF TREES

Visualizing Branches of Knowledge

catch 252

樹之書

知識發展的樹狀視覺史

作者　曼努埃爾・利馬（Manuel Lima）
譯者　林潔盈
副總編輯　林怡君
編輯　賴佳筠
美術設計　林佳瑩
校對　金文蕙

出版者　大塊文化出版股份有限公司
台北市 10550 南京東路四段 25 號 11 樓
www.locuspublishing.com
讀者服務專線：0800-006689
TEL：(02)87123898・FAX：(02)87123897
郵撥帳號　18955675

戶名　大塊文化出版股份有限公司
總經銷　大和書報圖書股份有限公司
地址　新北市新莊區五工五路 2 號
TEL：(02)89902588・FAX：(02)22901658
法律顧問　董安丹律師、顧慕堯律師

ISBN　978-986-5406-59-2
初版一刷　2020 年 04 月
定價　新台幣 600 元

國家圖書館出版品預行編目 (CIP) 資料

樹之書：知識發展的樹狀視覺史／曼努埃爾・利馬（Manuel Lima）
著；林潔盈譯，初版，臺北市：大塊文化，2020.04
204 面；19×25.4 公分（catch：252）
譯自：The Book of Trees : Visualizing Branches of Knowledge
ISBN 978-986-5406-59-2（平裝）
1. 知識論 2. 圖像學 3. 符號學習
161 109002285